Die Einleitung häuslicher Schiffsabwässer nach nationalem und internationalem Recht

Europäische Hochschulschriften

Publications Universitaires Européennes
European University Studies

Reihe II
Rechtswissenschaft

Série II Series II
Droit
Law

Bd./Vol. 4846

PETER LANG
Frankfurt am Main · Berlin · Bern · Bruxelles · New York · Oxford · Wien

Vera Schminke

Die Einleitung häuslicher Schiffsabwässer nach nationalem und internationalem Recht

PETER LANG
Internationaler Verlag der Wissenschaften

Bibliografische Information der Deutschen Nationalbibliothek
Die Deutsche Nationalbibliothek verzeichnet diese Publikation in der Deutschen Nationalbibliografie; detaillierte bibliografische Daten sind im Internet über <http://www.d-nb.de> abrufbar.

Zugl.: Osnabrück, Univ., Diss., 2008

Gedruckt auf alterungsbeständigem,
säurefreiem Papier.

D 700
ISSN 0531-7312
ISBN 978-3-631-58925-0

Printed in Germany 1 2 3 4 5 7

www.peterlang.de

Meinen Eltern

Vorwort

Die vorliegende Arbeit wurde im Wintersemester 2008/2009 vom Fachbereich Rechtswissenschaften der Universität Osnabrück als Dissertation angenommen. Das Manuskript wurde im Januar 2008 abgeschlossen, so dass Literatur und Rechtsprechung nur bis zu diesem Zeitpunkt berücksichtigt werden konnten.

Ich danke an dieser Stelle meinem Doktorvater und langjährigem Lehrer Herrn Prof. Dr. Hero Schall, der die Bearbeitung des vorliegenden Themas angeregt hat, für die gute Betreuung dieser Arbeit und die interessanten und sehr lehrreichen Jahre an seinem Lehrstuhl als studentische Hilfskraft, als Hilfskraft mit Examen und schließlich als wissenschaftliche Mitarbeiterin. Herrn Prof. Dr. Andreas Ransiek, L.L.M., danke ich für die zügige Erstellung des Zweitgutachtens.

Herrn Jost Onstein danke ich für die redaktionelle Korrektur dieser Arbeit sowie für die zahlreichen motivierenden Gespräche und hilfreichen Anregungen.

Mein besonderer Dank gilt meinen Eltern Anne und Ludwig Schminke. Sie haben mich während des Studiums und der Promotion immer liebevoll unterstützt und an mich geglaubt.

Inhaltsverzeichnis

Literaturverzeichnis

Albrecht, Hans-Jörg/ Heine, Günter/ Meinberg, Volker	Umweltschutz durch Strafrecht?, Empirische und rechtsvergleichende Untersuchungsvorhaben zum Umweltstrafrecht und zur Umweltkriminalität, ZStW 96 (1984), S. 943.
Alleweldt, Ralf	Zur Strafbarkeit der geduldeten Gewässerverunreinigung, NuR 1992, 312.
Arndt, Hans-Wolfgang	Europarecht, 8. Aufl., Heidelberg 2006.
Baumann, Jürgen/ Weber, Ulrich/ Mitsch, Wolfgang	Strafrecht, Allgemeiner Teil, Lehrbuch, 11. Aufl., Bielefeld 2003. Zit.: Baumann/Weber/Mitsch-*Bearbeiter,* AT.
Beckert, Erwin/ Breuer, Gerhard	Öffentliches Seerecht, Berlin u.a. 1991.
Berg, Hannelore	Schutz und Nutzung des Rheins miteinander in Einklang bringen, Umwelt 2006, S. 354.
Bickel, Christian	Anwendungsprobleme des Umweltstrafrechts aus öffentlich-rechtlicher Sicht, in: Umweltstrafrecht (Hrsg.: Meinberg, Volker/Möhrenschlager, Manfred/Link, Wolfgang), Düsseldorf 1989, S. 261. Zit.: *Bickel,* in: Meinberg/Möhrenschlager/Link.
Bleckmann, Albert	Die Überlagerung des nationalen Strafrechts durch das Europäische Gemeinschaftsrecht, in: Festschrift für Walter Stree und Johannes Wessels (Hrsg.: Küper, Wilfried/Welp, Jürgen), Heidelberg 1993, S. 107. Zit.: *Bleckmann,* in: Stree/Wessels-FS.

Böse, Martin — Strafen und Sanktionen im Europäischen Gemeinschaftsrecht, Köln u.a. 1996 (zugl. Diss. Göttingen 1996).

Brauer, Jürgen — Die strafrechtliche Behandlung genehmigungsfähigen, aber nicht genehmigten Verhaltens, Berlin 1988 (zugl. Diss. Trier 1988).

Braun, Anette — Die kriminelle Gewässerverunreinigung (§ 324 StGB), Eine strafrechtliche Studie über die Verschmutzung von Gewässern unter Berücksichtigung von Kriminologie und Kriminalistik, Lübeck 1990 (zugl. Diss. Frankfurt (Main) 1989).

Breuer, Rüdiger — Die Bundeswasserstraßen im Spannungsfeld der Wasserwege- und Wasserwirtschaftskompetenzen von Bund und Ländern, DVBl. 1974, S. 268.

Breuer, Rüdiger — Empfehlen sich Änderungen des strafrechtlichen Umweltschutzes insbesondere in Verbindung mit dem Verwaltungsrecht?, NJW 1988, S. 2072.

Breuer, Rüdiger — Verwaltungsrechtlicher und strafrechtlicher Umweltschutz – Vom Ersten zum Zweiten Umweltkriminalitätsgesetz, JZ 1994, S. 1077.

Breuer, Rüdiger — Der Schutz der Meere im innerstaatlichen Recht – Wasserrecht, in: Meeresumweltschutz für Nord- und Ostsee (Hrsg.: Koch, Hans-Joachim/ Lagoni, Rainer), Baden-Baden 1996, S. 205. Zit.: *Breuer*, Schutz der Meere.

Breuer, Rüdiger — Öffentliches und privates Wasserrecht, 3. Aufl. München 2004. Zit.: *Breuer*, Öffentliches Wasserrecht.

Breuer, Rüdiger — Küstengewässer und meeresbezogene Regelungen, in Handbuch zum europäischen und deut-

schen Umweltrecht, Band II, 1. Teilbd.: Besonderes Umweltrecht, (Hrsg.: Rengeling, Hans-Werner), 2. Aufl., Köln u.a. 2003, S. 882.
Zit.: *Breuer*, in: Umweltpolitik II.

Busch, Ralf/Iburg, Ulrich — Umweltstrafrecht, Berlin 2002.

Callies, Christian/ Ruffert, Matthias (Hrsg.) — EUV/EGV, das Verfassungsrecht der Europäischen Union mit Europäischer Grundrechtscharta, Kommentar, 3. Aufl., München 2007.
Zit.: Callies/Ruffert-*Bearbeiter*.

Czychowski, Manfred — Vortrag auf der 7. wissenschaftlichen Fachtagung der Gesellschaft für Umweltrecht e.V. am 4. und 5.11. 1983 in Berlin zum Thema „Primat des Strafrechts im Umweltschutz?", ZfW 1984, S. 263 (265).

Czychowski, Manfred — Wasserhaushaltsgesetz unter Berücksichtigung der Landeswassergesetze und des Wasserstrafrechts, Kommentar, 7. Aufl., München 1998.
Zit.: *Czychowski,* (7. Aufl.).

Czychowski, Manfred/ Reinhardt, Michael — Wasserhaushaltsgesetz unter Berücksichtigung der Landeswassergesetze, Kommentar, 9. Aufl., München 2007.

Czychowski, Manfred — Gewässerschutz, Verwaltungsrechtliche Grundlagen, in: Umweltstrafrecht (Hrsg.: Meinberg, Volker/ Möhrenschlager, Manfred/Link, Wolfgang), Düsseldorf 1989, S. 15.
Zit.: *Czychowski,* in: Meinberg/Möhrenschlager/Link.

Dahs, Hans/ Pape, Kay Artur — Die behördliche Duldung als Rechtfertigungsgrund im Gewässerstrafrecht (§ 324 StGB), NStZ 1988, S. 393.

Dannecker, Gerhard/ Streinz, Rudolf — Umweltpolitik und Umweltrecht: Strafrecht, in: Handbuch zum europäischen und deutschen Umweltrecht, Band I: Allgemeines Umweltrecht, (Hrsg.: Rengeling, Hans-Werner), 2. Aufl., Köln u.a. 2003, S. 126. Zit.: *Dannecker/Streinz,* in: Umweltpolitik I.

Douvier, Stefan Wendelin — MARPOL: technische Möglichkeiten, rechtliche und politische Grenzen eines internationalen Übereinkommens, Bremen 2004 (zugl. Diss. Bremen 2004).

Douvier, Stefan Wendelin — Umweltschutz auf dem Meer, Marpol, Bestandsaufnahme und Ausblick, Bremen, 2005. Zit.: *Douvier*, Marpol.

Dreier, Horst (Hrsg.) — Grundgesetz Kommentar, Band II, Art. 20-82, 2. Aufl., Tübingen 2006. Zit.: Dreier-*Bearbeiter.*

Ehlers, Peter — Das revidierte Helsinki-Übereinkommen, in: Meeresumweltschutz für Nord- und Ostsee (Hrsg.: Koch, Hans-Joachim/Lagoni, Rainer), Baden-Baden 1996, S. 103. Zit.: *Ehlers*, Helsinki-Übereinkommen.

Eisenberg, Ulrich — Kriminologie, 6. Aufl., München 2005.

Enneccerus, Ludwig/ Nipperdey, Hans Carl — Lehrbuch des bürgerlichen Rechts, Bd. 1, Allgemeiner Teil des Bürgerlichen Rechts, Halbbd.1: Allgemeine Lehren, Personen, Rechtsobjekte, 14. Aufl., Tübingen 1952.

Ensenbach, Hans-Peter — Probleme der Verwaltungsakzessorietät im Umweltstrafrecht, Frankfurt a.M. 1989 (zugl. Diss. Gießen 1988).

Erbguth, Wilfried	Schiffsabfallentsorgung – Europarechtliches Sekundärrecht, völkerrechtlicher Hintergrund, nationale Umsetzung –, DVBl. 2005, S. 333.
Erbguth, Wilfried	Schiffsabfallbeseitigung – Europarechtliches Sekundärrecht, völkerrechtlicher Hintergrund, nationale Umsetzung – , in: Hafenrecht und Schutz der Meere: neue Entwicklungen, (Hrsg.: Ehlers, Peter/Erbguth, Wilfried), Baden-Baden 2006, S. 43. Zit.: *Erbguth*, Schiffsabfallbeseitigung.
Erbguth, Wilfried/ Schlacke, Sabine	Umweltrecht, Baden-Baden 2005.
Erdt, Tom Joachim	Das verwaltungsakzessorische Merkmal der Unbefugtheit in § 324 StGB und seine Stellung im Deliktsaufbau, Frankfurt a.M. u.a. 1997 (zugl. Diss. Heidelberg 1996).
Esser, Josef	Richterrecht, Gerichtsgebrauch und Gewohnheitsrecht, in: Festschrift für Fritz von Hippel (Hrsg.: Esser, Josef; Thieme, Hans), Tübingen, 1967, S. 95. Zit.: *Esser,* in: v. Hippel-FS.
Fischer, Thomas	Strafgesetzbuch und Nebengesetze, 55. Aufl. München 2008. Zit.: *Tröndle/Fischer.*
Fluck, Jürgen (Hrsg.)	Kreislaufwirtschafts- und Abfallrecht, Kommentar, Bd. 1 §§ 1-21 KrW-/AbfG (Loseblattsammlung, Stand: Mai 2006), Heidelberg. Zit.: Fluck-KrW-/AbfG-*Bearbeiter.*
Fluck, Jürgen	Zum Begriff des Abwassers, ZfW 1996, S. 489.
Franzheim, Horst/ Pfohl, Michael	Umweltstrafrecht, 2. Aufl., Köln u.a. 2001.

Friesecke, Albrecht — Bundeswasserstraßengesetz, Kommentar, 5. Aufl., Köln u.a. 2004.

Gall, Janine/Stephani, Inken — 30 Jahre Helsinki-Übereinkommen: Errungenschaften, Herausforderungen und die Resolution des Youth Forum, NuR 2004, S. 781.

Gowers, Marco — Schiffsabfallentladung im Lichte der Hafenauffanganlagen-Richtlinie 2000/59/EG, Münster 2004 (zugl. Diss. Hamburg 2004).

Grunsky, Wolfgang — Grenzen der Rückwirkung bei einer Änderung der Rechtsprechung, Vortrag vor der Juristischen Gesellschaft in Karlsruhe am 22. Januar 1970, Karlsruhe 1970.

Haratsch, Andreas/Koenig, Christian/Pechstein, Matthias — Europarecht, 5. Aufl., Tübingen 2006.

Hayen, Wilfried/Louis, Hans Walter — Die Umsetzung der Richtlinie über Hafenauffangeinrichtungen für Schiffsabfälle und Ladungsrückstände im Sechsten Teil des Niedersächsischen Abfallgesetzes, Nds.VBl. 2003, S. 169.

Hecker, Bernd — Europäisches Strafrecht, 2. Aufl., Heidelberg 2007.

Hecker, Bernd — Die Strafbarkeit grenzüberschreitender Luftverunreinigungen im deutschen und europäischen Umweltstrafrecht, ZStW 115 (2003), S. 880.

Heine, Günter — Schutz von Gewässer und Meer durch Strafrecht: Neue europäische und nationale Entwicklungen, in: Festschrift für Harro Otto (Hrsg.: Dannecker, Gerhard u.a.), Köln u.a. 2007, S. 1015.
Zit.: *Heine*, in: Otto-FS.

Hellwig, Kay/ Pfaff, Manfred — Zur Erlaubnispflicht nach dem WHG für Einleitungen von Schiffsabwasser, ZfW 2005, S. 154.

Herdegen, Matthias — Europarecht, 9. Aufl., München 2007.

Hermann, Joachim — Die Rolle des Strafrechts beim Umweltschutz in der Bundesrepublik Deutschland, ZStW 91 (1979), S. 281.

Hildenstab, Bernd — Die Gewinnabschöpfung im Umweltstrafverfahren, Köln 1990 (zugl. Diss. Köln 1990).

Hofmann, Frank — Wasserhaushaltsgesetz, Textausgabe mit Erläuterungen und Ausführungsvorschriften, 4. Aufl., Berlin 1999.

Hohmann, Harald — Weltweiter Schutz der Meeresumwelt unter besonderer Berücksichtigung des Schutzes von Nord- und Ostsee (einschließlich des Wattenmeeres), in: Umweltrecht im Wandel (Hrsg.: Dolde, Klaus-Peter), Berlin 2001, S. 99.
Zit.: *Hohmann,* in: Umweltrecht im Wandel.

Hohmann, Olaf — Von den Konsequenzen einer personalen Rechtsgutsbestimmung im Umweltstrafrecht, GA 1992, S. 76.

Horn, Eckhard — Umweltschutz-Strafrecht: eine Afterdisziplin?, UPR 1983, S. 362.

Hubmann, Heinrich — Entstehung und Außerkrafttreten von Gewohnheitsrecht – BGHZ 44, 346, JuS 1968, S. 61.

Hüting, Ralf — Die Wirkung der behördlichen Duldung im Umweltstrafrecht, Berlin 1996 (zugl. Diss. Bonn 1995).

Jähnke, Burkhard — Zur Frage der Geltung des „nullum-crimen-Satzes“ im Allgemeinen Teil des Strafgesetzbuchs, in: Festschrift aus Anlass des fünfzigjäh-

	rigen Bestehens von Bundesgerichtshof, Bundesanwaltschaft und Rechtsanwaltschaft beim Bundesgerichtshof, (Geiß, Karlmann; Nehm Kai u.a. Hrsg.), Köln u.a. München 2000, S. 393. Zit.: *Jähnke,* BGH-FS.
Jarass, Hans Dieter/ Ruchay, Dietrich/ Weidemann, Clemens (Hrsg.)	Kreislaufwirtschafts- und Abfallgesetz (KrW-/AbfG) Kommentar, Bd. II, (Loseblattsammlung, Stand 1.8.2004), München. Zit.: Jarass/Ruchay/Weidemann-*Bearbeiter.*
Jarass, Hans Dieter	Voraussetzungen der innerstaatlichen Wirkung des EG-Rechts, NJW 1990, S. 2420.
Jarass, Hans D./Beljin, Saša	Unmittelbare Anwendung des EG-Rechts und EG-rechtskonforme Auslegung, JZ 2003, S. 768.
Jarass, Hans D./Beljin, Saša	Die Bedeutung von Vorrang und Durchführung des EG-Rechts für die nationale Rechtssetzung und Rechtsanwendung, NVwZ 2004, S. 1.
Jescheck, Hans-Heinrich/ Weigend, Thomas	Lehrbuch des Strafrechts, Allgemeiner Teil, 5. Aufl., Berlin 1996.
Kaiser, Günther	Kriminologie, 3. Aufl., Heidelberg 1996. Zit.: *Kaiser*, Kriminologie.
Karlsruher Kommentar zum Gesetz über Ordnungswidrigkeitenrecht	Hrsg.: Senge, Lothar, 3. Aufl. München 2006. Zit.: KK/OWiG-*Bearbeiter.*
Kloepfer, Michael	Umweltrecht, 3. Auflage, München 2004.
Kloepfer, Michael/ Brandner, Thilo	Rechtsprobleme der Grenzwerte für Abwassereinleitungen, ZfW 1989, S. 1.

Kloepfer, Michael/ Vierhaus, Hans-Peter — Umweltstrafrecht, 2. Aufl., München 2002.

Knaut, Silke — Die Europäisierung des Umweltstrafrechts, Herbholzheim 2005 (zugl. Diss. Freiburg 2004).

Koch, Hans-Joachim/ Caspar, Johannes — Das nationale Umweltrecht und die landseitige Meeresverschmutzung, ZUR 2001, S. 113.

Koch, Hans-Joachim/ Krohn, Susan — Umweltschutz in schlechter Verfassung? Der Umweltschutz nach der Föderalismusreform, NuR 2006, S. 673.

Köller, Henning von — Leitfaden Abfallrecht, Ein Ratgeber für Abfallbeauftragte, Entsorger und Verwaltung (Abfallberater), 5. Aufl., Berlin 1997.

Kollmann, Manfred — Die Küstengewässer im Schnittpunkt umweltrechtlicher Schutzregime, ZfW 1999, S. 276.

Kortgen, Norbert — Probleme des Gewohnheitsrechts dargestellt am Beispiel gewohnheitsrechtlicher Grundrechtseingriffe im Strafverfahren, Frankfurt u.a. 1993 (zugl. Diss. Trier 1992-1993).

Kotulla, Michael — Wasserhaushaltsgesetz Kommentar, Stuttgart 2003.

Krey, Volker — Keine Strafe ohne Gesetz, Berlin u.a. 1983.
Zit.: *Krey*, Keine Strafe ohne Gesetz.

Krey, Volker — Deutsches Strafrecht, Allgemeiner Teil, Band 1, 2. Aufl., Stuttgart 2004.
Zit.: *Krey* AT I.

Kuhlen, Lothar — Zur Rechtfertigung von Gewässerverschmutzungen, zugleich Anmerkung zu OLG Köln StV 1986, S. 537, StV 1986, S. 544.

Kunig, Philip
Der Schutz der Meere durch das innerstaatliche Abfallrecht, in: Meeresumweltschutz für Nord- und Ostsee (Hrsg.: Koch, Hans-Joachim/ Lagoni, Rainer), Baden-Baden 1996, S. 259.
Zit.: *Kunig*, Schutz der Meere.

Kunig, Philip/Paetow, Stefan/ Versteyl, Ludger-Anselm (Hrsg.)
Kreislaufwirtschafts- und Abfallgesetz, Kommentar, 2. Aufl., München 2003.
Zit.: Kunig/Paetow/Versteyl-*Bearbeiter*.

Lackner, Karl/Kühl, Kristian
Strafgesetzbuch, Kommentar, 26. Aufl., München 2007.
Zit.: *Lackner/Kühl*.

Lagoni, Rainer
Das OSPAR-Übereinkommen von 1992 und der Schutz der Nordsee: Einwirkungen auf das deutsche Umweltrecht, in: Meeresumweltschutz für Nord- und Ostsee (Hrsg.: Koch, Hans-Joachim/Lagoni, Rainer), Baden-Baden 1996, S. 79.
Zit.: *Lagoni*, Ospar-Übereinkommen.

Lagoni, Rainer
Altöl und Seeschifffahrt, in: Festschrift für Werner Thieme (Hrsg.: Becker, Bernd u.a.) Köln u.a. 1993, S. 997.
Zit.: *Lagoni,* in: Thieme-FS.

Landmann, Robert von/ Rohmer, Gustav
Umweltrecht Band III, sonstiges Umweltrecht, Kommentar, (Hrsg.: Hansmann, Klaus), Loseblattsammlung, München, Stand: 1.5.2000.
Zit.: Landmann/Rohmer-*Bearbeiter*

Larenz, Karl/ Canaris, Claus-Wilhelm
Methodenlehre der Rechtswissenschaft, 3. Aufl., Berlin u.a. 1995.
Zit.: *Larenz/Canaris*, Methodenlehre.

Leipziger Kommentar
Strafgesetzbuch, Großkommentar, 11. Aufl., (Hrsg.: Jähnke, Burkhard/Laufhütte, Heinrich Wilhelm/Odersky, Walter)
- Einleitung; §§ 1-2 StGB, Berlin 1992

- §§ 15-18 StGB, Berlin 1994
- §§ 28-Vor § 32 StGB, Berlin 1994
- §§ 311c-314; 324-335a StGB, Berlin 1997.
Zit.: LK-*Bearbeiter*.

Leipziger Kommentar | Strafgesetzbuch, Großkommentar, 12. Aufl. (Hrsg.: Laufhütte, Heinrich Wilhelm; Rissing-van Saan, Ruth; Tiedemann, Klaus)
- Band 1, §§ 1-31, Berlin 2007
- Band 2, §§ 32-55 StGB, Berlin 2006.
Zit.: LK-*Bearbeiter,* (12. Aufl.).

Lell, Otmar | Der Schutz der Meere vor Schadstoffbelastungen – EG-Recht und Völkerrecht als konkurrierende Regelungsmodelle, ZUR Sonderheft 2001, S. 138.

Lersner, Heinrich Freiherr von/ Wendenburg, Helge/ Versteyl, Ludger-Anselm | Recht der Abfallbeseitigung des Bundes, der Länder, der Europäischen Union, Kommentar, Bd. 1, Berlin 2006.
Zit.: v. Lersner/Wendenburg/Versteyl-*Bearbeiter*.

Lotz, Heinrich | Praktische Ermittlungsprobleme und Ansätze zu ihrer Lösung, in: Umweltstrafrecht (Hrsg.: Meinberg, Volker/Möhrenschlager, Manfred/Link, Wolfgang), Düsseldorf 1989, S. 228.
Zit.: *Lotz,* in: Meinberg/Möhrenschlager/Link.

Malitz, Michael | Zur behördlichen Duldung im Strafrecht, Grenzen informellen Verwaltungshandelns, Berlin 1995 (zugl. Diss. Köln 1994/1995).

Mangoldt, Hermann von/ Klein, Friedrich/Starck, Christian (Hrsg.) | Kommentar zum Grundgesetz, Bd. 2 Art. 20 bis 82 GG, 5. Aufl., München 2005.
Zit.: Mangoldt/Klein/Starck-*Bearbeiter*.

Marx, Hans-Albert | Das Gewohnheitsrecht im heutigen Strafrecht, Wiesbaden 1969 (zugl. Diss. Mainz 1969).

Matzek, Meinert	Eine Aufgabe, viele Lösungen (Sonderbeilage zu Fäkalientanks), Yacht 6/2004, S. 76.
Matzek, Meinert	Tankpflicht in Kraft, Yacht 4/2005, S. 77.
Maunz, Theodor/ Dürig, Günter	Grundgesetz, Kommentar, Bd. V, Art. 70-99 GG, (Hrsg.: Herzog, Roman u.a.), München, Loseblattsammlung Stand: November 2006. Zit.: Maunz/Dürig- *Bearbeiter*.
Mechel, Friederike/ Reese, Moritz	Meeresumweltschutz für Nord- und Ostsee im Überblick, ZUR 2003, S. 321.
Meinberg, Volker	Praxis und Perspektiven des Umweltordnungswidrigkeiten-Rechts, NJW 1990, 1273.
Michalke, Regina	Umweltstrafsachen, 2. Aufl., Heidelberg 2000.
Möhrenschlager, Manfred	Anmerkung zu LG Bremen Urt. v. 3.6.1981 – 18 Ns 71 Js 19/80; NStZ 1982, 165.
Möhrenschlager, Manfred	Neuere Entwicklungen im Umweltstrafrecht des Strafgesetzbuches, NuR 1983, 219.
Möhrenschlager, Manfred	Anmerkung zum Urteil des OLG Köln v. 26.11.1985 – Ss 307/85, JR 1987, 299.
Möhrenschlager, Manfred	Gewässerstrafrecht, in: Umweltstrafrecht (Hrsg.: Meinberg, Volker/ Möhrenschlager, Manfred/Link, Wolfgang) Düsseldorf 1989, S. 33. Zit.: *Möhrenschlager* in: Meinberg/Möhrenschlager/Link.
Münchener Kommentar zum Strafgesetzbuch	Band 1, §§ 1-51 StGB, München 2003. Band 4, §§ 263-358 StGB, München 2006. Zit.: MK-*Bearbeiter*.

Nicolaysen, Gert — Europarecht I, Die Europäische Integrationsverfassung, 2. Aufl., Baden-Baden 2002.
Zit.: *Nicolaysen*, Europarecht I.

Niering, Christoph — Der strafrechtliche Schutz der Gewässer, Rechtsvergleich zwischen der Bundesrepublik Deutschland, Österreich und der Schweiz, Frankfurt 1993 (zugl. Diss. Köln 1991).

Nisipeanu, Peter — Nach § 324 StGB strafbare Gewässerverunreinigung bei Überschreitung der wasserrechtlichen (sonderordnungsrechtlichen) Überwachungswerte oder/und der abwasserabgaberechtlichen Höchstwerte?, NuR 1988, S. 225.

Nisipeanu, Peter — Wasserrechtliche Probleme der Sickerwasser-Beseitigung, ZfW 1993, S. 69.

Nomos Kommentar — Strafgesetzbuch, Bd. 2, §§ 146-358 StGB, (Hrsg.: Kindhäuser, Urs/Neumann, Ulfrid/Päeffgen, Hans-Ulrich), 2. Aufl., Baden-Baden 2005.
Zit.: NK-*Bearbeiter*.

Odersky, Walter — Zur strafrechtlichen Verantwortlichkeit für Gewässerverunreinigungen, in: Festschrift für Herbert Tröndle (Hrsg.: Jescheck, Hans-Heinrich; Vogler, Theo), Berlin 1989, S. 291.
Zit.: *Odersky,* in: Tröndle-FS.

Oehler, Dietrich — Die internationalstrafrechtlichen Bestimmungen des künftigen Umweltstrafrechts, GA 1980, S. 241.

Papier, Hans-Jürgen — Strafrechtliche Probleme des Gewässerschutzes, in: Aktuelle Probleme des Gewässerschutzes (Hrsg.: Krebs, Walter/Oldiges, Martin/ Papier, Hans-Jürgen), Köln u.a. 1990, S. 61.
Zit.: *Papier,* Strafrechtliche Probleme.

Perschke, Stefan — Die Verwaltungsakzessorietät des Umweltstrafrechts nach dem 2. UKG, wistra 1996, S. 161.

Petersen, Sönke — Deutsches Küstenrecht, Baden-Baden 1989 (zugl. Diss. Kiel 1988).

Pfohl, Michael — Strafbarkeit von unerlaubten Einleitungen in öffentliche Abwasseranlagen, wistra 1994, S. 6.

Pfohl, Michael — Strafbarkeit von Amtsträgern wegen Duldung unzureichender Abwasserreinigungsanlagen, NJW 1994, S. 418.

Proelß, Alexander — Meeresschutz im Völker- und Europarecht, Das Beispiel des Nordostatlantiks, Berlin 2004 (zugl. Diss. Tübingen 2002/2003).

Pschera, Thomas — Kreislaufwirtschafts- und Abfallgesetz, 3. Aufl., Berlin 2003.

Rasched, Miriam — Die Elbe im Völker- und Gemeinschaftsrecht, Schifffahrt und Gewässerschutz, Münster 2003 (zugl. Diss. Hamburg 2002).

Reichel, Hans — Gesetz und Richterspruch – Zur Orientierung über Rechtsquellen und Rechtsanwendungslehren der Gegenwart, Zürich 1915.

Reichert, Götz — Der nachhaltige Schutz grenzübergreifender Gewässer in Europa, Berlin 2005 (zugl. Diss. Tübingen 2003).

Reinicke, G./Reinicke D. — Zum Vertrauensschutz auf eine ständige Rechtsprechung, MDR 1956, S. 324.

Rengeling, Hans-Werner — Die Ausführung von Gemeinschaftsrecht, insbesondere Umsetzung von Richtlinien, in: Handbuch zum europäischen und deutschen Umweltrecht, Band I: Allgemeines Umweltrecht, (Hrsg.: Rengeling, Hans-Werner), 2. Aufl.,

Köln u.a. 2003, S. 956.
Zit.: *Rengeling*, in: Umweltpolitik I.

Rengier, Rudolf — Die öffentlich-rechtliche Genehmigung im Strafrecht, ZStW 101 (1989), S. 874.

Rengier, Rudolf — Strafrecht Besonderer Teil II, 8. Aufl., München 2007.
Zit.: *Rengier,* BT II.

Rogall, Klaus — Gegenwartsprobleme des Umweltstrafrechts, in: Festschrift der Rechtswissenschaftlichen Fakultät zur 600-Jahr-Feier der Universität zu Köln, Köln u.a. 1988, S. 505.
Zit.: *Rogall,* in: Köln-FS.

Rogall, Klaus — Grundprobleme des Abfallstrafrechts, NStZ 1992, S. 360 (1. Teil); NStZ 1992, S. 561 (2. Teil).

Rogall, Klaus — Die Duldung im Umweltstrafrecht, NJW 1995, S. 922.

Rogall, Klaus — Umweltschutz durch Strafrecht – eine Bilanz, in: Umweltrecht im Wandel, (Hrsg.: Dolde, Klaus-Peter), Berlin 2001, S. 795.
Zit.: *Rogall,* in: Umweltrecht im Wandel.

Roxin, Claus — Strafrecht Allgemeiner Teil, Band I, 4. Aufl. München 2006.
Zit.: *Roxin,* AT I.

Rudolphi, Hans-Joachim — Schutzgut und Rechtfertigungsprobleme der Gewässerverunreinigung i.S. des § 324 StGB, ZfW 1982, S. 197.

Rudolphi, Hans-Joachim — Primat des Strafrechts im Umweltschutz?, 1. Teil, NStZ 1984, S. 193.

Rümelin, Max	Die bindende Kraft des Gewohnheitsrechtes und ihre Begründung, Rede gehalten bei der akademischen Preisverteilung am 6. November 1929 (Nachdruck der Ausgabe Tübingen 1929), Frankfurt a.M. 1970.
Sack, Hans-Jürgen	Umweltschutz-Strafrecht, 5. Aufl. Stuttgart 2006, Loseblattsammlung, (Stand: März 2006). Zit.: *Sack,* Umweltschutz-Strafrecht.
Sack, Hans-Jürgen	Anmerkung zum Urteil des BayObLG v. 22.6.1982 – Rreg 4 St 224/81, JR 1983, S. 123.
Sack, Hans-Jürgen	Anmerkung zu BGH Urt. v. 20.11.1996 – 2 StR 323/96, JR 1997, S. 254.
Salzwedel, Jürgen	Diskussionsbeitrag zum 194. Kolloquium des Instituts für das Recht der Wasserwirtschaft an der Universität Bonn am 8. Dezember 1978, ZfW 1980, S. 205, 211.
Sax, Walter	Das strafrechtliche Analogieverbot. Eine methodologische Untersuchung über die Grenze der Auslegung im geltenden Strafrecht, Göttingen 1953 (zugl. Habil.-Schrift Köln 1953).
Schall, Hero	Anmerkung zu BGH, Urt. v. 12.9.1976 – 4 StR 270/76, NJW 1977, S. 113.
Schall, Hero	Die Relevanz der Arbeitsplätze im strafrechtlichen Umweltschutz, in: Recht und Wirtschaft, Ringvorlesung im Fachbereich Rechtswissenschaften der Universität Osnabrück 1984/85, Osnabrücker rechtswissenschaftliche Abhandlungen, Bd. 1, Köln u.a., S. 1. Zit.: *Schall*, Relevanz der Arbeitsplätze.
Schall, Hero	Umweltschutz durch Strafrecht: Anspruch und Wirklichkeit, NJW 1990, 1263.

Schall, Hero — Systematische Übersicht der Rechtsprechung zum Umweltstrafrecht, NStZ 1992, S. 209 (1. Teil); S. 265 (2. Teil).

Schall, Hero — Neue Erkenntnisse zur Realität und Verfolgung der Umweltkriminalität, in: Kriminalpolitik und ihre wissenschaftlichen Grundlagen, Festschrift für Hans-Dieter Schwind (Hrsg.: Feltes, Thomas/Pfeiffer, Christian/Steinhilper, Gernot), Heidelberg 2006, S. 395.
Zit.: *Schall*, in: Schwind-FS.

Schmidt, Hauke — Die Belastungen durch Yachten (Interview mit Dr. Hartmut Mayer über eine Studie vom Zusammenschluss der europäischen Wassersportwirtschaft (ECNI) über die ökologischen Auswirkungen der Sportschifffahrt), Yacht 2/2008, S. 92.

Schönke, Adolf / Schröder, Horst — Strafgesetzbuch, Kommentar, 27. Aufl., München 2006.
Zit.: S/S-*Bearbeiter*.

Schreiber, Hans-Ludwig — Rückwirkungsverbot bei einer Änderung der Rechtsprechung im Strafrecht?, JZ 1973, S. 713.

Schünemann, Bernd — Zur Dogmatik und Kriminalpolitik des Umweltstrafrechts, in: Festschrift für Otto Triffterer (Hrsg.: Schmoller, Kurt), Unveränderter Nachdruck Wien, New York 1998, S. 437.
Zit.: *Schünemann,* in: Triffterer-FS.

Schweitzer, Michael — Überblick zum Verhältnis: Völkerrecht – Europäisches Gemeinschaftsrecht – nationales Recht, in: Handbuch zum europäischen und deutschen Umweltrecht, Band I: Allgemeines Umweltrecht, (Hrsg.: Rengeling, Hans-Werner), 2. Aufl., Köln u.a. 2003, S. 679.
Zit.: *Schweitzer,* in: Umweltpolitik I.

Schwind, Hans-Dieter	Kriminologie, 17. Aufl. 2007.
Schwinge, Christina	Strafrechtliche Sanktionen gegenüber Unternehmen im Bereich des Umweltstrafrechts, Pfaffenweiler 1996 (zugl. Diss. München 1995).
Seidel, Wolfgang/ Rechenberg, Jörg	Rechtliche Aspekte des integrativen Gewässermanagements in Deutschland, ZUR 2004, S. 213.
Sieber, Ulrich	Europäische Einigung und Europäisches Strafrecht, ZStW 103 (1991), S. 957.
Sieder, Frank/Zeitler, Herbert/Dahme, Heinz (Hrsg.)	Wasserhaushaltsgesetz, Abwasserabgabengesetz, Kommentar, Band 1, Stand: München 7/2005. Zit.: Sieder/Zeitler/Dahme-*Bearbeiter*.
Sparwasser, Reinhard/ Engel, Rüdiger/ Voßkuhle, Andreas	Umweltrecht, Grundzüge des öffentlichen Umweltschutzrechts, 5. Auflage, Heidelberg 2003. Zit.: *Sparwasser/Engel/Voßkuhle*.
Streinz, Rudolf	Europarecht, 7. Aufl., Heidelberg 2005. Zit.: *Steinz,* Europarecht.
Suppert, Hartmut	Studien zur Notwehr und „notwehrähnlichen Lage“, Bonn 1973 (zugl. Diss. Bonn 1970-1971).
Systematischer Kommentar	Kommentar zum Strafgesetzbuch, Allgemeiner Teil, §§ 1-37, (Hrsg.: Rudolphi, Hans-Joachim u.a.) München, Loseblattsammlung, Stand: Oktober 2005. Bes. Teil, §§ 267-358, (Hrsg.: Rudolphi, Hans-Joachim u.a.) München, Loseblattsammlung, Stand: Oktober 2006. Zit.: SK-*Bearbeiter*.

Tiedemann, Klaus	Die Neuordnung des Umweltstrafrechts: gutachtliche Stellungnahme zu dem Entwurf eines Sechzehnten Strafrechtsänderungsgesetzes (Gesetz zur Bekämpfung der Umweltkriminalität), Berlin u.a. 1980.
Tiedemann, Klaus	Europäisches Gemeinschaftsrecht und Strafrecht, NJW 1993, S. 23.
Triffterer, Otto	Umweltstrafrecht, Baden-Baden 1980.
Wackernagel, Jacob	Beiträge zur Lehre über die Feststellung des Gewohnheitsrechts, in: Festschrift für Karl Haff, (Hrsg.: Bussmann, Kurt/Grass, Nikolaus) Innsbruck 1950, S. 360. Zit.: *Wackernagel*, in: Haff-FS.
Wasmuth, Johannes/ Koch, Matthias	Rechtfertigende Wirkung der behördlichen Duldung im Umweltstrafrecht, NJW 1990, S. 2434.
Welzel, Hans	Studien zum System des Strafrechts, ZStW 58 (1939), S. 491.
Winkelbauer, Wolfgang	Zur Verwaltungsakzessorietät des Umweltstrafrechts, Berlin 1985 (zugl. Diss. Tübingen 1984). Zit.: *Winkelbauer*, Verwaltungsakzessorietät.
Zaczyk, Rainer	Der verschuldete Verbotsirrtum – Bay ObLG, NJW 1989, 1744; in JuS 1990, S. 889.

Abkürzungsverzeichnis

a.A.	andere Auffassung
Abl.	Amtsblatt
AblEG	Amtsblatt der Europäischen Gemeinschaften
Abs.	Absatz
AbwAG	Abwasserabgabengesetz
ähnl.	ähnlich
a.F.	alte Fassung
Art.	Artikel
AT	Allgemeiner Teil
Aufl.	Auflage
AWZ	Ausschließliche Wirtschaftszone
BayObLG	Bayerisches Oberstes Landesgericht
BayWG	Bayerisches Wassergesetz
Bd.	Band
Begr.	Begründung
Beschl.	Beschluss
BGH	Bundesgerichtshof
BGHSt	Entscheidungen des Bundesgerichtshofs in Strafsachen
BGHZ	Entscheidungen des Bundesgerichtshofs in Zivilsachen
BinSchStrO	Binnenschifffahrtsstraßenordnung
BRD	Bundesrepublik Deutschland
BT	Besonderer Teil
BTDrs.	Drucksache des Deutschen Bundestages
BVerfG	Bundesverfassungsgericht
BVerfGE	Entscheidungen des Bundesverfassungsgerichts
BVerwG	Bundesverwaltungsgericht
BVerwGE	Entscheidungen des Bundesverwaltungsgerichts
BWaStrG	Bundeswasserstraßengesetz
bzw.	beziehungsweise
d.h.	das heißt
dies.	dieselben
Diss.	Dissertation
DÖV	Die öffentliche Verwaltung: Zeitschrift für öffentliches Recht und Verwaltungswissenschaft

DVBl.	Deutsches Verwaltungsblatt
EG	Europäische Gemeinschaften
EinführungsVO	Einführungsverordnung
etc.	et cetera
EU	Europäische Union
EuGH	Europäischer Gerichtshof
EuZW	Europäische Zeitschrift für Wirtschaftsrecht
f.	folgend
ff.	folgende
Fn.	Fußnote
Frankfurt a.M.	Frankfurt am Main
FS	Festschrift
GA	Goltdammer's Archiv für Strafrecht
geänd.	geändert
gem.	gemäß
GG	Grundgesetz für die Bundesrepublik Deutschland
ggf.	gegebenenfalls
ggü.	gegenüber
Habil.-Schr.	Habilitationsschrift
h.M.	herrschende Meinung
Hrsg.	Herausgeber
HS	Halbsatz
i.d.F.	in der Fassung
IMO	International Maritime Organisation (engl. Bezeichnung für Internationale Seeschifffahrts-Organisation)
i.R.d.	im Rahmen des
i.S.d.	im Sinne des
i.S.v.	im Sinne von
i.V.m.	in Verbindung mit
JA	Juristische Arbeitsblätter
JR	Juristische Rundschau
Jura	Juristische Ausbildung
JuS	Juristische Schulung, Zeitschrift für Studium und Ausbildung
JZ	Juristenzeitung
KK	Karlsruher Kommentar
krit.	kritisch
KrW-/AbfG	Kreislaufwirtschafts- und Abfallgesetz
LG	Landgericht
lit.	Buchstabe
LK	Leipziger Kommentar zum Strafgesetzbuch

Marpol	International Convention for the Prevention of Pollution from Ships, 1973, as modified by the Protokoll of 1978 relating thereto (Internationales Übereinkommen von 1973 zur Verhütung der Meeresverschmutzung durch Schiffe in der Fassung des Protokolls von 1978 (Marpol 73/78).
MDR	Monatsschrift für deutsches Recht
MK	Münchener Kommentar zum Strafgesetzbuch
m.w.N.	mit weiteren Nachweisen
Nds.GVBl.	Niedersächsisches Gesetz- und Verordnungsblatt
NJW	Neue Juristische Wochenschrift
NK	Nomos Kommentar
Nr.	Nummer
NRW	Nordrhein-Westfalen
NStZ	Neue Zeitschrift für Strafrecht
NStZ-RR	Neue Zeitschrift für Strafrecht – Rechtsprechungs-Report
NuR	Natur und Recht: Zeitschrift für das gesamte Recht zum Schutze der natürlichen Lebensgrundlagen und der Umwelt
NVwZ	Neue Zeitschrift für Verwaltungsrecht
o.ä.	oder ähnliches
o.g.	oben genannt(en)
OLG	Oberlandesgericht
OVG	Oberverwaltungsgericht
OWiG	Gesetz über Ordnungswidrigkeiten
RheinSchPV	Rheinschifffahrtspolizeiverordnung
Rn.	Randnummer
S.	Seite
SK	Systematischer Kommentar
s.o.	siehe oben
sog.	so genannt
S/S	Schönke/Schröder
SRÜ	Seerechtsübereinkommen der Vereinten Nationen vom 10.12.1982
StA	Staatsanwaltschaft
StGB	Strafgesetzbuch
StV	Strafverteidiger (Zeitschrift)
u.a.	unter anderem
u.a.	und andere
UKG	Gesetz zur Bekämpfung der Umweltkriminalität
UPR	Umwelt- und Planungsrecht: Zeitschrift für Wissenschaft und Praxis

v.a.	vor allem
vgl.	vergleiche
VO	Verordnung
Vorbem.	Vorbemerkung
VwVfG	Verwaltungsverfahrensgesetz
WHG	Gesetz zur Ordnung des Wasserhaushalts (Wasserhaushaltsgesetz)
wistra	Zeitschrift für Wirtschafts- und Steuerstrafrecht
WRRL	EG-Wasserrahmenrichtlinie Nr. 2000/60/EG
Yacht	Zeitschrift für Segelsport
z.B.	zum Beispiel
ZfW	Zeitschrift für Wasserrecht: deutsches und internationales Wasserrecht, Rechtsvergleichung
zit.	Zitiert
ZStW	Zeitschrift für die gesamte Strafrechtswissenschaft
ZUR	Zeitschrift für Umweltrecht

A. Einleitung

I. Gegenstand und Ziel der Abhandlung

Die Meeresumwelt der Nord- und Ostsee ist nicht nur durch Einleitung von Ölen und ölhaltigen Gemischen, sondern auch von Schiffsabwasser und Schiffsabfällen nach wie vor Gefährdungen und Belastungen ausgesetzt.[1] Fähr- und Passagierschiffe mit Restaurantbetrieb sowie Schiffe, die nur stationär als Restaurant- oder Hotelschiff betrieben werden, aber auch Transportschiffe leiten häufig sog. Nähr- und Schadstoffe, also das in erheblichen Mengen anfallende und zumeist mit Reinigungschemikalien versetzte Küchen- und Toilettenabwasser, sog. häusliches Abwasser, ungeklärt in die Gewässer ein. So werden diese schädlichen Stoffe durch die Beseitigung von Schiffsabwasser aus Schiffstoiletten und -küchen, aber auch aus Waschräumen von Schiffen indirekt über Einleitungen in die Flüsse sowie direkt in die See verbracht.[2] Neben Industrie- und Straßenabwasser sowie Abwasser aus privaten Haushalten und der Landwirtschaft führt dieses Abwasser durch die darin enthaltenen coliformen Bakterien und Nährstoffe zu Schädigungen der Flüsse und der Meere.[3] Wird ein Gewässer durch zu viele Nährstoffe übersättigt, ist die auf Sauerstoffatmung basierende Abbaukapazität nicht mehr ausreichend; dadurch kommt es zu Sauerstoffmangel und auch zu anaeroben, d.h. sauerstofffreien Abbauprozessen.[4]

Gerade in Gebieten, die von Fähr- und Passagierschiffen stark frequentiert werden, sind die Belastungen der Gewässer durch derartiges Abwasser groß. Im Bereich der Nordsee beispielsweise erreicht der Eintrag häuslichen Abwassers von Schiffen eine Quantität, die in etwa der einer Stadt mit 30.000 Einwohnern entspricht.[5] Durch diesen direkten Nähr- und Schadstoffeintrag in die Nord- und Ostsee sowie den erheblichen indirekten Eintrag über die Flüsse entstehen

---

1 *Gall/Stephani*, NuR 2004, 781 (781); *Hayen/Louis*, NdsVBl. 2003, 169 (169); *Hohmann,* in: Umweltrecht im Wandel, S. 99 (99); *Kloepfer,* § 13 Rn. 5; *Kollmann*, ZfW 1999, 276 (276f.); *Mechel/Reese*, ZUR 2003, 321 (321f.).

2 *Petersen*, Rn. 410.

3 *Hellwig/Pfaff,* ZfW 2005, 154 (154).

4 *Douvier*, Marpol, S. 96; *Koch/Caspar,* ZUR 2001, 113 (114); *Mechel/Reese*, ZUR 2003, 321 (321); *Rasched*, S. 155f.; *Reichert*, S. 65f., 71.

5 *Kunig*, Schutz der Meere, S. 259 (264).

Krankheitskeime wie etwa coliforme Bakterien[6] und Blaualgen (Cyanobakterien), so dass neben den Umweltbeeinträchtigungen auch für den Menschen eine Gesundheitsgefährdung erwächst.[7]

Diese massenhaften Einleitungen des Küchen- und Toilettenabwassers in die deutschen Hoheitsgewässer können – auch wenn sie kein Öl enthalten – mithin zu nachhaltigen Beeinträchtigungen der Gewässer führen und daher auch umweltstrafrechtlich unter dem Aspekt der Gewässerverunreinigung gem. § 324 StGB relevant sein.

So setzt § 324 Abs. 1 StGB voraus, dass ein Gewässer verunreinigt ist oder sonst dessen Eigenschaften nachteilig verändert worden sind. Küchen- und Toilettenabwasser enthält Nährstoffe, coliforme Bakterien und auch Reinigungschemikalien, die sich grundsätzlich negativ auf die Qualität eines Gewässers auswirken können,[8] so dass man in der Einleitung häuslichen Schiffsabwassers grundsätzlich auch eine tatbestandsmäßige Verwirklichung des § 324 Abs. 1 StGB erblicken kann. Der BGH hat in einem Beschluss etwa eine solche nachteilige Veränderung der Gewässereigenschaften i.S.d. § 324 Abs. 1 StGB für den Rhein angenommen, als sich dort mit Reinigungschemikalien und Fäkalien versetztes Abwasser eines Fähr- bzw. Passagierschiffs mit Restaurantbetrieb an der Wasseroberfläche zeigte.[9]

Während über das Verbot des Einleitens von ölhaltigem Schiffsabwasser Einigkeit herrscht, da etwa für den Bereich der Ostsee oder des Rheins zahlreiche internationale Fluss- und Meeresschutzübereinkommen[10] und zudem nationale Regelungen wie das Schifffahrtsrecht[11] existieren, die das Einbringen von Öl explizit verbieten, wird die Rechtslage hinsichtlich des Einleitens von häuslichem Schiffsabwasser, das kein Öl, sondern nur oberflächlich betrachtet eher „harmlose“ Substanzen enthält, nicht einheitlich beurteilt. Hierbei wird die eigentliche Umweltschädigung oftmals unterschätzt, da vielfach die Annahme besteht, dass dies ‚schon nicht so schlimm‘ oder gar erlaubt sei. Zu dieser unterschiedlichen Beurteilung der Rechtslage trägt der Umstand bei, dass viele der in der Schiff-

6 Coliforme Bakterien gelten als Indikatoren für eine fäkale Verunreinigung eines Gewässers und können zu Gesundheitsbeeinträchtigungen führen: Siehe beispielsweise die Nachweise beim Gesundheitsamt der Stadt Kiel: http://kiel.de/Aemter_30bis_52/50/Infektionsschutz_Umwelthygiene/download/Infoblatt_Trinkwasserhygiene_auf_Wasserfahrzeugen.pdf#search=%22coliforme %20Bakterien%22.

7 *Douvier*, S. 65; *Hellwig/Pfaff*, ZfW 2005, 154 (155); *Mechel/Reese*, ZUR 2003, 321 (321).

8 BGH, NStZ 1991, 281 (282).

9 BGH, NStZ 1991, 281 (282).

10 Annex I des Marpol-Übereinkommens etwa verbietet eindeutig die Verschmutzung durch Öl von Schiffen aus.

11 Z.B. § 28.05 der Binnenschifffahrtsstraßenordnung.

fahrt tätigen und für die Einleitungen zuständigen bzw. verantwortlichen Personen immer noch davon ausgehen, dass für das massenhafte Einbringen des Küchen- und Toilettenabwassers eine Erlaubnis gem. §§ 7, 7a WHG nicht erforderlich ist und dass das Einleiten somit auch keine strafrechtlichen Konsequenzen hat.[12] So werden fast keine Anträge auf Erteilung einer Einleitungserlaubnis gem. §§ 7, 7a WHG gestellt, für den Bereich der nationalen Küstengewässer und der Häfen für seegehende Schiffe bestehen hinsichtlich des häuslichen Abwassers kaum Einleitungserlaubnisse.[13]

Im Zusammenhang mit der Einleitung derartigen Abwassers aus Schiffen ist daher vielfach die Rede vom möglicherweise gewohnheitsrechtlich entstandenen Erlaubnissatz des sog. Schifffahrtsprivilegs, der eine Zulässigkeit der Einleitungen bewirken soll. Der Schifffahrt soll durch das sog. Schifffahrtsprivileg gegenüber anderen Einleitern eine Privilegierung in dem Sinne zukommen, dass die durch sie erfolgten Einleitungen häuslichen Schiffsabwassers zulässig sind und somit keine Einleitungserlaubnisse nach §§ 7, 7a WHG erfordern und demzufolge auch keine Strafbarkeit gem. § 324 StGB nach sich ziehen.

Fraglich ist mithin, ob derartige Verhaltensweisen angesichts der in mittlerweile fast allen Lebensbereichen geltenden strengen Umweltbestimmungen noch als rechtlich zulässig bewertet werden können. Ob ein solches Privileg wirklich greift oder die Einleitung häuslichen Schiffsabwassers in die deutschen Hoheitsgewässer nicht doch die zwingende Konsequenz einer Strafbarkeit nach der Vorschrift des § 324 StGB nach sich zieht, ist jedoch bis heute nicht geklärt.[14]

Schon die Herleitung des Schifffahrtsprivilegs als solches ist nicht ganz unstreitig. Das BayObLG[15] spricht sich in einer Entscheidung aus dem Jahr 1982 eindeutig für das Bestehen eines wasserhaushaltsrechtlichen Gewohnheitsrechts im Hinblick auf das Einleiten nichtölhaltigen Schiffsabwassers in die auf bayerischem Gebiet liegenden Bundeswasserstraßen aus. Das OLG Köln[16] leitet das Schifffahrtsprivileg in seiner Entscheidung aus dem Jahr 1985 hingegen aus dem Schifffahrtsrecht, insbesondere aus § 5 BWaStrG i.V.m. Art. 1 Mannheimer Akte, her. Das Schifffahrtsprivileg stellt somit dem OLG Köln zufolge kein Gewohnheitsrecht, sondern bloße Gesetzesauslegung dar.

---

12 *Hellwig/Pfaff,* ZfW 2005, 154 (155).

13 *Hellwig/Pfaff,* ZfW 2005, 154 (155): Nur im Bereich der deutschen Marine verfügt die Zerstörerflottille über von der Stadt Wilhelmshaven als untere Wasserbehörde erteilte Einleitungserlaubnisse für die Wilhelmshavener Häfen.

14 SK-*Horn,* § 324 Rn. 9.

15 BayObLG, NStZ 1983, 169 = MDR 1982, 1040.

16 OLG Köln, NStZ 1986, 225 = JR 1987, 297.

Der BGH[17] räumt in einem Beschluss aus dem Jahr 1991 zumindest Zweifel am Fortbestehen des gewohnheitsrechtlichen Schifffahrtsprivilegs ein und erachtet dessen Abschaffung jedenfalls als wünschenswert. Er gibt jedoch zu bedenken, dass einer Abschaffung noch zwischenstaatliche Verträge und technische Probleme entgegenstehen, und geht demzufolge von einem Fortbestehen des Schifffahrtsprivilegs aus. In einem neueren Beschluss aus dem Jahr 2003 verneint das LG Hamburg hingegen eindeutig das Fortbestehen des gewohnheitsrechtlichen Schifffahrtsprivilegs für den Bereich der Elbe und des Hamburger Hafens.[18]

Dass bisher nur wenige Entscheidungen zum Schifffahrtsprivileg veröffentlicht worden sind, dürfte auch darauf zurückzuführen sein, dass die Einleitungen des Abwassers nur ein geringes Entdeckungsrisiko in sich bergen und aufgrund der Mobilität der Schiffe Kausalitätsnachweise nur schwer zu erbringen sind.[19] Darüber hinaus tragen auch die mangelnden Kontrollmöglichkeiten gerade auf See und auf größeren Flüssen, die Anonymität sowie die mangelnden Einsichtnahmemöglichkeiten der Bevölkerung in die Abwasserbehandlung und -entsorgung auf einem Schiff zu einem geringen Anzeigeverhalten und Entdeckungsrisiko bei.

Das Bestehen eines solchen Gewohnheitsrechts, welches das Einleiten des häuslichen Schiffsabwassers erlaubt, wurde vorwiegend in den 1980er Jahren in der Literatur diskutiert und stark in Frage gestellt oder gänzlich abgelehnt.[20] Aktuelle ausführliche Auseinandersetzungen des einschlägigen Schrifttums sowohl im Straf- als auch im Verwaltungsrecht mit dem Schifffahrtsprivileg sind hingegen selten. So wird zumeist eine Rechtfertigung durch das Schifffahrtsprivileg als nicht mehr zeitgemäß abgetan oder aber mit Hinweis auf das Fehlen der für Gewohnheitsrecht erforderlichen allgemeinen Rechtsüberzeugung abgelehnt, da das gestiegene Umweltbewusstsein der Bevölkerung gegen die Rechtsüberzeugung der Zulässigkeit der Einleitungen häuslichen Abwassers spreche.[21] Oft wird dabei auch die Einführung des WHG als Argument gegen das Schifffahrtsprivileg angeführt, das für die Einleitungen von Abwasser eine Einleitungserlaubnis gem. §§ 7, 7a WHG vorsieht.[22]

17 BGH, NStZ 1991, 281 (281).

18 LG Hamburg, NuR 2003, 776 (776).

19 *Lotz*, in: Meinberg/Möhrenschlager/Link, S. 228 (230f.); LK-*Steindorf*, § 324 Rn. 130.

20 So etwa bereits *Kuhlen*, StV 1986, 544 (545); *Möhrenschlager*, JR 1987, 299 (300); *Sack*, JR 1983, 123 (123 f.).

21 *Sack*, JR 1983, 123 (123); LK-*Steindorf*, § 324 Rn. 97; ähnl. MK-*Alt*, § 324 Rn. 73.

22 *Braun*, S. 64; *Ensenbach*, S. 204f.; Sieder/Zeitler/Dahme-*Knopp*, § 23 WHG Rn. 15; *Kuhlen*, StV 1986, 544 (545); *Möhrenschlager*, JR 1987, 299 (300); *Sack*, Umweltschutz-Strafrecht, § 324 StGB Rn. 113; LK-*Steindorf*, § 324 Rn. 97.

Bei der Frage nach der Zulässigkeit der Einleitungen häuslichen Abwassers spielen angesichts des grenzüberschreitenden Mediums Wasser auch Rechtsakte und Entscheidungen der EG sowie Verpflichtungen aus internationalen Verträgen und Übereinkommen eine große Rolle. Die – eigentlich zwingend erforderliche – Auseinandersetzung gerade auch mit der Verflechtung aus internationalen und europarechtlichen Vorgaben sowie nationalem Bundes- und Landesrecht ist äußerst selten.[23] Eine Berücksichtigung des zwischen den Rheinanliegerstaaten geschlossenen, künftig in Kraft tretenden Abfallübereinkommens, das – wie sich im weiteren Verlauf der Untersuchung noch zeigen wird – für den Bereich der Binnenwasserstraßen für bestimmte Schiffe sogar eine Legalisierung des Schifffahrtsprivilegs bedeutet, findet sich im straf- und verwaltungsrechtlichen Schrifttum nicht. Eine solche Auseinandersetzung gerade mit den aktuellen gesetzlichen Regelungen ist jedoch zwingend erforderlich, bevor auf einen gewohnheitsrechtlichen Rechtssatz abgestellt werden kann, da eine bestehende legislatorische Regelung die Annahme eines Gewohnheitsrechts aufgrund des Vorrangs der gesetzlichen Regelung obsolet macht.

Die Frage nach der Zulässigkeit von Einleitungen sog. häuslichen Abwassers und möglicher sogar strafrechtlicher Konsequenzen ist angesichts der großen Bedeutung, die der Schiffsverkehr sowohl für die Touristikbranche (Fahrgast- und Restaurantschiffe) und den Freizeitsport (Sportschiffe) als auch für das Wirtschaftsleben (Transportmittel) hat, von großer Relevanz.[24]

So stellt sich bei den Schiffsbetreibern die Frage, ob sie entweder das häusliche Schiffsabwasser kostenpflichtig und zeitaufwändig an Land entsorgen, wofür ein ausreichend dichtes Netz an Entsorgungsstellen im Bereich der Gewässer vorhanden sein muss und auch ein kostenintensiver Einbau von Sammeltanks erforderlich ist, oder ob sie andererseits das Abwasser kostenfrei und schnell durch Einleitung in die Gewässer entsorgen, was möglicherweise strafrechtliche Konsequenzen nach sich ziehen kann. Es stehen also Umweltschutzgedanken – angesichts des großen Konkurrenzdrucks – Rentabilitäts- und Wirtschaftlichkeitserwägungen gegenüber.

Ziel dieser Abhandlung ist es daher, angesichts der Ausmaße der durch die Einleitung des Küchen- und Toilettenabwassers entstehenden Umweltbelastungen die Strafbarkeit der Einleitungen des sog. häuslichen Abwassers in Bezug auf das

---

23 So immerhin im Hinblick auf das Marpol-Übereinkommen: *Hellwig/Pfaff,* ZfW 2005, 154; kurz die Neufassung des § 7a V WHG, der aufgrund der Vorgaben der Wasserrahmenrichtlinie 2000/60/EG vom 23.10.2000 (WRRL) geändert wurde, erwähnend: *Heine,* in: Otto-FS, S. 1015 (1022).

24 Stellungnahme des Europäischen Wirtschafts- und Sozialausschusses zum Thema „Streben nach einer gesamteuropäischen Regelung der Binnenschifffahrt", ABlEG Nr. C 010 v. 14.1.2004, S. 49-57.

umstrittene Schifffahrtsprivileg für den Bereich der deutschen Küstengewässer bis zur Zwölf-Seemeilen-Zone[25] und der Binnenwasserstraßen des Bundes unter Berücksichtigung gerade der neuesten Rechtsentwicklungen unter (umwelt)strafrechtlichen Gesichtspunkten zu analysieren. Die Beschränkung der Untersuchung auf die deutschen Hoheitsgewässer resultiert zum einen daraus, dass die o.g. Entscheidungen und die bisherige Diskussion um das sog. Schifffahrtsprivileg sich ausschließlich mit deutschem Hoheitsgewässer auseinandersetzen, zum anderen auch daraus, dass eine Berücksichtigung des Völkergewohnheitsrechts[26] und der Regelungen der einzelnen Staaten den Umfang dieser Arbeit bei weitem überschreiten würde.

II. Gang der Untersuchung

Nach einer Subsumtion des Einleitens von häuslichem Abwasser unter den Straftatbestand des § 324 StGB werden zunächst die bisherigen Lösungswege sowohl der Rechtsprechung als auch der Literatur hinsichtlich des Fortbestehens dieses Gewohnheitsrechts aufgezeigt. Nach Darstellung der grundsätzlichen Voraussetzungen für die Annahme eines Gewohnheitsrechts erfolgt eine kritische Auseinandersetzung mit der aktuellen Rechtslage, die zeigen wird, dass die bisherigen Beurteilungen aufgrund aktueller, durch Völker- und Europarecht geprägter Rechtsentwicklungen zu kurz greifen und die Frage nach dem Fortbestehen des Schifffahrtsprivilegs einer weitergehenden Untersuchung bedarf.

Da es eines Rückgriffs auf Gewohnheitsrecht im Falle einer expliziten gesetzlichen Regelung gar nicht mehr bedarf,[27] werden die in Betracht kommenden Rechtsgebiete, mithin das (auch durch Vorgaben der EG geprägte) nationale Recht, insbesondere das hier relevante Straf- oder Verwaltungsrecht, sowie die in

---

25 So teilt das UN-Seerechtsübereinkommen (SRÜ) das Meer in verschiedene Zonen mit unterschiedlich weit reichenden Befugnissen der jeweiligen Küstenstaaten ein. Ein Küstenstaat hat die Befugnis, das Küstenmeer bis zu einer Breite von zwölf Seemeilen jenseits der Basislinie zu beanspruchen, Art. 3 SRÜ. Eine Einschränkung erfährt der Küstenstaat nur bezüglich des Rechts der friedlichen Durchfahrt, Art. 17ff. SRÜ.

26 Siehe zum Völkergewohnheitsrecht etwa: *Bleckmann, Albert,* Zur Feststellung und Auslegung von Völkergewohnheitsrecht, in: Zeitschrift für ausländisches öffentliches Recht und Völkerrecht, Bd. 37, 1977, S. 504-529; *Günther, Herbert,* Zur Entstehung von Völkergewohnheitsrecht, Berlin 1970 (Diss. Marburg 1969); *Richter, Claus,* Aspekte der universellen Geltung der Menschenrechte und der Herausbildung von Gewohnheitsrecht, München 2007 (Diss. Bayreuth 2005); *Unger, Richard F.,* Völkergewohnheitsrecht, objektives Recht oder Geflecht bilateraler Beziehungen, München 1978.

27 *Kortgen,* Rn. 164, 532.

deutsches Recht umgesetzten internationalen Übereinkommen auf die Zulässigkeit der Einleitungen des häuslichen Abwassers sowie auf eine Vereinbarkeit mit dem Schiffffahrtsprivileg hin untersucht und ausgewertet. Es wird herauszuarbeiten sein, ob für die Annahme des Schiffffahrtsprivilegs gerade unter Berücksichtigung der kontinuierlich wachsenden Bedeutung europa- und völkerrechtlicher Rechtsgedanken für die Voraussetzungen von Gewohnheitsrecht überhaupt noch Raum besteht und ob darüber hinaus auch die erforderliche Übung und dahingehende Rechtsüberzeugung bejaht werden können. Sofern das Fortbestehen des Schiffffahrtsprivilegs abzulehnen sein sollte, wird weiterhin auf das Eingreifen von allgemeinen Rechtfertigungs- und auch Schuldausschließungsgründen einzugehen sein.

B. Einordnung der Problematik in den Umweltstraftatbestand des § 324 StGB

Gem. § 324 Abs. 1 StGB muss die Gewässerverunreinigung „unbefugt" erfolgen. Eine Gewässerverunreinigung beinhaltet dann kein strafbares Unrecht, erfolgt mithin nicht unbefugt, wenn die tatbestandliche Handlung entweder schon kraft Gesetzes zulässig ist, die Verwaltungsbehörde – sofern ein Genehmigungserfordernis besteht – eine entsprechende wirksame Erlaubnis formgerecht erteilt hat oder aber auch, wenn Gewohnheitsrecht, worunter das Schifffahrtsprivileg fällt, oder allgemeine Rechtfertigungsgründe eingreifen.[28]

Unbefugtheit liegt also beispielsweise nicht vor, wenn die tatbestandliche Handlung durch Gesetz oder durch eine behördliche Erlaubnis, Bewilligung, Zulassung oder Genehmigung nach dem Wasserhaushaltsgesetz (WHG), den Landeswassergesetzen, den Schifffahrtsverordnungen[29] oder nach Ausnahmeregelungen in Gesetzen zum Schutz des Meeres[30] sowie nach Völkerrecht[31] gedeckt ist.[32] Ist also die tatbestandsmäßige Gewässerverunreinigung gestattet, liegt kein unbefugtes Handeln i.S.d. § 324 Abs. 1 StGB vor.[33] Die Problematik hinsichtlich des Fortbestehens des möglicherweise gewohnheitsrechtlich entstandenen Schifffahrtsprivilegs ist demnach dogmatisch dem Merkmal „unbefugt" i.S.d. § 324 Abs. 1 StGB zuzuordnen. Im Folgenden werden zunächst die Voraussetzungen des § 324 StGB erläutert und dann eine Einordnung des für die Frage nach dem Schifffahrtsprivileg relevanten Merkmals „unbefugt" vorgenommen.

I. Tatbestand

§ 324 Abs. 1 StGB setzt voraus, dass ein Gewässer verunreinigt ist oder sonst dessen Eigenschaften nachteilig verändert worden sind. Zu den Schutzobjekten des § 324 StGB zählen gem. § 330 d Nr. 1 StGB oberirdische Gewässer, das

---

28 *Lackner/Kühl* § 324 Rn. 9; NK-*Ransiek*, § 324 Rn. 23.

29 *Kloepfer/Vierhaus*, Rn. 90.

30 LK-*Steindorf*, § 324 Rn. 74, 99. Krit. im Hinblick auf über die deutschen Hoheitsgewässer hinausgehende Beeinträchtigungen *Oehler*, GA 1980, 241 (247).

31 *Lackner/Kühl*, § 324 Rn. 9.

32 S/S-*Cramer/Heine*, § 324 Rn. 12; SK-*Horn*, § 324 Rn. 9; *Sack*, Umweltschutz-Strafrecht, § 324 Rn. 62.

33 LK-*Steindorf*, § 324 Rn. 75.

Grundwasser sowie das Meer. Die Legaldefinition stammt aus § 1 WHG, jedoch ist § 324 Abs. 1 StGB insoweit weiter gefasst, als auch die hohe See unter dessen Gewässerbegriff fällt.[34] Die hier auf die Zulässigkeit der Einleitungen häuslichen Abwassers zu untersuchenden deutschen Binnenwasserstraßen und die bis zur Zwölf-Seemeilen-Zone angrenzenden deutschen Küstengewässer gehören mithin unstreitig zu den Gewässern i.S.d. § 324 Abs. 1 StGB.

Eine Verunreinigung bzw. nachteilige Veränderung der Gewässereigenschaften i.S.d. § 324 Abs. 1, 1. Alt. StGB erfordert eine nicht ganz unerhebliche objektive Verschlechterung der physikalischen, chemischen, biologischen oder thermischen Beschaffenheit des Wassers.[35] Ein bereits verschmutztes Gewässer kann ebenfalls taugliches Tatobjekt sein.[36] Eine Verunreinigung des Gewässers bzw. nachteilige Veränderung der Gewässereigenschaften ist zudem auch dann möglich, wenn nicht das gesamte Gewässer verunreinigt ist: bereits die Verunreinigung eines Teils des Gewässers ist ausreichend, sofern die Verschlechterung der Gewässereigenschaften nachgewiesen werden kann.[37] Ausschlaggebend für das Vorliegen einer Verunreinigung ist, welche nachteiligen Auswirkungen die Tathandlung auf die Qualität des Wassers hat.[38] Eine „sonst nachteilige Veränderung“ bildet den Oberbegriff der beiden Alternativen des § 324 StGB, unter die 2. Alternative fallen somit auch Beeinträchtigungen, die vom „Verunreinigen“ nicht erfasst werden.[39] Der Unterschied zur sonst nachteiligen Veränderung wird darin gesehen, dass für die Annahme einer Verunreinigung i.S.d. § 324 StGB eine äußerlich wahrnehmbare Veränderung des Gewässers durch die Tathandlung herbeigeführt worden sein muss.[40] Eine genaue Abgrenzung der beiden Tatmodalitäten ist nicht möglich, aber auch nicht erforderlich, die Übergänge sind flie-

---

34 S/S-*Cramer/Heine,* § 324 Rn. 3; *Kloepfer/Vierhaus,* Rn. 81.

35 BGH, NStZ 1987, 323 (324); OLG Karlsruhe, JR 1983, 339 (340); OLG Frankfurt, NStZ-RR 1996, 103 (103); *Lackner/Kühl,* § 324 Rn. 4; *Möhrenschlager,* NuR 1983, 219 (211); weiter *Rengier,* BT II § 48 Rn 7, der auch die faktischen Benutzungsmöglichkeiten, z.B. durch den Schiffsverkehr, als geschützt betrachtet.

36 *Kloepfer/Vierhaus,* Rn. 83; LK-*Steindorf,* § 324 Rn. 28.

37 BGH, NStZ 1991, 281 (282); auch SK-*Horn,* § 324 Rn. 3; *Kloepfer/Vierhaus,* Rn. 88.

38 BGHZ, NuR 2004, 334 (336); S/S-*Cramer/Heine,* § 324 StGB Rn. 8.

39 OLG Karlsruhe, JR 1983, 339 (340); OLG Celle, NJW 1986, 2326 (2327); OLG Frankfurt, NJW 1987, 2753 (2754); S/S-*Cramer/Heine,* § 324 Rn. 9; *Czychowski,* (7. Aufl.), § 324 StGB Rn. 8; *Lackner/Kühl,* § 324 Rn. 3; *Rogall,* in: Köln-FS, S. 505, (510); *Rudolphi,* NStZ 1984, 193 (194); *Sack,* Umweltschutz-Strafrecht, § 324 StGB Rn. 26; *Schall,* NStZ 1992, 209 (210); LK-*Steindorf,* § 324 Rn. 27.

40 OLG Karlsruhe, JR 1983, 339 (340); OLG Frankfurt, NJW 1987, 2753 (2754); SK-*Horn,* § 324 Rn. 3.

ßend.[41] Nur minimale Beeinträchtigungen sind vom Tatbestand des § 324 StGB allerdings ausgenommen.[42]

Das Einleiten von Küchen- und Toilettenabwasser ist aufgrund der darin enthaltenen Nährstoffe, coliformen Bakterien sowie der Reinigungschemikalien grundsätzlich geeignet, die Qualität eines Wassers zu verschlechtern.[43] Bei den Einleitungen des Küchen- und Toilettenabwassers in die Binnen- und Küstengewässer kann gerade bei den Fähr- und Passagierschiffen davon ausgegangen werden, dass hinsichtlich der Verunreinigung bzw. nachteiligen Veränderung der Gewässereigenschaften keine minimale Beeinträchtigung gegeben ist. Eine exakte Feststellung der genauen Bestandteile des Abwassers ist mithin für den Nachweis einer Gewässerverunreinigung i.S.d. § 324 StGB nicht erforderlich.[44]

Zu denken ist im Zusammenhang mit der Frage nach der Tatbestandsmäßigkeit der Einleitungen häuslichen Schiffsabwassers noch an die vereinzelt vertretene Lehre von der Sozialadäquanz,[45] die – sofern sie überhaupt anerkannt wird – entweder einer Ansicht zufolge die Tatbestandsmäßigkeit[46] oder aber auch nach anderer Ansicht die Rechtswidrigkeit[47] eines Verhaltens ausschließt, wenn ein Verhalten vorliegt, dass sich im Rahmen der normalen, geschichtlich gewachsenen Ordnung bewegt.[48] Ein Verhalten kann dann sozialadäquat sein, wenn es die Merkmale des jeweiligen Tatbestands erfüllt, es sich jedoch im Rahmen der normalen, geschichtlich gewachsenen sozialen Ordnung bewegt.[49] Sozialadäquates Verhalten kommt insbesondere dann in Betracht, wenn schädliche Umwelteinwirkungen offensichtlich ausgeschlossen sind oder eine nur ganz geringfügige Beeinträchtigung der Umweltgüter vorliegt.[50]

Es bestehen zudem Zweifel daran, ob das sozialadäquate Verhalten im Rahmen des Gewässerstrafrechts Anwendung finden kann. Die Annahme einer Sozialadäquanz ist insgesamt starker Kritik ausgesetzt.[51] *Niering* betont, dass die Sozialadäquanz im Bereich der Umweltdelikte nicht mit den Zielen, die der Gesetz-

---

41 OLG Frankfurt, NJW 1987, 2753 (2754); *Lackner/Kühl*, § 324 Rn. 5; Krit.: *Triffterer*, S. 180f.
42 BGH, NStZ 1991, 281 (282).
43 BGH, NStZ 1991, 281 (282).
44 Siehe auch BGH, NStZ 1991, 281 (282).
45 Begründet von Welzel, ZStW 58 (1939), 491 (515ff., 527).
46 *Welzel*, ZStW 58 (1939), 491 (515ff., 527); weitere Nachweise bei LK-*Rönnau*, (12. Aufl.), Vor § 32 Rn. 48, Fn. 128.
47 BTDrs. 8/2382, S. 14; OLG Celle, NStZ 1993, 291 (292); *Lackner/Kühl* § 324 Rn. 14.
48 BGHSt 23, 226 (228); *Lackner/Kühl*, Vor § 32 Rn. 29; *Niering*, S. 70.
49 BGHSt 23, 226 (228); *Lackner/Kühl*, Vor § 32 Rn. 29; *Niering*, S. 70.
50 *Lackner/Kühl*, § 324 Rn. 14; *Schall*, Relevanz der Arbeitsplätze, S. 1 (3).
51 LK-*Rönnau*, (12. Aufl.), Vor § 32 Rn. 49ff. m.w.N.

geber mit der Einführung der Umweltdelikte in das StGB verfolgte, vereinbar sei.[52] Ziel sei es gewesen, das Bewusstsein der Bevölkerung für die Schädlichkeit von Umweltbeeinträchtigungen zu stärken. Eine Gewässerverunreinigung sei zudem auch ohne einen Verstoß gegen Verwaltungsvorschriften strafbar, sofern die Strafbarkeit nicht ausnahmsweise aus einem besonderen Rechtfertigungsgrund entfalle. Damit sei es nicht zu vereinbaren, dass im Wege der Sozialadäquanz eine Strafbarkeit quasi „durch die Hintertür" ausgeschlossen werden könne. Hinzu komme das in der Bevölkerung gestiegene Umweltbewusstsein auch im Hinblick auf den Gewässerschutz, so dass das Eingreifen von sog. sozialadäquatem Verhalten bei Gewässerverunreinigungen nicht haltbar sei.[53] Des Weiteren stellt der Begriff Sozialadäquanz ein sehr unbestimmtes und nicht klar abgrenzbares Kriterium dar. Es ist zudem stark zu bezweifeln, ob man beim Einleiten des Schiffsabwassers noch von Sozialadäquanz sprechen kann, zumal bei dem Einleiten ganzer Abwassertanks aufgrund der großen Mengen und der darin enthaltenen Schadstoffe nicht von einer Verhaltensweise ausgegangen werden kann, die sich im Rahmen der normalen, geschichtlich gewachsenen Ordnung bewegt. Schädliche Umwelteinwirkungen sind zudem bei Einleitungen von häuslichem Abwasser, das etwa an Bord eines Fahrgastschiffes entstanden ist, nicht offensichtlich ausgeschlossen, da häusliches Abwasser aufgrund der darin enthaltenen coliformen Bakterien und Tenside die Wasserqualität beeinträchtigen kann. Es ist auch keine ganz geringfügige Beeinträchtigung des Gewässers anzunehmen. Mithin ist die Lehre von der Sozialadäquanz für die in Frage stehenden Einleitungen des Schiffsabwassers nicht einschlägig.

Der Tatbestand des § 324 StGB ist damit durch das Einleiten des hier in Frage stehenden nichtölhaltigen Schiffsabwassers in die Binnenwasserstraßen und die deutschen Küstengewässer ungeachtet der Einordnung des Merkmals „unbefugt" grundsätzlich erfüllt.

II. Einordnung des Merkmals „unbefugt"

Für die h.M. ist das Merkmal „unbefugt" ein Hinweis auf das allgemeine Deliktsmerkmal der Rechtswidrigkeit und somit nicht Teil des Tatbestands.[54] Dem

52 *Niering*, S. 70.
53 *Niering*, S. 70.
54 BGHSt 39, 381 (387f.); OLG Stuttgart, ZfW 1977, 118 (124); OLG Frankfurt, NJW 1987, 2753 (2755); MK-*Alt*, § 324 Rn. 53; *Breuer*, JZ 1994, 1077 (1084); *Busch/Iburg*, S. 177; S/S-*Cramer/Heine*, Vorb §§ 324 ff. Rn. 14; *Ensenbach*, S. 26; *Kloepfer/Vierhaus*, Rn. 90; *Lackner/Kühl*, § 324 Rn. 8; *Michalke*, Rn. 86; *Rengier*, ZStW 101 (1989), 874 (878); LK-*Dannecker*, (12. Aufl.), § 1 Rn. 139; LK-*Rönnau*,

Merkmal „unbefugt“ wird auch eine Doppelfunktion zugeordnet, so soll es der Rechtswidrigkeit zuzuordnen sein, wenn sich die Befugnis zur Gewässerverunreinigung aus den allgemeinen Rechtfertigungsgründen ergibt oder aber die Verwaltung durch eine wasserhaushaltsrechtliche Erlaubnis oder Bewilligung die Gewässerverunreinigung gestattet. Ergebe sich die Befugnis aber bereits unmittelbar aus dem WHG, so sei „unbefugt“ Tatbestandsmerkmal.[55] Es wird aber teilweise auch als Tatbestandsmerkmal[56] und vereinzelt sogar als objektive Bedingung der Strafbarkeit[57] aufgefasst.

Für die Frage des Bestehens eines Schifffahrtsprivilegs kommt es auf die systematische Einordnung des Merkmals „unbefugt“ letztlich nicht an, da das Schifffahrtsprivileg sowohl als Tatbestandsauschluss als auch als Rechtfertigungsgrund angesehen werden kann. Eine systematische Einordnung dieses Merkmals kann daher offen gelassen werden.

III. Zwischenergebnis

Die Frage nach dem Fortbestehen des Schifffahrtsprivilegs ist im Bereich der nationalen Küstengewässer bis zur Zwölf-Seemeilen-Zone und auf den nationalen Binnenwasserstraßen bei dem Straftatbestand der Gewässerverunreinigung gem. § 324 Abs. 1 StGB je nach Zuordnung des Merkmals „unbefugt“ im Tatbestand bzw. im Rahmen der Rechtswidrigkeit zu lozieren; das Schifffahrtsprivileg stellt im Falle seines Fortbestehens mithin einen Rechtfertigungsgrund dar oder kann zum Tatbestandsausschluss führen.

(12. Aufl.), Vor § 32 Rn. 274; *Sack*, Umweltschutz-Strafrecht, § 324 StGB Rn. 61, 149; *Schall*, NStZ 1992, 209, 213; LK-*Steindorf*, § 324 Rn. 72, 77; *Tiedemann*, S. 15, 25; *Tröndle/Fischer*, § 324 Rn. 7.

55 *Winkelbauer*, Verwaltungsakzessorietät, S. 24.

56 *Bickel*, in: Meinberg/Möhrenschlager/Link, S. 261 (270, 272); *Heghmanns*, Grundzüge einer Dogmatik, S. 177; NK-*Ransiek*, § 324 Rn. 2, 22.

57 *Erdt*, S. 128 f., 137ff.; *Horn*, UPR 1983, 362 (366).

C. Der bisherige Meinungsstand zum sog. Schifffahrtsprivileg

I. Rechtsprechung

Im Zusammenhang mit der hier in Frage stehenden Strafbarkeit der Einleitung von Küchen- und Toilettenabwasser gem. § 324 Abs. 1 StGB sind einige Gerichtsurteile ergangen, die sich mit dem Bestehen des Schifffahrtsprivilegs auseinandergesetzt haben und die Aufschluss über die jeweils vom Gericht herangezogene Herleitung des Schifffahrtsprivilegs geben können. Diese Urteile werden daher zunächst dargestellt.

1. BayObLG

In dem vom BayObLG[58] zu entscheidenden Fall besaß der Angeklagte vier Fahrgastschiffe mit Restaurantbetrieb, die je ein Fassungsvermögen von 200 bis 600 Personen hatten. Diese Schiffe fuhren u.a. auf den Bundeswasserstraßen Rhein und Main sowie auf der Kanalstrecke der Rhein-Main-Donau-Großschifffahrtsstraße, die auch den Status einer Bundeswasserstraße hat. Zwei Schiffe des Angeklagten mit je mindestens 80 Fahrgästen befuhren täglich die Kanalstrecke von Frühjahr bis Herbst, das anfallende, mit Speiseresten versetzte Küchenabwasser und die Fäkalien aus den Bordtoiletten wurden direkt in den Kanal eingeleitet.

Das BayObLG sprach den Angeklagten frei, da die Einleitung des Schiffsabwassers zwar eine Gewässerverunreinigung i.S.d. § 324 StGB darstelle, es jedoch für die Einleitung nichtölhaltigen Schiffsabwassers in die auf bayerischem Gebiet liegenden Bundeswasserstraßen ein „noch bestehendes“ (wasserhaushaltsrechtliches) Gewohnheitsrecht gebe, das Einleiten des Abwassers somit nicht gegen § 324 StGB verstoße.[59] Bei der Schifffahrt auf den Binnenwasserstraßen sei es üblich, dass das Schiffsabwasser unmittelbar in das Gewässer eingeleitet wird, wobei die beteiligten Kreise in dem Bewusstsein handelten, dass dies zulässig sei, Rechtsprechung und Gesetzgebung stünden dem auch nicht entgegen.

58 BayObLG, NStZ 1983, 169.
59 BayObLG, NStZ 1983, 169 (169).

Zur Unterstützung seiner Auffassung führt das BayObLG weiterhin aus, dass nach dem BayWG (Art. 103, 104 BayWG a.F.), das 1963 außer Kraft getreten ist, die Benutzung der öffentlichen Flüsse und staatlichen Kanäle jedem zur Schiff- und Floßfahrt vorbehaltlich der Bestimmungen der Staatsverträge und der näheren Regelung dieser Benutzung durch Schifffahrts-, Floß- und Kanalordnungen (Art. 29 BayWG a.F.) frei standen. Gem. Art. 37 dieses Gesetzes bedurfte das Einleiten von Flüssigkeiten oder anderen nicht festen Stoffen in öffentliche Gewässer einer Erlaubnis. Vorrichtungen, um das nicht ölhaltige Schiffsabwasser aufzufangen, befanden sich nicht auf den Schiffen, die Ausrüstungs- und Zulassungsvorschriften sahen dies auch nicht vor. Das BayObLG betont, dass auch diese Einleitungen von allen Beteiligten für zulässig erachtet wurden.[60]

Dem BayObLG zufolge unterschied sich auch das ab 1962 geltende Wasserhaushaltsgesetz von der alten Regelung nicht, das Einleiten von Stoffen in oberirdische Gewässer bedurfte auch einer Erlaubnis, sofern es nicht unter den von den Ländern näher auszugestaltenden Gemeingebrauch gem. § 23 Abs. 2 WHG i.d.F. von 1963 fiel. Das BayObLG ging daher davon aus, dass es den Ländern oblag, das bis dahin gewohnheitsrechtlich zulässige Einleiten des nichtölhaltigen Schiffsabwassers zu regeln.[61] Durch Art. 21 BayWG, der den Gemeingebrauch ohne Berücksichtigung der Schifffahrt näher regelt, sollte nach Auffassung des BayObLG das bisherige Gewohnheitsrecht nicht außer Kraft gesetzt werden. Dies stützt das BayObLG u.a. darauf, dass es im BayWG keine ausdrückliche und klare gesetzliche Regelung diesbezüglich gebe.[62] Die Verhältnisse hätten sich noch nicht so durchgreifend verändert, dass die Grundlage des Gewohnheitsrechts weggefallen und zudem auch kein neues, dem entgegenwirkendes Gewohnheitsrecht geschaffen worden sei, so dass das Gewohnheitsrecht nach wie vor bestehe, es mithin nicht obsolet geworden sei.[63]

Das BayObLG wies jedoch in seiner Entscheidung bereits darauf hin, dass ein Umdenkungsprozess zugunsten des Gewässerschutzes stattgefunden habe; dieser sei jedoch noch nicht so weit fortgeschritten, dass dies zum Erlöschen des Gewohnheitsrechts führen könnte. Allein die Auffassung der zuständigen Verwaltungsbehörden des Landes Bayern von der Unrechtmäßigkeit der Schiffsabwassereinleitungen in die Bundeswasserstraßen sei nicht ausreichend für die Abschaffung des Gewohnheitsrechts.[64] Das BayObLG nahm also in seiner Entscheidung ein noch bestehendes Gewohnheitsrecht, das sog. Schifffahrtsprivileg,

60 BayObLG, NStZ 1983, 169 (169).
61 BayObLG, NStZ 1983, 169 (169).
62 BayObLG, NStZ 1983, 169 (170).
63 BayObLG, NStZ 1983, 169 (170).
64 BayObLG, NStZ 1983, 169 (170).

an, räumte aber gleichzeitig auch ein, dass es Tendenzen gebe, die dieses Schifffahrtsprivileg obsolet werden lassen könnten.

2. OLG Köln

Das OLG Köln[65] entschied über einen ähnlich gelagerten Fall, in dem der Angeklagte, Vorstandsvorsitzender einer Rheinschifffahrts-Aktiengesellschaft, seine Zustimmung dazu erteilte, dass ein Raddampfer mit Restaurantbetrieb der Gesellschaft vom 2.5. bis 25.5.1983 und vom 3.6. bis 15.7.1983 in Köln festmachte. Das anfallende Spülabwasser und die Fäkalien der Bordtoiletten wurden ungeklärt in den Rhein eingeleitet. Das OLG Köln führt in seinen Urteilsgründen zunächst aus, dass gem. § 2 Abs. 1, § 3 Abs. 1 Nr. 4 WHG (in der damaligen Fassung) das Einleiten von Stoffen in oberirdische Gewässer eine Benutzung des Gewässers darstellt. Diese bedürfe grundsätzlich der Erlaubnis, sofern sich aus dem WHG oder den dieses ausfüllenden Landeswassergesetzen nicht etwas anderes ergebe.[66] Das OLG stellte fest, dass eine wasserrechtliche Erlaubnis nicht vorlag und die zulässige mit der Schifffahrt notwendig verbundene Benutzung der Gewässer ebenfalls nicht unter den Gemeingebrauch i.S.d. § 23 WHG falle.[67]

Für die Schifffahrt gelte grundsätzlich auch das WHG, jedoch müssten bei der Bestimmung des Wortes „unbefugt“ in § 324 Abs. 1 StGB auch alle zivilrechtlichen und öffentlich-rechtlichen Normen, die ein solches Verhalten erlauben, Bedeutung haben. Nur so könne die Frage der Rechtswidrigkeit für die gesamte Rechtsordnung einheitlich beantwortet werden.[68] Für die Schifffahrt finde das WHG eine Einschränkung dahingehend, dass Gewässerverunreinigungen, die zwangsläufig mit dem zulässigen Betrieb der Schifffahrt auf den Bundeswasserstraßen verbunden sind, nicht unbefugt i.S.d. § 324 StGB erfolgen. Diese schifffahrtsrechtliche Privilegierung resultiere aus der Auslegung des § 5 BWaStrG und Art. 1 Mannheimer Akte.[69]

Das für den Rhein geltende Schifffahrtsrecht, die Rheinschifffahrtsuntersuchungsordnung und die Rheinschifffahrtspolizeiverordnung, die von der Zentralkommission für die Rheinschifffahrt (Art. 43, 45 Mannheimer Akte) beschlossen wurden (vgl. Art. 1 der jeweiligen EinführungsVO), verbiete nicht, Küchen- oder Toilettenabwasser in das Gewässer einzuleiten. So enthalte die Rheinschifffahrts-

65 OLG Köln, NStZ 1986, 225.
66 OLG Köln, NStZ 1986, 225 (226).
67 OLG Köln, NStZ 1986, 225 (226); ebenso *Czychowski,* § 23 WHG Rn. 28; *Friesecke,* § 5 BWaStrG Rn. 2.
68 OLG Köln, NStZ 1986, 225 (226).
69 OLG Köln, NStZ 1986, 225 (226).

untersuchungsordnung in § 11.08 Nr. 4 Bestimmungen über die erforderliche Anzahl von Aborten auf Fahrgastschiffen, sie gebe jedoch nicht vor, dass Sammeltanks für das Toilettenabwasser vorhanden sein müssen. Die Rheinschifffahrtspolizeiverordnung[70] beinhaltet in § 1.15 das Verbot, feste Gegenstände oder Flüssigkeiten, die geeignet sind, die Schifffahrt oder sonstige Benutzer der Wasserstraße zu behindern oder zu gefährden, in die Wasserstraße zu werfen, zu gießen oder sonst wie einzubringen oder einzuleiten. Das OLG betont, dass aber kein ausdrückliches Verbot bestünde, nichtölhaltiges Abwasser in die Gewässer einzuleiten.[71] Eine Beschränkung der Schifffahrt dahingehend, dass die Fahrgastschiffe Sammeltanks aufweisen müssen, hält das OLG mit dem internationalen Status des Rheins zudem für schlechthin unvereinbar.[72]

Das OLG stellt jedoch deutlich heraus, dass die Privilegierung aus § 5 BWaStrG und Art. 1 Mannheimer Akte nur dann Anwendung finde, wenn die Schiffe zur Schifffahrt, also zur Beförderung von Personen und Gütern, eingesetzt werden.[73] Art. 1 Mannheimer Akte gestattet den Fahrzeugen aller Nationen die Schifffahrt auf dem Rhein zum Transport von Waren und Personen. Nicht darunter fallen demnach Schiffe, die nicht zum Transport von Waren oder Personen genutzt werden, da die Mannheimer Akte nicht jeden beliebigen Einsatz von Schiffen garantiere. Für die Anwendung der Garantie der Mannheimer Akte ist daher zwingend erforderlich, dass der Zweck des konkreten Einsatzes des Schiffes der Beförderung dient. Sofern dies nicht der Fall sei, sei aus dem Schifffahrtsrecht keine Befugnis zur Einleitung von Abwasser abzuleiten.[74] Da das konkrete Schiff im o.g. Fall als festliegendes Restaurantschiff und nicht zur Beförderung von Personen oder Waren eingesetzt wurde, konnten die Privilegien der Rheinschifffahrt in diesem Fall daher keine Anwendung finden. Die Abwassereinleitungen erfolgten somit unbefugt, der Angeklagte hat sich mithin wegen unbefugter Gewässerverunreinigung gem. § 324 Abs. 1 StGB strafbar gemacht.

Festzuhalten bleibt jedoch, dass auch das OLG Köln in seiner Entscheidung von einem Schifffahrtsprivileg ausging, dies jedoch aus dem Schifffahrtsrecht begründete. Das Schifffahrtsprivileg stellt damit dem OLG Köln zufolge kein Gewohnheitsrecht, sondern bloße Gesetzesauslegung[75] dar.

---

70 Zuletzt geändert am 12.1.2006, gültig ab 1.4.2006.
71 OLG Köln, NStZ 1986, 225 (226).
72 OLG Köln, NStZ 1986, 225 (226).
73 OLG Köln, NStZ 1986, 225 (226).
74 OLG Köln, NStZ 1986, 225 (226).
75 Vgl. dazu näher unten unter E. II. 3. a).

3. BGH

Der BGH[76] hat ebenfalls über die Strafbarkeit der Abwassereinleitungen durch ein Restaurantschiff in einem Fall entschieden, in dem der Angeklagte ein zuletzt als Restaurantschiff betriebenes Motorschiff gekauft und es als Wohnsitz für seine Familie an einen Liegeplatz am Rheinufer in Mainz-Kastel überführt hat. Der Angeklagte ließ das Schiff umbauen, um darauf ein Restaurant zu betreiben. In seinem Antrag an die Baubehörde auf Genehmigung des Restaurantbetriebs gab er an, dass sich auf dem Schiff drei Sammeltanks mit einem Fassungsvermögen von insgesamt 110 cbm zur Aufnahme von Abwasser befänden. Daraufhin erteilte ihm die Baubehörde am 27.10.1987 die Genehmigung, die Stadt Wiesbaden am 10.11.1987 die gaststättenrechtliche Betriebserlaubnis. Beide Genehmigungen enthielten die Auflage, das anfallende Abwasser in geschlossenen Sammeltanks ohne Überlauf aufzufangen und durch ein zugelassenes Abfuhrunternehmen schadlos zu beseitigen. Entgegen den Angaben des Angeklagten befanden sich jedoch nur zwei Sammeltanks mit einem Fassungsvermögen von insgesamt 24 cbm an Bord des Schiffes. Von den im Zeitraum von November 1987 bis zum 21.9.1988 anfallenden 400 cbm Abwasser ließ der Angeklagte lediglich 10 cbm am 22.2.1988 abfahren, das restliche Abwasser pumpte er direkt in den Rhein oder ließ den Abwassertank einfach überlaufen.

Der BGH stellte fest, dass die Vorinstanz die Voraussetzungen einer Gewässerverunreinigung zu Unrecht verneint habe, da auch dann eine nachteilige Veränderung der Gewässereigenschaften i.S.d. § 324 Abs. 1 StGB gegeben sei, wenn mit Reinigungschemikalien und Fäkalien versetztes Abwasser eines Fähr- bzw. Passagierschiffs mit Restaurantbetrieb in den Rhein geleitet werde.[77] Die Vorinstanz war davon ausgegangen, dass die chemische Zusammensetzung von Küchen- und Toilettenabwasser so unterschiedlich ausfalle, dass die Feststellung einer nachteiligen Veränderung der Gewässereigenschaften i.S.d. § 324 Abs. 1 StGB immer die Kenntnis der genauen Abwassermenge und Einleiterate erfordere, zudem müsse die chemische Zusammensetzung des Abwassers feststehen. Anderenfalls könne nicht davon ausgegangen werden, dass der Tatbestand der Gewässerverunreinigung erfüllt sei. Für diese Sichtweise spreche auch das Bestehen des sog. Schifffahrtsprivilegs, das aus § 5 BWaStrG und Art. 1 Mannheimer Akte herzuleiten sei. Das Bestehen dieser Privilegierung weise darauf hin, dass die Einleitungen in der Regel nicht so schlimm seien und eine Verwirklichung des § 324 Abs. 1 StGB daher immer eines genauen Nachweises über das eingeleitete Abwasser bedürfe.

76 BGH, NStZ 1991, 281.
77 BGH, NStZ 1991, 281 (282).

Der BGH weist diese Argumentation jedoch strikt zurück und betont in seinen weiteren Ausführungen, dass er die Abschaffung des Privilegs der Schifffahrt, Küchen- und Toilettenabwasser unmittelbar in das Wasser einzuleiten, für wünschenswert hält.[78] Er hebt dennoch hervor, dass einer Abschaffung des Privilegs noch Gewohnheitsrecht, zwischenstaatliche Verträge und technische Probleme entgegenstünden. Mithin konstatiert auch der BGH in seiner Entscheidung das Bestehen des Schifffahrtsrechts.

4. LG Hamburg

Das LG Hamburg lehnt mit einem Beschluss aus dem Jahr 2003[79] das Bestehen eines Gewohnheitsrechts in Form des Schifffahrtsprivilegs für den Bereich der Elbe und des Hamburger Hafens eindeutig ab. Der verantwortliche Geschäftsführer einer Reederei wurde verdächtigt, zugelassen zu haben, dass von seinen vier Fahrgastschiffen aus, die mit jeweils zwischen 140 und 500 Salonplätzen ausgestattet waren, sämtliches durch die Restaurantbetriebe anfallende Küchen- und Toilettenabwasser in die Elbe und die Gewässer des Hamburger Hafens eingeleitet wurde. Eine Einleitungserlaubnis hierfür nach Wasserhaushaltsrecht bestand aber nicht.

Das LG Hamburg führt aus, dass die Rechtmäßigkeit des Einleitens allein nach dem WHG und den dazu erlassenen Landeswassergesetzen zu beurteilen sei.[80] Es verneint die Anwendung von Schifffahrtsrecht, da die sich aus § 5 BWaStrG ergebende Befugnis zum Befahren von Bundeswasserstraßen mit Wasserfahrzeugen nur die verkehrsrechtlichen Aspekte der Schifffahrt beträfe, wie etwa die Nutzung der Wasserstraßen als Verkehrswege und die Sicherheit und Leichtigkeit des Schiffsverkehrs. Es betont, dass die Einleitung des Küchen- und Toilettenabwassers nicht mehr zwingend mit der Nutzung der Bundeswasserstraßen durch die Schifffahrt verbunden sei, zumal es aufgrund der sich an Bord befindlichen Sammeltanks und der Entsorgungsmöglichkeiten dieser Tanks in den dafür eingerichteten Stellen nicht zwingend erforderlich sei, das Abwasser in die Bundeswasserstraßen einzuleiten. Die Entsorgung des Abwassers sei damit nicht mehr untrennbar mit der Nutzung der Wasserstraßen zur Schifffahrt verbunden, so dass für die Entsorgung allein Wasserrecht einschlägig sei, mithin also das WHG und die jeweiligen dazu erlassenen Landesgesetze.

---

78 BGH, NStZ 1991, 281 (282).
79 LG Hamburg, NuR 2003, 776 (776).
80 LG Hamburg, NuR 2003, 776 (776).

Das LG Hamburg lehnt hinsichtlich des Schifffahrtsprivilegs das Fortbestehen einer entsprechenden Rechtsüberzeugung in der Bevölkerung aufgrund des gestiegenen Umweltbewusstseins ab.[81] Die Einführung des Art. 20a GG – Umweltschutz als Staatsziel – im Jahre 1994 spreche zudem gegen die Annahme eines Gewohnheitsrechts. Dem LG Hamburg zufolge fällt das Einleiten des Schiffsabwassers daher unter § 2 Abs. 1 und § 3 Abs. 1 Nr. 4 WHG. Das LG zählt das Schiffsabwasser unter den Begriff „Stoffe" i.S.d. § 3 Abs. 1 Nr. 4 WHG, demnach ist für das Einleiten eine Erlaubnis erforderlich, die im vorliegenden Fall nicht vorlag.

Eine Einordnung der Einleitung von Schiffsabwasser als erlaubnisfreier Gemeingebrauch gem. § 23 WHG lehnt das LG Hamburg ebenfalls ab, da das Einleiten von Schiffsabwasser, das weder Öl noch andere schädliche Bestandteile enthält, nicht mehr nach dem bis zum 31.12.1995 geltenden § 10 Abs. 3 des Hamburgischen Wassergesetzes (HWaG) erlaubt sei. Die Aufhebung der allgemeinen wasserrechtlichen Erlaubnis zum Einleiten bestimmten Schiffsabwassers nach § 10 Abs. 3 HWaG mache deutlich, dass der Landesgesetzgeber sich gegen eine Beibehaltung der Zulässigkeit des Einleitens von diesem Schiffsabwasser ausgesprochen habe.[82]

Der Umstand, dass die zuständigen Behörden bislang im Bereich des Hamburger Hafens nicht gegen die Einleitungen von Schiffsabwasser vorgegangen seien, könne aufgrund der eindeutigen Regelung des WHG sowie der Abschaffung der Regelung des § 10 Abs. 3 HWaG nicht dazu führen, dass ein Irrtum des Beschuldigten angenommen werden könne. Bei Angehörigen der Hafenwirtschaft sei eine Kenntnis der einschlägigen Normen vorauszusetzen. Im Bereich der Elbe sowie des Hamburger Hafens stünden zudem keine zwischenstaatlichen Verträge einer Ablehnung des Gewohnheitsrechts entgegen, wie dies der BGH in seiner Entscheidung[83] für den Bereich der Rheinschifffahrt angenommen habe. Damit lehnt das LG Hamburg das Fortbestehen des Schifffahrtsprivilegs im Bereich der Elbe und des Hamburger Hafens eindeutig ab.

5. Zwischenergebnis

Festzuhalten bleibt damit, dass das Schifffahrtsprivileg in der Rechtsprechung sehr unterschiedlich und kontrovers beurteilt wird. So wird der Inhalt des Schifffahrtsprivilegs einerseits als Gewohnheitsrecht, andererseits aber auch als bloße

---

81 LG Hamburg, NuR 2003, 776 (776).
82 LG Hamburg, NuR 2003, 776 (776).
83 BGH, NStZ 1991, 281.

Gesetzesauslegung angesehen. Es wird aus unterschiedlichen Regelungsbereichen hergeleitet und findet insgesamt sowohl Zustimmung als auch völlige Ablehnung.

II. Die Auffassungen in der Literatur

In der Literatur war und ist das Fortbestehen des Schifffahrtsprivilegs starker Kritik ausgesetzt. *Horn* zufolge kann seit der Übertragung des § 38 WHG a.F. in das StGB – in Form des § 324 StGB – im Hinblick auf das sog. Schifffahrtsprivileg nicht mehr von einer für die Annahme von Gewohnheitsrecht erforderlichen Übung der beteiligten Verkehrskreise gesprochen werden, die von der allgemeinen Anerkennung der Rechtsgemeinschaft als Recht getragen werde. Er weist darauf hin, dass die Einleitungen von Schiffsabwasser, die von stillliegenden Hotel- und Restaurantschiffen aus erfolgen, keinesfalls von einem Gewohnheitsrecht gedeckt sein können. Bei Schiffen jedoch, die nicht stationär betrieben werden, sei die Rechtslage noch umstritten.[84]

Im Übrigen wird davon ausgegangen, dass seit Inkrafttreten des die Abwassereinleitungen abschließend regelnden WHG nicht mehr von einem Gewohnheitsrecht hinsichtlich des Einleitens von ungeklärtem häuslichen Abwasser gesprochen werden könne.[85] Die Regelungen des WHG verböten generell das Einleiten von gewässerverunreinigenden Stoffen von Schiffen aus.[86] Das im Wasserhaushaltsrecht bestehende Prinzip des repressiven Verbots mit rechts- oder befugnisverleihendem Befreiungsvorbehalt lasse keinen Raum für die Annahme eines Gewohnheitsrechts, ein solches könne allenfalls in der Vergangenheit bestanden haben.[87] Das WHG gehe davon aus, dass ein generelles Benutzungsverbot mit gesetzlich enumerierten Ausnahmen gelte. Dies würde durch die Konstruktion einer gewohnheitsrechtlichen Einleitungsbefugnis ausgehebelt.[88] Die Annahme eines Gewohnheitsrechts sei daher mit der gesetzgeberischen Ent-

---

84 SK-*Horn*, § 324 Rn. 9.

85 S/S-*Cramer/Heine*, § 324 Rn. 12; *Sack*, JR 1983, 123 (123 f.).

86 Sieder/Zeitler/Dahme-*Knopp*, § 23 WHG Rn. 15; *Möhrenschlager*, JR 1987, 299 (300); kritisch auch bereits *Albrecht/Heine/Meinberg*, ZStW 96 (1984), 943 (958): Aus einem ambivalenten Verhalten der Behörden, die einerseits jahrelang kein Einleitungsverbot erteilt haben, um eine wasserwirtschaftliche Lösung zu erreichen, und andererseits nach Erfolglosigkeit dieser Strategie dann doch Strafanzeige erstattet haben, könne kein Gewohnheitsrecht abgeleitet werden.

87 S/S-*Cramer/Heine*, § 324 Rn. 12; *Ensenbach*, S. 204f.

88 *Kuhlen*, StV 1986, 544 (545).

wicklung nicht vereinbar, auch nicht für bestimmte Wasserstraßen.[89] Allein aus der langjährigen Einleitungspraxis lasse sich noch kein lokales Gewohnheitsrecht herleiten.[90] Vielmehr sei anzunehmen, dass das Gewohnheitsrecht mittlerweile derogiert sei, da keine diesbezügliche allgemeine Rechtsüberzeugung mehr bestehe.[91] Aufgrund des gestiegenen Umweltbewusstseins in der Bevölkerung könne dieses Gewohnheitsrecht nicht mehr gebilligt werden, es gebe keine für das Bestehen eines Gewohnheitsrechts erforderliche Rechtsüberzeugung der Bevölkerung mehr.[92] Bereits in der Entscheidung des BayObLG sei ein Umdenkungsprozess hinsichtlich des Umweltbewusstseins in der Bevölkerung angesprochen worden, der wohl mittlerweile dazu geführt habe, dass von einer Billigung des Gewohnheitsrechts „Schifffahrtsprivileg" nicht mehr gesprochen werden könne.[93] Die Annahme des Schifffahrtsprivilegs stehe zudem außer Verhältnis zu der im Übrigen strafbaren Gewässerverschmutzung, wenn man berücksichtige, dass jeder kleine Sünder, der etwas Abfall in den Fluss wirft oder eine kleine Menge Abwasser ungeklärt heimlich in den Bach leitet, sich zumindest der Gefahr strafrechtlicher Ahndung aussetze, während die Masseneinbringung von Fäkalien in die Bundeswasserstraßen aus Schiffen mit einem Fassungsvermögen von mehreren hundert Personen rechtmäßig sein solle.[94]

Für eine gewisse Übergangszeit könne im Einzelfall jedoch noch ein unvermeidbarer Verbotsirrtum die Strafbarkeit ausschließen.[95] Ein Gewohnheitsrecht entfalle aber aufgrund des gestiegenen Umweltbewusstseins in der Bevölkerung auf jeden Fall.[96]

Fischer verweist auf den Beschluss des LG Hamburg aus dem Jahr 2003 und lehnt aufgrund dessen das Bestehen des Schifffahrtsprivilegs ab.[97]

Die Ansichten in der Literatur machen deutlich, dass bereits in den 1980er Jahren Zweifel am Fortbestehen des Schifffahrtprivilegs zu konstatieren waren. Die Literatur sprach und spricht sich nahezu einhellig – wenn auch mit kleineren Abweichungen – gegen die Annahme des Schifffahrtsprivilegs aus.

---

89 *Ensenbach*, S. 204f.; Sieder/Zeitler/Dahme-*Knopp*, § 23 WHG Rn. 15; *Möhrenschlager*, JR 1987, 299 (300).
90 *Möhrenschlager*, JR 1987, 299 (301).
91 *Sack*, JR 1983, 123 (123).
92 MK-*Alt*, § 324 Rn. 73; LK-*Steindorf*, § 324 Rn. 97.
93 LK-*Steindorf*, § 324 Rn. 97, 101a.
94 *Sack*, JR 1983, 123 (123); *ders.*, Umweltschutz-Strafrecht, § 324 Rn. 113; *Braun*, S. 64.
95 *Sack*, JR 1983, 123 (123); *ders.*, Umweltschutz-Strafrecht, § 324 Rn. 113; *Braun*, S. 64.
96 *Braun*, S. 64.
97 *Tröndle/Fischer*, § 324 Rn. 7.

III. Zwischenergebnis und weiterer Gang der Untersuchung

Die Rechtsprechung ging bis Anfang der 1990er Jahre von dem Fortbestehen des Schifffahrtsprivilegs aus, was sogar höchstrichterlich durch den Beschluss des BGH bestätigt wurde. Jedoch wurden bereits erste Zweifel an dessen Fortbestehen aufgrund des gestiegenen Umweltbewusstseins laut. Weiter bestand und besteht lediglich Einigkeit darüber, dass die Einleitungen von Schiffsabwasser, die nicht während der Fahrt erfolgen, sondern von stationären Restaurantschiffen aus vorgenommen werden, in jedem Falle nicht von einem möglichen Gewohnheitsrecht gedeckt sein können. In der Literatur ist die Annahme des Schifffahrtsprivilegs jedoch auf Kritik gestoßen, vielfach wurde bereits in den 1980er Jahren das Fortbestehen dieses Gewohnheitsrechts angezweifelt.

Das LG Hamburg hat sich in seinem Beschluss 2003[98] dann deutlich gegen die Annahme eines Schifffahrtsprivilegs im Bereich des Hamburger Hafens und der Elbe ausgesprochen, was auf eine Derogation durch die Rechtsprechung hindeuten könnte. Der BGH hat sich – mangels Möglichkeit – noch nicht zu der Abschaffung geäußert, es fehlt mithin an einer höchstrichterlichen Bestätigung. Hinzu kommt, dass das LG Hamburg das Fortbestehen des Privilegs auch nur eindeutig für den Bereich des Hamburger Hafens und der Elbe abgelehnt hat. Die Frage nach dem Fortbestehen des Schifffahrtsprivilegs ist durch den Beschluss des LG Hamburg damit noch nicht eindeutig für den gesamten Bereich der deutschen Hoheitsgewässer zu beantworten, zumal die Feststellung, dass einer Ablehnung des Schifffahrtsprivilegs im Bereich des Hamburger Hafens und der Elbe keine internationalen Regelungen entgegenstünden, noch zu überprüfen sein wird.

Bei der Untersuchung der Frage des Tatbestandsausschlusses bzw. der Rechtfertigung im Rahmen der Gewässerverunreinigung durch das möglicherweise gewohnheitsrechtlich entstandene Schifffahrtsprivileg ist zunächst zu klären, was unter dem Begriff Gewohnheitsrecht zu verstehen ist und welche Voraussetzungen bei der Annahme eines Gewohnheitsrechts erfüllt sein müssen, um im Anschluss daran die bisherigen Lösungswege von Rechtsprechung und Literatur beurteilen zu können.

98 LG Hamburg, NuR 2003, 776.

D. Begriffliche Klärung und Voraussetzungen des Gewohnheitsrechts

I. Begriffliche Klärung

Gewohnheitsrecht ist allgemein als nicht durch die Legislative gesetztes Recht zu verstehen, es ist ungeschriebenes Recht.[99] Man unterscheidet zwischen Verkehrsgewohnheitsrecht und sog. richterlichem Gewohnheitsrecht, wobei letzteres durch die Rechtsprechung entstanden ist.[100] Gerade im Bereich des Strafrechts findet sich am häufigsten Gewohnheitsrecht durch Gerichtsgebrauch.[101] Aus Art. 20 Abs. 3 GG ist auch die rechtsprechende Gewalt an Gewohnheitsrecht gebunden. Gewohnheitsrecht ist also als eine dem Gesetz gleichwertige Rechtsquelle anzusehen, an die Rechtsprechung und Exekutive in gleicher Weise gebunden sind.[102] Daher hat es die gleiche Wirkung wie anderes Recht auch und kann bestehende Normen ändern und auch außer Kraft setzen, sog. Desuetudo.[103]

1. Rechtsprechung

Das BVerfG sieht Gewohnheitsrecht als nicht durch förmlichen Rechtsetzungsakt entstandenes Recht an. Es handle sich um Recht, das durch längere, tatsächliche, dauernde und ständige, gleichmäßige und allgemeine Übung entstanden und von den Beteiligten als verbindliche Norm anerkannt ist.[104] Dabei ist davon auszugehen, dass „die Beteiligten" wohl die beteiligten Verkehrskreise meint.[105] Die Zivilsenate des BGH definieren Gewohnheitsrecht als eine lang andauernde Übung, die durch die Rechtsüberzeugung der befassten Verkehrskreise getragen wird, und fordern zudem, dass im Bewusstsein der Rechtsanwender und der Rechtsun-

---

99 Zur Geschichte und Rechtsentwicklung von Gewohnheitsrecht: *Kortgen*, §§ 3, 4 Rn. 188ff.; 295ff.; *Marx*, S. 10ff.

100 *Enneccerus/Nipperdey*, S. 161; *Reinicke*, MDR 1956, 324 (324).

101 *Esser*, in: v. Hippel-FS, S. 95 (111); *Jescheck/Weigend*, § 12 IV, S. 112; *Krey*, Keine Strafe ohne Gesetz, Rn. 123,124 m.w.N.

102 BGHZ 37, 219 (224); *Hubmann*, JuS 1968, 61 (62): *Marx*, S. 73.

103 *Enneccus/Nipperdey*, S. 165; *Jescheck/Weigend*, § 12 IV., S. 112.

104 BVerfGE 32, 293 (303, 304); in der Entscheidung BVerfGE 22, 114 (121) hieß es an Stelle von „Beteiligten" noch „von den beteiligten Rechtsgenossen".

105 Das BVerfG verlangte in dieser Entscheidung „die Billigung der betroffenen Kreise".

terworfenen die Zwangsläufigkeit der weiteren Anwendung dieser Übung verankert ist, wobei es dem Gewohnheitsrecht nicht entgegensteht, wenn einige Stimmen in der Literatur gegen das entsprechende Gewohnheitsrecht auftreten.[106] Die Strafsenate des BGH verlangen für die Annahme von Gewohnheitsrecht ähnlich wie auch das BVerfG und die Zivilsenate des BGH eine länger andauernde Übung und einen allgemeinen Rechtsgeltungswillen.[107]

In der Rechtsprechung werden damit – wenn auch mit unterschiedlichen Nuancen – die Begriffe der lang andauernden Übung und der Rechtsüberzeugung der befassten Verkehrskreise als die wesentlichen Voraussetzungen für die Annahme eines Gewohnheitsrechts genannt.

2. Literatur

In der Literatur wurden die Voraussetzungen für Gewohnheitsrecht zunächst sehr unterschiedlich beurteilt. Einer älteren Ansicht zufolge war nur eine allgemeine Rechtsüberzeugung für Gewohnheitsrecht erforderlich, eine darüber hinausgehende Übung oder ein diesbezügliches Verhalten sollte keinesfalls Entstehungsvoraussetzung sein.[108] Auch *Nipperdey* geht davon aus, dass der Rechtsetzungswille einer Gemeinschaft ausschlaggebend für die Entstehung von Gewohnheitsrecht ist, wobei ein gewisser Rechtsbindungswille nach außen hin manifestiert werden muss. Diese Manifestation könne am besten durch eine gewisse Übung gewährleistet werden, so dass neben dem Rechtssetzungswillen auch eine Übung gewissermaßen als Erkenntnismittel Voraussetzung für die Annahme von Gewohnheitsrecht sei.[109] Überwiegend wird heute sowohl eine Rechtsüberzeugung als auch eine dahingehende Übung gefordert, wobei die Übung nicht lediglich Erkenntnismittel,[110] sondern konstitutives Merkmal ist.[111]

---

106 BGHZ 37, 219 (222); 44, 346 (346); 79, 314 (316).

107 BGHSt 8, 360 (381); in BGHSt 5, 12 (13) ist die Rede von „einer gemeinsamen Rechtsüberzeugung“.

108 *Reichel*, S. 102.

109 *Enneccerus/Nipperdey*, S.158; *Reichel*, S. 100ff.

110 So *Enneccerus/Nipperdey*, S.158.

111 *Ensenbach*, S. 203; SK-*Horn*, § 324 Rn. 9; *Jescheck/Weigend*, § 12 IV, S. 112; *Krey*, Keine Strafe ohne Gesetz, Rn. 124; *Marx*, S. 6f.; SK-*Rudolphi*, § 1 Rn. 17; für die Bildung von Gewohnheitsrecht durch ständige Rechtsprechung: *Larenz/Canaris*, Methodenlehre, S. 258.

3. Definition

Auch wenn die unterschiedlichen Begriffe noch einer näheren Konkretisierung bedürfen, so ergibt sich doch hinsichtlich des Gewohnheitsrechts eine weitestgehend übereinstimmende Definition, die – bis auf kleinere Abweichungen – wohl heute überwiegend Zustimmung findet. Im Folgenden wird daher unter Gewohnheitsrecht ein ungeschriebener Rechtssatz verstanden, der von einer ständigen oder langjährigen gleichmäßigen und allgemeinen Übung sowie von der Rechtsüberzeugung der beteiligten Verkehrskreise getragen wird. Hierbei muss die im Bewusstsein der Rechtsanwender und Rechtsunterworfenen verankerte Zwangsläufigkeit der Anwendung dieses ungeschriebenen Rechtssatzes mehr als bloßer Gerichtsgebrauch geworden sein,[112] eine bestimmte Zeitdauer dieser Übung ist nicht ausschlaggebend.[113]

Weiterhin ist zu berücksichtigen, dass der Inhalt des möglichen Gewohnheitsrechts von einer bestimmten Anzahl von Rechtsbeteiligten individuell als generelle Verhaltenserwartung anerkannt und in gewisser Weise auch als Rechtsnorm mit staatlichem Zwang aufgefasst werden muss. Der Inhalt des Gewohnheitsrechts muss so allgemein sein, dass man objektiv von einer Rechtsanerkenntnis ausgehen kann.[114] Zudem ist selbstverständlich auch eine gewisse Formulierbarkeit des Gewohnheitsrechts vorauszusetzen, es muss damit in Worte fassbar und so konkret sein, dass es auch nachvollziehbar ist.[115]

4. Ermittlung von Gewohnheitsrecht

Bei der Untersuchung von Gewohnheitsrecht ist zu beachten, dass sich Gewohnheitsrecht erst über eine gewisse Zeit entwickelt, bis es tatsächlich wie ein Rechtssatz befolgt und angewendet wird, der genaue Entstehungszeitpunkt eines Gewohnheitsrechts lässt sich meist nicht präzise feststellen.[116]

---

112 BVerwG, Beschl. v. 31.8.1978, DVBl. 1979, 116 (118); OVG Münster, DÖV 1976, 677 (677); BayObLG, NStZ 1983, 169 (169); *Ensenbach*, S. 203; LK-*Gribbohm*, § 1 Rn. 69; SK-*Horn*, § 324 Rn. 9; *Hubmann*, JuS 1968, 61 (63); *Jescheck/Wiegend*, § 12 IV, S. 112; *Krey*, Keine Strafe ohne Gesetz, Rn. 124; SK-*Rudolphi*, § 1 Rn. 17; *Schall*, NJW 1977, 113 (113f.).

113 OVG Münster, DÖV 1976, 677 (677).

114 *Kortgen*, Rn. 459f., 469f.

115 *Kortgen*, Rn. 124.

116 *Marx*, S. 8; *Wackernagel*, in: Haff-FS, S. 360 (362f.).

Weichen lediglich einzelne Auffassungen von der Rechtsüberzeugung ab, steht dies der Annahme von Gewohnheitsrecht noch nicht entgegen.[117] Anders verhält es sich jedoch, wenn die Gegenansichten ein großes Ausmaß angenommen haben.[118] Indiz für die Rechtsüberzeugung kann sein, dass das betreffende Recht in der öffentlichen Diskussion überwiegend Zustimmung findet.[119] Hinzukommen muss auf der anderen Seite zudem die Erwartung, dass das mögliche Gewohnheitsrecht selbst geltende Rechtsnorm ist, es also im Einklang mit der Rechtsordnung im rechtlichen Verfahren als Entscheidungsgrundlage benutzt wird.[120] Anhaltspunkt für die Anerkennung als geltendes Recht kann eine ständige, allgemein befolgte Rechtsprechung, die Auffassung der wissenschaftlichen Lehre oder aber auch die Rechtsansicht einer einheitlichen Verwaltungspraxis sein, wenngleich die Feststellung einer Rechtsüberzeugung der beteiligten Verkehrskreise nicht immer einfach zu konstatieren sein wird.[121] Besondere Bedeutung kommt der höchstrichterlichen Rechtsprechung zu.[122] *Esser* betont sogar, dass für die Bildung von Gewohnheitsrecht immer auch die Rechtsüberzeugung der entsprechenden Gerichte erforderlich sei, sog. Verkehrsgewohnheitsrecht in unserer „pluralistischen“ Gesellschaft ohne die Beteiligung der Gerichte praktisch nicht mehr möglich sei.[123] So könne nicht von einer Rechtsüberzeugung der Beteiligten gesprochen werden, wenn selbst in 25-jähriger Handhabung einer Praxis die ganze Zeit die Erwartung bestand, dass die Frage durch höchstrichterliche Entscheidung eines Tages entschieden würde. Andererseits solle eine höchstrichterliche Entscheidung nicht zwingende Voraussetzung für die Rechtsüberzeugung der beteiligten Verkehrskreise sein, da das Fehlen einer solchen Entscheidung auch einfach an einem Mangel an der Gelegenheit hierzu liegen könne. *Marx* spricht sich dafür aus, dass die Rechtsprechung zwar als wichtiges Indiz für die Annahme von Gewohnheitsrecht herangezogen werden könne, jedoch keinesfalls zwingende Voraussetzung sei.[124]

---

117 BGHZ 37, 219 (224), zustimmend *Hubmann*, JuS 1968, 61 (63); *Marx*, S. 19.
118 *Marx*, S. 19.
119 *Larenz/Canaris*, Methodenlehre, S. 258 für die Bildung von Gewohnheitsrecht durch ständige Rechtsprechung.
120 *Kortgen* Rn. 485ff.
121 *Marx*, S. 21; *Marx* geht sogar so weit, dass seiner Ansicht zufolge eine Fehleinschätzung der Gerichte über die Rechtsüberzeugung das Bestehen eines Gewohnheitsrechts nicht hindert.
122 *Marx*, S. 54.
123 *Esser*, in: v. Hippel-FS, S. 95, (125ff.); ebenso BGH, NJW 1961, 313 (315); a.A.: die Rechtsprechung habe nur deklaratorischen Charakter: *Marx*, S. 16; die Rechtsprechung gar nicht erwähnend: *Wackernagel*, in: Haff-FS, S. 360 (362f.).
124 *Marx*, S. 54.

Richterliches Gewohnheitsrecht muss sich jedoch zumindest auch an den Wert- und Rechtsvorstellungen der jeweiligen Gesellschaft orientieren. Es muss generell geeignet sein, die Zustimmung der beteiligten Kreise zu erlangen, auch wenn die konkreten Inhalte des Gewohnheitsrechts nicht in allen Einzelheiten im Rechtsbewusstsein der Bevölkerung verankert sind.[125] Bei der Feststellung, ob die neben der allgemeinen Rechtsüberzeugung erforderliche Übung vorliegt, bietet die Anwendung des Gewohnheitsrechts durch die Rechtsanwendungsorgane mithin immer ein hilfreiches Indiz.[126] Darüber hinaus lassen sich jedoch keine festen Regeln für die Feststellung von Gewohnheitsrecht machen.

Gewohnheitsrecht erlischt bereits dann – insbesondere wenn es durch Richterrecht entstanden ist –, wenn die Überzeugung diesbezüglich in der Bevölkerung stark angezweifelt wird, die Rechtsüberzeugung der betreffenden Verkehrskreise wegfällt.[127] Der Inhalt des Gewohnheitsrechts darf nicht schon seit längerem abgelehnt und nicht mehr ernsthaft diskutiert werden.[128] *Hubmann* fordert zudem, dass ebenfalls eine länger andauernde Übung der Nichtbefolgung vorliegen müsse.[129]

Der BGH hat in einer frühen Entscheidung die Auffassung vertreten, dass Gewohnheitsrecht nur dann außer Kraft treten könne, wenn dies durch den Gesetzgeber geschehe oder aber sich entgegenwirkendes Gewohnheitsrecht gebildet habe.[130] Dem wird jedoch zu Recht entgegengehalten, dass das Gewohnheitsrecht eben nicht auf einen konkret verbindlichen Setzungsakt mit Perpetuierungsfunktion zurückzuführen ist, wie es bei einem Gesetz der Fall ist. Demzufolge müssten für die Derogation von Gewohnheitsrecht auch andere Maßstäbe ausschlaggebend sein als für die Abschaffung eines Gesetzes.[131] Mithin ist jedenfalls dann nicht mehr von dem Fortbestehen des Gewohnheitsrechts auszugehen, wenn eine lang andauernde Nichtanwendung der Norm vorliegt sowie die Rechtsüberzeugung, dass es außer Kraft getreten ist.[132]

---

125 *Kortgen*, Rn. 506.

126 *Marx*, S. 26.

127 *Esser*, in: v. Hippel-FS, S. 95 (113, 122f.); *Grunsky*, S. 13, 19f.; *Schall*, NJW 1977, 113 (114); *Schreiber* JZ 1973, 713 (716).

128 So *Schall*, NJW 1977, 113 (114) bezüglich des Züchtigungsrechts der Lehrer.

129 *Hubmann*, JuS 1968, 61 (63).

130 BGHZ 37, 219 (224); BGHSt 11, 241 (247ff.).

131 *Esser*, in: v. Hippel-FS, S. 95 (113, 122f.); *Grunsky*, S. 13, 19f.; *Möhrenschlager*, JR 1987, 299 (301); *Schall*, NJW 1977, 113 (114), *Schreiber*, JZ 1973, 713 (716).

132 BVerfGE 9, 213 (221).

II. Zulässigkeit von gewohnheitsrechtlichen Rechtfertigungsgründen

Gewohnheitsrecht muss – soll es wie andere legislatorische Normen Anerkennung haben – sich in das bereits bestehende Rechtssystem einfügen und darf zu diesem nicht im Widerspruch stehen, insbesondere nicht zu den spezifischen Systemgedanken des Verfassungsrechts.[133] Zu untersuchen ist daher zunächst die generelle Zulässigkeit des Schifffahrtsprivilegs auch als möglicher Rechtfertigungsgrund im Strafrecht.

Aus dem Grundsatz des Erfordernisses einer lex scripta, dem Bestimmtheitsgrundsatz des § 1 StGB und Art. 103 Abs. 2 GG, folgt, dass Gewohnheitsrecht im Bereich des Strafrechts nur dann gebildet werden kann, wenn dadurch weder neue Straftatbestände geschaffen noch Strafschärfungen oder Verfolgungsmöglichkeiten eingeführt werden.[134] Die Anwendung von Gewohnheitsrecht ist daher strafrechtlich nur dann zulässig, wenn dies nicht zu Lasten des Täters angewandt wird, strafausschließendes oder strafmilderndes Gewohnheitsrecht ist somit zunächst generell möglich.[135] Das gewohnheitsrechtliche Schifffahrtsprivileg begründete je nach Zuordnung des Merkmals „unbefugt" in § 324 Abs. 1 StGB, falls es bestünde, entweder einen Rechtfertigungsgrund oder aber ließe bereits den Tatbestand im Rahmen der Gewässerverunreinigung gem. § 324 Abs. 1 StGB entfallen[136] und steht der Annahme eines Gewohnheitsrechts aus diesem Aspekt nicht entgegen. Dennoch besteht für gewohnheitsrechtliche Rechtfertigungsgründe eine weitere Einschränkung.

So kann die Entstehung gewohnheitsrechtlicher Rechtfertigungsgründe sowohl in Form der gewohnheitsrechtlichen Erweiterung als auch der gewohnheitsrechtlichen Neuschaffung von Rechtfertigungsgründen erfolgen. Die gewohnheitsrechtliche Bildung von Rechtfertigungsgründen bedeutet zwar einerseits für den Täter selbst eine Besserstellung, andererseits wirkt sie jedoch für den von der gewohnheitsrechtlich gerechtfertigten Tat Betroffenen als Ausschluss der Notwehr und damit als Strafbarkeitserweiterung.[137] Als das Züchtigungsrecht von Lehrern beispielsweise noch gewohnheitsrechtlich anerkannt war, war eine Gegenwehr der Schüler unzulässig, was eine Erweiterung von deren Strafbarkeitsbereich bedeutete. Diese mögliche Rückwirkung könnte gegen die gewohnheits-

---

133 *Kortgen* Rn. 517f.

134 BVerfGE 73, 206 (234); BVerfG, NJW 1986, 1671 (1672); S/S-*Eser*, § 1 Rn. 9; LK-*Gribbohm*, § 1 Rn. 69; LK-*Rönnau*, (12. Aufl.), Vor § 32 Rn. 62f., *Marx*, S. 43; *Roxin*, AT I, § 5 Rn. 9, 45; SK-*Rudolphi*, § 1 Rn. 18.

135 BVerfGE 73, 206 (235); *Roxin*, AT I, § 5, Rn. 47; *Tröndle/Fischer*, § 1 Rn. 9.

136 Vgl. B. I. 2., II.

137 S/S-*Eser*, § 1 Rn. 14; Baumann/Weber/Mitsch-*Mitsch*, § 16 Rn. 47; SK-*Rudolphi*, § 1 Rn. 20.

rechtliche Entstehung und Erweiterung von Rechtfertigungsgründen sprechen. Fraglich ist daher, ob gewohnheitsrechtliche Rechtfertigungsgründe zulässig sind oder ob es diesbezügliche Einschränkungen gibt.

Einer Auffassung zufolge sind sowohl Einschränkungen als auch Erweiterungen oder Neuschaffungen von Rechtfertigungsgründen durch Gewohnheitsrecht aufgrund von Sinn und Zweck des Art. 103 Abs. 2 GG, § 1 StGB sowie Art. 7 Abs. 1 EMRK als unzulässig anzusehen.[138] Bei den im Kernstrafrecht geschützten Rechtsgütern, den im Strafgesetzbuch geregelten Rechtfertigungsgründen sowie ferner, wenn Vertrauensschutzgesichtspunkte eine besondere Rolle spielen, verbiete Art. 103 Abs. 2 GG eine Erweiterung oder Neuschaffung von Rechtfertigungsgründen. Als Ausnahmen von diesem Verbot werden jedoch die rechtfertigende Pflichtenkollision und auch gewohnheitsrechtlich anerkannte Rechtfertigungsgründe genannt,[139] so dass das sog. Schifffahrtsprivileg als möglicherweise gewohnheitsrechtlich anerkannter Rechtfertigungsgrund Art. 103 Abs. 2 GG dieser Ansicht zufolge nicht entgegensteht.

Eine andere Auffassung hält allein außerhalb des Kernstrafrechts eine andere Beurteilung vom grundsätzlichen Verbot des Art. 103 Abs. 2 GG für zulässig, insbesondere gelte das Gesetzlichkeitsprinzip nicht, wenn das Strafgesetzbuch auf außerstrafrechtliche Normen verweise.[140] In diesen Fällen könne es auch Rechtfertigungsgründe geben, die im Wortlaut des Gesetzes keine Stütze finden.[141] Der Einfluss auf den Umfang der Strafbarkeit sei nur mittelbar.[142] Dass der Rechtfertigungsgrund strafgesetzlich nicht geregelt ist, bedeute zugleich, dass allein das Deliktserfordernis „Rechtswidrigkeit" ausschlaggebend sei, mithin eine Art Blankett. Wende man Gewohnheitsrecht bei einem solchen Blankett an, könne das Analogieverbot dies nicht betreffen.[143]

Bei dem möglicherweise gewohnheitsrechtlich entstandenen Rechtfertigungsgrund des Schifffahrtsprivilegs handelt es sich um einen solchen Rechtfertigungsgrund innerhalb einer strafrechtlichen Norm, die auf außerstrafrechtliche Normen, insbesondere die Umweltverwaltungsgesetze, verweist. Damit wäre dieser Auffassung zufolge eine gewohnheitsrechtliche Neuschaffung eines Rechtfertigungsgrundes grundsätzlich zulässig.

Eine andere Ansicht spricht sich sogar für eine generelle Zulässigkeit gewohnheitsrechtlicher Rechtfertigungsgründe aus. Ihr zufolge bezieht sich Art. 103 Abs. 2 GG nur auf eine unmittelbar strafkonstitutive Analogie im tech-

138 *Jähnke*, BGH-FS, S. 393 (406).
139 *Jähnke*, BGH-FS, S. 393 (405ff).
140 LK-*Hirsch*, Vor § 32 Rn. 39.
141 *Jähnke*, BGH-FS, S. 393 (406).
142 LK-*Hirsch*, Vor § 32 Rn. 39.
143 LK-*Hirsch*, Vor § 32 Rn. 39.

nischen Sinn. Ein Verbot der analogen Erweiterung von Rechtfertigungsgründen verstoße gegen die Anforderungen der Gerechtigkeit, da anderenfalls die „offenen" Rechtfertigungsgründe einem statischen numerus clausus ausgesetzt seien.[144] Art. 103 Abs. 2 GG intendiere den Schutz vor nichtgesetzlicher Bildung oder Verschärfung bestimmter Deliktstypen; Rechtfertigungs- und Entschuldigungsgründe wiesen jedoch eine „mehr generelle Natur" auf, sie seien damit einer abschließenden Beschreibung kaum zugänglich.[145] Art. 103 Abs. 2 GG erfasse damit derartige mittelbare Strafbarkeitserweiterungen „nach seinem auf die Konstituierung der Strafbarkeitsvoraussetzungen beschränkten Sinn und Zweck nicht".[146] Die mit Art. 103 Abs. 2 GG intendierte strikte Bindung des Strafrichters an das Gesetz könne nicht besagen, dass beispielsweise das öffentliche Recht oder das Privatrecht an der Extension bestehender oder der Entwicklung neuer Rechtfertigungsgründe praeter legem gehindert werden könnten, nur weil dadurch im Strafrecht auf der Rechtfertigungsebene im Einzelfall vielleicht strafbarkeitsbegründende Nebenfolgen zu besorgen seien.[147] Anderenfalls müssten auch der gewohnheitsrechtlichen Aufhebung oder Einengung von Straftatbeständen mit Rücksicht auf solche mittelbar strafbarkeitsausdehnende Rückwirkungen viel engere Grenzen gezogen werden, was Sinn und Zweck des Art. 103 Abs. 2 GG zuwiderliefe.[148] Die gewohnheitsrechtliche Bildung von Rechtfertigungsgründen ist somit dieser Ansicht zufolge zulässig.[149] Damit ist auch dieser weiteren Auffassung nach die gewohnheitsrechtliche Bildung des Schifffahrtsprivilegs als Rechtfertigungsgrund zulässig.

Folglich steht der Anerkennung eines möglicherweise gewohnheitsrechtlich begründeten Schifffahrtsprivilegs auch bei seiner Einordnung als Rechtfertigungsgrund[150] im Hinblick auf das Verbot der Bildung von Gewohnheitsrecht, das neue Straftatbestände, Strafschärfungen oder Verfolgungsmöglichkeiten schafft, nichts entgegen.

---

144 *Suppert*, S. 297.

145 S/S-*Eser*, § 1 Rn. 14.

146 S/S-*Eser*, § 1 Rn. 14; LK-*Hirsch*, Vor § 32 Rn. 39; *Günter*, in: Grünwald-FS, S. 213 (219); *Suppert*, S. 299.

147 *Suppert*, S. 297.

148 SK-*Rudolphi*, § 1 Rn. 20; ebenso Baumann/Weber/Mitsch-*Mitsch*, AT, § 16 Rn. 47.

149 BGHSt 11, 241 (245); *Ensenbach*, S. 203; LK-*Hirsch*, Vor § 32 Rn. 39; LK-*Rönnau*, (12. Aufl.), Vor § 32 Rn. 68; *Jescheck/Weigend*, § 15 III 1, S. 134.

150 Vgl. zur Einordnung als Rechtfertigungsgrund B. I. 2., II.

III. Weitere Voraussetzungen von Gewohnheitsrecht

Weiterhin ist für die Annahme von Gewohnheitsrecht zu beachten, dass es sich bei Normen, die auf einem legislatorischen Rechtssetzungsakt beruhen, sowie bei der einfachen Gesetzesauslegung, die den Willen des Gesetzgebers lediglich konkretisiert, gerade nicht um Gewohnheitsrecht handeln kann.[151] Es darf mithin hinsichtlich des Inhalts des möglichen Gewohnheitsrechts keine explizite legislatorische Regelung geben, da anderenfalls kein Raum für dieses ungeschriebene Recht besteht.[152]

Darüber hinaus darf das positive Recht dem Gewohnheitsrecht nicht entgegenstehen,[153] richterliches Gewohnheitsrecht kann sich im Rahmen des Grundgesetzes nur praeter legem und nicht contra legem, also außerhalb des Regelungsrahmens der Wortsinnschranke, entwickeln.[154] Daher ist herauszuarbeiten, ob das Schifffahrtsprivileg mit dem Wortsinn des bestehenden Rechts in Einklang steht oder es sich etwa um eine unzulässige Auslegung contra legem handelt.

Zunächst ist daher festzustellen, ob das Schifffahrtsprivileg als solches nicht bereits legislatorisches Recht ist oder der Inhalt dieses Privilegs sich bereits durch bloße Gesetzesauslegung ergibt. Darüber hinaus ist auch zu klären, ob das Schifffahrtsprivileg mit dem bestehenden Recht überhaupt vereinbar ist. Erst wenn aus diesen Gesichtspunkten der Annahme von Gewohnheitsrecht grundsätzlich nichts im Wege steht, kann in einem weiteren Schritt geprüft werden, ob sich hinsichtlich des Schifffahrtsprivilegs eine Rechtsüberzeugung der beteiligten Kreise herausgebildet hat, ob dementsprechend die Urteile die Überzeugungen und Werte der Gesellschaft widerspiegeln und sich wirklich eine Übung der Anwendung des Schifffahrtsprivilegs gebildet hat.

IV. Weiterer Gang der Untersuchung

Im Folgenden ist zu untersuchen, ob nicht bereits eine legislatorische Regelung mit dem Inhalt des Schifffahrtsprivilegs besteht oder sich durch Auslegung des bestehenden Rechts ergibt und somit gerade nicht von einem ungeschriebenen

---

151 *Kortgen*, Rn. 164, 532; *Krey*, Studien zum Gesetzesvorbehalt, S. 80ff., 101ff., 246; Eine alte Auffassung ging noch davon aus, dass unter das Gewohnheitsrecht auch alle Rechtsbildungen fallen, die dem Richter neben dem reinen Gesetzeswortlaut zur Urteilsfindung dienen, so etwa auch reine Auslegungsergebnisse: *Rümelin*, S. 14; *Sax*, S. 39f.

152 *Kortgen*, Rn. 164, 532.

153 *Enneccerus/Nipperdey, S. 164; Marx*, S. 11f.

154 *Kortgen*, Rn. 549; *Krey*, Studien zum Gesetzesvorbehalt, S. 186, 188ff., 196, 200ff.

Rechtssatz ausgegangen werden kann oder ob der Inhalt des Schifffahrtsprivilegs überhaupt mit dem Wortsinn der bestehenden Regelungen hinsichtlich des Einleitens von Schiffsabwasser vereinbar ist, wobei eine festgestellte Unvereinbarkeit der Annahme dieses Gewohnheitsrechts entgegensteht.

In Literatur und Rechtsprechung fällt auf, dass eine Diskussion ausschließlich über die Rechtsüberzeugung in der Bevölkerung, das gestiegene Umweltbewusstsein sowie die Änderung des WHG als Argumente gegen das Bestehen des gewohnheitsrechtlichen Schifffahrtsprivilegs angeführt werden. Das in jüngster Zeit vom LG Hamburg[155] eindeutig abgelehnte Bestehen des Schifffahrtsprivilegs bedarf jedoch einer näheren Untersuchung im Hinblick auf die aktuelle Rechtslage. Sowohl Vorgaben aus internationalen Verträgen als auch aus EG-Recht gebieten primär eine Untersuchung der geänderten Rechtslage und damit eine differenziertere Auseinandersetzung mit der Frage nach dem Bestehen eines solchen Gewohnheitsrechts, bevor – wie es die Stimmen in Literatur und Rechtsprechung nahezu ausschließlich tun – allein auf die Rechtsüberzeugung der Beteiligten abgestellt werden kann. Diskussion und Beurteilung in der heutigen Rechtsprechung und Literatur greifen daher in ihrer Begründung zu kurz, wenn sie lediglich auf die Regelungen des WHG und ein gesteigertes Umweltbewusstsein in der Bevölkerung abstellen.

Neben der Untersuchung der Regelungen des WHG und der Wassergesetze der einzelnen Länder bedarf es daher auch der Bewertung der Verpflichtungen der BRD aus internationalen Verträgen sowie aus Vorgaben der EG, wie etwa dem internationalen Marpol-Übereinkommen, der Hafenauffanganlagen-Richtlinie der EG sowie dem alsbald in Kraft tretenden Abfallübereinkommen, die ebenfalls in nationales, legislatorisches Recht umgesetzt wurden und neben den Regelungen des WHG die aktuelle nationale Rechtslage beeinflussen.

Sollte sich herausstellen, dass für bestimmte Bereiche für die Annahme des Schifffahrtsprivilegs noch Raum besteht, bedarf es erst dann der Untersuchung, ob die für Gewohnheitsrecht erforderliche Übung und dahingehende Rechtsüberzeugung hinsichtlich des Inhalts des Schifffahrtsprivilegs noch erfüllt sind.

Hierbei werden zunächst die nationalen Regelungen, also das Wasserhaushalts-, das Abfall- und das Schifffahrtsrecht bezüglich der Vereinbarkeit mit dem Schifffahrtsprivileg untersucht. Im Anschluss daran wird dann auf internationale Übereinkommen, die den Umgang mit häuslichem Schiffsabwasser im Bereich der deutschen Küstengewässer und der Häfen für seegehende Schiffe regeln, und darauf folgend auf europäische Rechtsakte, die den Umgang mit häuslichem Schiffsabwasser im Bereich der deutschen Küstengewässer und der Häfen für seegehende Schiffe umfassen, eingegangen.

155 LG Hamburg, NuR 2003, 776 (776).

E. Vereinbarkeit des Schifffahrtsprivilegs als Gewohnheitsrecht mit nationalem Wasserhaushalts- und Schifffahrtsrecht

Die Rechtslage hat sich hinsichtlich des grenzüberschreitenden Umweltmediums Wasser aufgrund aktueller, teilweise erst in nächster Zeit in Kraft tretender Änderungen des nationalen Rechts, bedingt durch den Einfluss sowohl globaler und regionaler Übereinkommen als auch europarechtlicher Vorgaben, geändert und wird auch künftig noch Änderungen unterworfen sein. Daher ist nicht nur den bisherigen Lösungswegen über die für Gewohnheitsrecht erforderliche Rechtsüberzeugung und Übung der beteiligten Verkehrskreise Raum zu geben, sondern auch der Frage nach einer expliziten Regelung der Legislative hinsichtlich des Einleitens von häuslichem Abwasser nachzugehen, die für die Anwendung von Gewohnheitsrecht keinen Raum mehr ließe. Als positivrechtliche Normen im Bereich des nationalen Rechts, aus denen sich die Zulässigkeit oder aber auch ein Verbot der Einleitungen des Küchen- und Toilettenabwassers von Schiffen ergeben könnte, kommen das Wasserhaushaltsgesetz (WHG), das Kreislaufwirtschafts- und Abfallgesetz (KrW-/AbfG) sowie das nationale Schifffahrtsrecht in Betracht, ferner die in deutsches Recht umgesetzten europarechtlichen Vorschriften sowie die ratifizierten und in Kraft getretenen internationalen Übereinkommen.

I. Nationales Wasserhaushaltsrecht

Auf dem Gebiet des Wasserhaushaltsrechts ist das WHG[156] daraufhin zu untersuchen, ob es den Einleitungen häuslichen Schiffsabwassers entgegensteht.

156 Durch das 7. Gesetz zur Änderung des WHG vom 18.6.2002 (BGBl. 2002, I, S. 1914) wurde die Wasserrahmenrichtlinie 2000/60/EWG zur Schaffung eines Ordnungsrahmens für Maßnahmen der Gemeinschaft im Bereich der Wasserpolitik vom 23.10.2000 (AblEG Nr. L 327 v. 22.12.2000, S. 1-72) umgesetzt. Es sollte durch diese Richtlinie eine einheitliche Konzeption erfolgen, da die vorherigen Richtlinien, Novellen und Programme nicht hinreichend aufeinander abgestimmt waren und kein in sich geschlossenes Gewässerschutzkonzept bestand. Auf den Einfluss des Europarechts auf das nationale Recht wird an späterer Stelle noch genauer einzugehen sein.

1. Voraussetzungen

Nach § 2 WHG, welcher einen der Leitgedanken des Wasserhaushaltsrechts enthält, bedarf grundsätzlich jede sachlich ins Gewicht fallende Gewässerbenutzung einer öffentlich-rechtlichen Erlaubnis oder Bewilligung.[157] Es ist daher zu klären, ob die Einleitung des Schiffsabwassers eine Benutzung i.S.d. § 3 WHG darstellt und diese in ein Gewässer i.S.d. § 1 WHG erfolgt, so dass eine Erlaubnis hierfür erforderlich ist.

a) Gewässer i.S.d. § 1 WHG

§ 1 WHG zählt auf, welche Gewässer von der Benutzungsregelung betroffen sind. Gemäß § 1 Abs. 1 Nr. 1 und Nr. 1a WHG zählen zu den Gewässern, für die das WHG Anwendung findet, neben dem Grundwasser auch oberirdische Gewässer und die Küstengewässer. Die Binnenwasserstraßen und die deutschen Hoheitsgewässer der Nord- und Ostsee fallen damit bis zur seewärtigen Grenze der Zwölf-Seemeilen-Zone[158] unter § 1 Abs. 1 Nr. 1a WHG, was auch Art. 3 SRÜ[159] entspricht.[160]

b) Benutzung i.S.d. § 3 WHG

Der Begriff der Benutzung wird aus § 3 WHG und den diesen ergänzenden landesgesetzlichen Bestimmungen hergeleitet.[161] Benutzungen sind Handlungen, die sich unmittelbar auf ein Gewässer beziehen und sich seiner zur Erreichung bestimmter Zwecke bedienen.[162] Zu den Benutzungen zählt gem. § 3 Abs. 1 Nr. 4 WHG auch das Einbringen und Einleiten von Stoffen in oberirdische Gewässer und gem. § 3 Abs. 1 Nr. 4a WHG in Küstengewässer. Es muss eine subjektiv-finale Stoffzuführung vorliegen; nicht von Bedeutung ist hingegen, weshalb der Stoff eingebracht oder eingeleitet wird, also ob sich derjenige damit des

157 Sieder/Zeitler/Dahme-*Knopp*, § 3 WHG Rn. 1.

158 Die BRD hat durch entsprechende völkerrechtliche Erklärung die Breite des Küstenmeeres auf zwölf Seemeilen vor der Küstenlinie bis zur Basislinie festgelegt, Proklamation der BReg. v. 19.10.1994, Bekanntmachung v. 19.11.1994, BGBl. I, S. 3428.

159 Siehe dazu unten unter F. I.

160 *Czychowski*, § 1 WHG Rn. 34, 36a; *Kollmann*, ZfW 1999, 276 (276); Sieder/Zeitler/Dahme-*Knopp*, § 1 WHG Rn. 11b, e.

161 *Czychowski*, § 2 WHG Rn. 12.

162 BVerwG, NJW 1974, 815 (815); *Hofmann*, § 2 WHG Rn. 3; Sieder/Zeitler/Dahme-*Knopp*, § 3 WHG Rn. 3a; Landmann/Rohmer-*Pape*, § 3 WHG Rn. 15.

Stoffs entledigen will oder ihn später noch verwenden möchte.[163] Der Begriff des Einleitens umfasst sowohl bei § 3 als auch bei § 7a WHG jedes über einen kausalen Geschehensablauf hinausgehende zweckgerichtete Verhalten.[164] Kennzeichnend, wenn auch nicht zwingend, ist der Entledigungsgedanke.[165] Es kommt nicht darauf an, ob sich das Einleiten auf das Gewässer günstig oder nachteilig auswirkt, dies ist erst für die Erlaubnisfähigkeit von Bedeutung.[166]

Eine Benutzung kann ferner sowohl durch positives Handeln als auch durch Unterlassung erfolgen.[167] Während das Einbringen nur feste Stoffe betrifft,[168] bezieht sich das Einleiten auf flüssige, schlammige und gasförmige Stoffe aller Art, insbesondere Abwasser.[169] Beide Arten werden in § 27 Abs. 1 S. 2 Nr. 1 und 2 WHG als „Zuführen" zusammengefasst.[170] Der Begriff „Stoff" ist umfassend zu verstehen, er beinhaltet jede Materie, die vor dem Einbringen oder Einleiten in das Gewässer noch nicht vorhanden war, wozu auch Abwasser zählt.[171] Das Einleiten von Abwasser in Gewässer stellt mithin eine solche Benutzung i.S.d. § 3 Nr. 4 WHG dar.

Abwasser i.S.d. § 7a WHG ist insbesondere das Wasser, dessen physikalische, chemische oder biologische Eigenschaften durch häuslichen, gewerblichen, industriellen und landwirtschaftlichen Gebrauch oder auf sonstige Weise durch menschliche Eingriffe verändert sind.[172] Zum Abwasserbegriff zählt auch Wasser, das zum Kochen, Spülen, Waschen, Baden und für die WC-Spülung verwendet wurde.[173] Das an Bord anfallende Wasser aus Küchen, Waschräumen und Toiletten ist durch häuslichen und teilweise auch gewerblichen Gebrauch durch menschlichen Eingriff verändertes Wasser und erfüllt damit unstreitig den Abwasserbegriff des § 7a WHG.[174] Das Einleiten des an Bord angefallenen Küchen-

---

163 *Kotulla,* § 3 WHG Rn. 15.

164 Sieder/Zeitler/Dahme-*Knopp,* § 3 WHG Rn. 17; Landmann/Rohmer-*Pape,* § 7a WHG Rn. 51.

165 OVG Lüneburg, ZfW 2002, 183 (184f.).

166 OVG Lüneburg, ZfW 1980, 314 (315); *Czychowski,* § 3 WHG Rn. 42; *Kotulla,* § 3 WHG Rn. 15; Landmann/Rohmer-*Pape,* § 3 WHG Rn. 39.

167 Landmann/Rohmer-*Pape,* § 3 WHG Rn. 17, 39.

168 *Czychowski,* § 3 WHG Rn. 25; *Hofmann,* § 3 WHG Rn. 7; *Kotulla,* § 3 WHG Rn. 18.

169 OVG Münster, ZfW 1989, 226 (227); OVG Schleswig, ZfW 1997, 126 (128); *Czychowski,* § 3 WHG Rn. 32, 37; *ders.*, in: Meinberg/Möhrenschlager/Link, S. 15 (19); Sieder/Zeitler/Dahme-*Knopp,* § 3 WHG Rn. 17; *Kotulla,* § 3 WHG Rn. 20.

170 *Czychowski,* § 3 WHG Rn. 32.

171 Sieder/Zeitler/Dahme-*Knopp,* § 3 WHG Rn. 17c.

172 OVG Koblenz, ZfW 1992, 378 (380); *Czychowski,* § 7a WHG Rn. 4; *Sparwasser/Engel/Voßkuhle,* § 8 Rn. 165.

173 OVG Lüneburg, ZfW 2002, 183 (184f.).

174 *Czychowski,* § 3 WHG Rn. 37.

und Toilettenabwassers von Schiffen aus in die Binnenwasserstraßen stellt damit eine Benutzung i.S.d. § 3 Abs. 1 Nr. 4 WHG dar und bedarf demzufolge grundsätzlich einer Erlaubnis.[175] Diese liegt aber üblicherweise nicht vor.[176]

Das Einleiten in Küstengewässer gem. § 3 Abs. 1 Nr. 4a, 2. Alt. WHG unterscheidet sich nicht von den Erfordernissen, die an das Einleiten in oberirdische Gewässer gem. § 3 Abs. 1 Nr. 4, 2. Alt. WHG gestellt werden.[177] Dies wird auch durch die Absicht des Gesetzgebers bekräftigt, dem Meeresschutz mehr Bedeutung beizumessen, wie dies auch durch die internationalen Vereinbarungen zum Schutz von Nord- und Ostsee deutlich wird.[178] Eine Schlechterstellung von Küstengewässern gegenüber den Binnengewässern, wie es in einer vorigen Fassung des WHG der Fall war, in der das Einleiten und Einbringen von Stoffen in Küstengewässer nur unter einschränkenden Voraussetzungen eine Gewässerbenutzung darstellte,[179] findet daher keine Rechtfertigung mehr.[180] Werden die Stoffe dem Meer jenseits der Hoheitsgrenze von zwölf Seemeilen zugeführt, so wird das Gewässer i.S.d. § 1 Abs. 1 Nr. 1a WHG gem. § 3 WHG benutzt, wenn das Abwasser mit den Gezeiten in das Küstengewässer befördert wird.[181]

Das Verklappen, also das Verbringen von Stoffen mit Entledigungsabsicht, in Küstengewässer ist dagegen nicht erlaubnis- oder bewilligungsfähig, gleichwohl aber erlaubnisbedürftig, mithin generell nicht zulässig.[182] Der Begriff des Verbringens setzt voraus, dass die dem Küstengewässer zugeführten Stoffe nicht erst dort als Abwasser oder Abfall etc. entstanden sind.[183] Anders verhält es sich bei den Stoffen, die erst in den Küstengewässern anfallen, wie es bei dem Schiffsabwasser der Fall ist. Da diese erst während der Fahrt durch Gebrauch zu Abwasser werden, liegt kein Verklappen i.S.e. Verbringens vor. Mithin ist das Einleiten von Schiffsabwasser in die Küstengewässer erlaubnisbedürftig und grundsätzlich auch erlaubnisfähig, so dass eine Einleitungserlaubnis grundsätzlich erteilt werden kann, sofern die jeweiligen Voraussetzungen vorliegen.

Die Einleitung des Schiffsabwassers als flüssiger Stoff sowohl in die Binnenwasserstraßen als auch in das Küstengewässer ist somit als Einleiten i.S.d. § 3 Abs. 1 Nr. 4 und 4a WHG zu qualifizieren.

---

175 *Czychowski,* § 3 WHG Rn. 37; *Kotulla,* § 3 WHG Rn. 25.

176 Vgl. A. I.

177 *Czychowski,* § 3 WHG Rn. 41; *Kotulla,* § 3 WHG Rn. 23.

178 Stellungnahmen der Bundesregierung BTDrs. 12/7924 S. 10, BTDrs. 13/ 1207, S. 10; Sieder/Zeitler/Dahme-*Knopp,* § 3 WHG Rn. 18b.

179 BTDrs. 12/7924, S. 10; BTDrs. 13/1207, S. 10.

180 BTDrs. 12/7924, S. 10; BTDrs. 13/1207, S. 10.

181 *Czychowski,* § 3 WHG Rn. 41; *Kotulla,* § 3 WHG Rn. 24; *Petersen,* Rn. 471.

182 Landmann/Rohmer-*Pape,* § 3 WHG Rn. 52; *Petersen,* Rn. 496.

183 Landmann/Rohmer-*Pape,* § 3 WHG Rn. 52.

2. *Abgrenzung zum KrW-/AbfG*

Zu klären bleibt noch, ob bei dem hier in Frage stehenden häuslichen Abwasser vorrangig das WHG anzuwenden ist, oder aber daneben auch das Abfallrecht zum Tragen kommt, das eine Entsorgung durch Einleiten in ein Gewässer nicht vorsieht und somit dem Schifffahrtsprivileg durch seinen klaren Gesetzeswortlaut bereits entgegenstünde. § 2 Abs. 2 KrW-/AbfG[184] enthält einige Ausnahmen vom Anwendungsbereich des KrW-/AbfG und nimmt Abfälle, deren unschädliche Beseitigung in spezielleren Gesetzen schon geregelt oder regelbar ist, von seinem Anwendungsbereich aus.[185] Der Anwendungsbereich des KrW-/AbfG endet somit beispielsweise, sobald das Abwasser in ein Gewässer oder Abwasseranlagen eingebracht wird, § 2 Abs. 2 Nr. 6 KrW-/AbfG. Die Formulierung „sobald" ist gleichzusetzen mit dem Beginn der Einleitung.[186] Damit soll das Einleiten flüssiger Abfälle in ein Gewässer generell unter das WHG fallen.[187]

Eine darüber hinausgehende Regelung findet sich jedoch nicht. Sicher ist damit nur, dass das häusliche Abwasser jedenfalls dann eindeutig dem Anwendungsbereich des WHG zuzuordnen ist, sobald es in ein Gewässer eingeleitet wurde. Es werden daher im Folgenden die Reglungen des WHG, das bei Einleitung anwendbar ist, daraufhin untersucht, ob diese dem Schifffahrtsprivileg als Gewohnheitsrecht generell entgegenstehen. Danach wird dann auf die Einschlägigkeit der Rechtsgebiete *vor* einer möglichen Einleitung eingegangen.

3. *Erfordernis einer Einleitungserlaubnis*

Gemäß § 2 Abs. 1 WHG ist für eine Gewässerbenutzung grundsätzlich das Vorliegen einer Erlaubnis oder Bewilligung erforderlich, sofern nicht eine Ausnahme hiervon vorliegt. § 2 Abs. 1 WHG stellt ein repressives Verbot mit rechts- oder befugnisverleihendem Befreiungsvorbehalt dar,[188] was eine präventive Kontrolle über das „Ob" und „Wie" der Gewässerinanspruchnahme ermöglicht.[189] Erst das

---

184 Dem Bund steht seit der Föderalismusreform vom 1.9.2006 nun die konkurrierende Gesetzgebungszuständigkeit zu, die Erforderlichkeitsklausel ist zu beachten, Art. 74 I Nr. 24 GG.

185 Jarass/Ruchay/Weidemann-*Jarass,* B 100 § 2 Rn. 15.

186 Fluck-KrW-/AbfG-*Fluck,* § 2 Rn. 141; *ders.,* ZfW 1996, 489 (490).

187 Sieder/Zeitler/Dahme-*Dahme,* § 7a WHG Rn. 7; Jarass/Ruchay/Weidemann-*Jarass,* B 100 § 2 Rn 77, 50; *Kloepfer,* § 13 Rn. 76.

188 BVerfGE 58, 300 (346f.); *Czychowski,* § 2 WHG Rn. 3; *ders.,* in: Meinberg/Möhrenschlager/Link, S. 15 (20); *Kotulla,* § 2 WHG Rn. 4.

189 *Nisipeanu,* ZfW 1993, 69 (77).

Vorhandensein einer Erlaubnis oder Bewilligung lässt die an sich grundsätzlich unzulässige Benutzung zulässig werden.[190] Während die Bewilligung ein subjektiv öffentliches Recht zur Gewässerbenutzung gewährt, begründet die Erlaubnis lediglich eine öffentlich-rechtliche Benutzungsbefugnis.[191] Um eine rechtfertigende Wirkung zu entfalten, müssen Erlaubnis bzw. Bewilligung aber bereits bestehen, bevor eine Benutzung vorgenommen wird.[192] Eine Erlaubnis oder Bewilligung macht die Benutzung nur dann zulässig, wenn die Gestattung auf eine mögliche Verschlechterung der Gewässereigenschaften bezogen ist, sie muss bewusst von einem diesbezüglichen Verbot freistellen wollen.[193] So genügt eine globale oder nur gewerberechtliche Genehmigung hierfür nicht,[194] ebenso wenig eine Baugenehmigung[195] oder sogar die behördliche Zulassung eines Schiffes zum Bundeswasserstraßenverkehr,[196] die sich lediglich auf Ausrüstung, Verkehrssicherheit etc. bezieht.

§§ 7 und 8 WHG regeln die nach der Intensität ihres Bestandschutzes verschiedenen Gestattungsarten. Gem. § 8 Abs. 2 S. 2 WHG kommt für das Einbringen und Einleiten von Stoffen in ein Gewässer nur die Erteilung einer Erlaubnis, nicht aber eine Bewilligung in Betracht. Dies soll der Reinhaltung und Sanierung der Gewässer dienen.[197] Die Erlaubnis gem. § 7 Abs. 1 WHG, ein auf Antrag zu erteilender, also mitwirkungsbedürftiger, begünstigender und widerruflicher Verwaltungsakt,[198] gewährt gem. § 7 Abs. 1, 1. HS WHG die (widerrufliche) Befugnis, ein Gewässer zu einem bestimmten Zweck in einer nach Art und Maß bestimmten Weise zu benutzen. Einen Rechtsanspruch auf die Erteilung einer solchen Erlaubnis gibt es nicht, vielmehr handelt es sich um ein repressives Verbot mit Befreiungsvorbehalt; die Erteilung einer Erlaubnis oder Bewilligung steht im Ermessen der zuständigen Wasserbehörde.[199] Fehlt die an sich erforderliche Er-

---

190 *Czychowski,* § 2 WHG Rn. 3.

191 *Czychowski,* § 7 WHG Rn. 2.

192 *Czychowski,* § 2 WHG Rn. 15.

193 OLG Braunschweig, ZfW 1991, 52 (53); *Lackner/Kühl,* § 324 StGB Rn. 9; *Sack,* Umweltschutz-Strafrecht, § 324 Rn. 62; *Schall,* NStZ 1992, 209 (213); LK-*Steindorf,* § 324 Rn. 75, 78.

194 OLG Braunschweig, ZfW 1991, 52 (53ff).

195 OLG Köln, NJW 1988, 2119 (2120).

196 BayObLG, JR 1983, 120 (122).

197 *Czychowski,* § 7a Rn. 7; Landmann/Rohmer-*Pape,* § 3 WHG Rn. 39.

198 Sieder/Zeitler/Dahme-*Knopp,* § 7 WHG Rn. 4.

199 *Czychowski,* in: Meinberg/Möhrenschlager/Link S. 15 (21); *Kloepfer/Brandner,* ZfW 1989, 1 (13); *Kotulla,* § 7 WHG Rn. 4; Landmann/Rohmer-*Pape,* § 2 WHG Rn. 14, 23.

laubnis, kommt demzufolge eine Strafbarkeit nach § 324 Abs. 1 StGB in Betracht.[200]

Für Abwasser enthält § 7a WHG besondere Bestimmungen. So darf eine Erlaubnis für das Einleiten von Abwasser nur erteilt werden, wenn die Schadstofffracht des Abwassers so gering gehalten wird, wie dies bei Einhaltung der jeweils in Betracht kommenden Verfahren nach dem Stand der Technik möglich ist. § 7a Abs. 1 S. 3 WHG ermächtigt die Bundesregierung, durch Rechtsverordnung mit Zustimmung des Bundesrates Anforderungen festzulegen, die dem Stand der Technik entsprechen.

Das an Bord anfallende Wasser aus Küchen, Waschräumen und Toiletten erfüllt den Abwasserbegriff des § 7a WHG.[201] Die nach WHG erforderliche Einleitungserlaubnis für Schiffsabwasser hat demzufolge den umfangreichen Vorgaben des § 7a WHG zu genügen. So müssen beispielsweise genaue Angaben über die Schadstofffracht und die Einleiterate vorliegen. Es ist aber nicht immer genau voraussehbar, wann ein Schiff sich wo und wie lange aufhält und wie hoch der Schadstoffanteil des Abwassers ist. Die Wasserbehörden haben zudem unterschiedliche, örtlich begrenzte Zuständigkeitsbereiche, so dass eigentlich an alle in Betracht kommenden Behörden ein Antrag auf Erteilung einer Einleitungserlaubnis gestellt werden müsste.[202] *Hellwig/Pfaff* sprechen in diesem Zusammenhang sogar von Anträgen auf Erlaubnisse „auf Vorrat".[203] Diese Befürchtung lässt sich jedoch dadurch etwas entschärfen, dass die Schiffe nicht permanent und unkontrolliert Abwasser einleiten, sondern auch in der Lage sind, dies in Abwassertanks zu sammeln.

Festzuhalten bleibt damit, dass für die Einleitungen des Schiffsabwassers in Form von Küchen- und Toilettenabwasser eine Einleitungserlaubnis gem. §§ 7, 7a WHG erforderlich ist, die eines aufwändigen Verfahrens bedarf und aufgrund der Mobilität der Schiffe nur schwer zu realisieren ist, wenn man nicht pauschale „Erlaubnisse auf Vorrat" genügen lassen will. Existiert aber eine entsprechende wirksame Erlaubnis gem. §§ 7, 7a WHG – vorliegend in Form einer Einleitungserlaubnis für das Einleiten von dem an Bord angefallenen Küchen- und Toilettenabwasser – und wurde diese auch formgerecht erteilt, so entfaltet diese rechtfertigende Wirkung. Nach dem WHG ist damit das Einleiten des hier in Frage stehenden Abwassers ohne eine wasserrechtliche Einleitungserlaubnis grundsätzlich unzulässig.

---

200 *Kotulla,* § 2 WHG Rn. 6.
201 Vgl. E. I. 1. b).
202 So *Hellwig/Pfaff,* ZfW 2005, S. 154 (162, 164 f.).
203 *Hellwig/Pfaff,* ZfW 2005, S. 154 (162).

4. Ausnahmen von der Erlaubnispflicht

Es gibt aber auch Ausnahmen von der Erlaubnispflicht der Gewässerbenutzungen. Gem. § 3 Abs. 3 WHG sind von der Erlaubnis- und Bewilligungspflicht etwa die auf oberirdische Gewässer bezogenen Ausbau- und Unterhaltungsmaßnahmen, Benutzungen aufgrund alter Rechte und Befugnisse gem. §§ 15-17 WHG sowie die in § 17a WHG aufgeführten Benutzungstatbestände befreit. Ferner finden sich Ausnahmen bezüglich der Benutzung von oberirdischen Gewässern in §§ 23-25 WHG, von Küstengewässern in § 32a WHG und dem Grundwasser in § 33 WHG. Zudem regeln die einzelnen Landeswassergesetze Freistellungen von der Erlaubnispflicht. Für das Einleiten von nichtölhaltigem Schiffsabwasser könnten folgende Ausnahmen in Betracht kommen, die von der Erlaubnispflicht freistellen.

a) § 23 WHG

Zunächst kommt der für die Benutzung von oberirdischen Gewässern relevante Gemeingebrauch gem. § 23 WHG in Betracht. § 23 WHG regelt den Gemeingebrauch als erlaubnisfreie Benutzung oberirdischer Gewässer, es gibt demnach keinen Gemeingebrauch an Küstengewässern und am Grundwasser. § 23 WHG ist der Nutzungsregelung nach § 2 WHG als Ausnahme nachgeordnet. Die Benutzung ist erlaubnisfrei, soweit dies nach Landesrecht als Gemeingebrauch gestattet ist. Es könnte sich bei dem Einleiten des Schiffsabwassers daher um eine Form des Gemeingebrauchs handeln, die keiner Erlaubnis bedarf.

Die Formen des Gemeingebrauchs stellen jedoch eine eng zu begrenzende Ausnahme zur Regelung des § 2 Abs. 1 WHG dar.[204] Der Gemeingebrauch ist durch seine Unschädlichkeit oder weniger bedeutsame Benutzung gekennzeichnet,[205] worunter das Baden, das Waschen, das Schöpfen mit Handgefäßen, das Fahren mit kleinen Fahrzeugen ohne eigene Antriebskraft, das Benutzen zum Eissport sowie das Einleiten von Grund-, Quell- und Niederschlagswasser fallen.[206] Das Einleiten von Schiffsabwasser ist jedoch gerade nicht durch Unschädlichkeit gekennzeichnet[207] und fällt auch nicht unter eine der vorgenannten Formen des Gemeingebrauchs.[208] Eine erlaubnisfreie Benutzung i.S.d. § 23 WHG liegt mithin nicht vor.

---

204 *Czychowski,* § 23 WHG Rn. 16.

205 *Czychowski,* § 23 WHG Rn. 16 ff.; LK-*Steindorf,* § 324 Rn. 96.

206 Vgl. z.B.: § 33 LWG NRW, § 73 NdsWG, Art. 21 BayWG, § 21 des LWG Mecklenburg-Vorpommern.

207 Vgl. A. I., B. I. 1.

208 OLG Köln, NStZ 1986, 225 (226); *Heine,* in: Otto-FS, S. 1015 (1022).

b) Erlaubnisfreie Benutzungen von Küstengewässern

Die Länder können ferner gem. § 32a WHG bestimmen, dass einzelne Benutzungen von Küstengewässern erlaubnis- bzw. bewilligungsfrei sind, so etwa das Einleiten und Einbringen von Stoffen, wenn dadurch keine signifikanten nachteiligen Auswirkungen auf den Zustand des Gewässers zu erwarten sind. Soweit die Länder Regelungen diesbezüglich getroffen haben, beschränken sich diese jedoch auf Grund-, Quell- und Niederschlagswasser sowie das Einbringen zu Zwecken der Fischerei; die Einleitung verschmutzten Wassers, insbesondere Abwassers, ist dagegen nicht umfasst.

So ist etwa gem. § 130 des Niedersächsischen Wassergesetzes sowie des Wassergesetzes des Landes Mecklenburg-Vorpommern eine Erlaubnis bzw. Bewilligung im Bereich der Küstengewässer nur dann nicht erforderlich, wenn es um das Einleiten von Grund-, Quell- oder Niederschlagswasser sowie das Einbringen von Fischnahrung etc. geht. Voraussetzung ist jedoch, dass keine nachteilige Auswirkung auf den Zustand des Gewässers zu erwarten ist.

§ 14a des Hamburgischen Wassergesetzes stellt ebenfalls das Einleiten von Grund- und Quellwasser sowie von Stoffen zu Fischereizwecken von der Erlaubnispflicht frei, ferner auch das Einleiten von Niederschlagswasser von landwirtschaftlich o.ä. genutzten Grundstücken, sofern darin keine schädlichen Bestandteile enthalten sind und dies nicht mittels gemeinsamer Anlagen abgeleitet wird.

Gem. § 21 des Schleswig-Holsteinischen Wassergesetzes ist das Einleiten von Schiffsabwassern erlaubnisfrei, sofern dies durch den Betrieb der Schiffe verursacht und durch internationale oder supranationale Vorschriften zugelassen ist. Das häusliche Abwasser, das während des Schiffsbetriebs entstanden ist, fällt somit grundsätzlich unter § 21 des Schleswig-Holsteinischen Wassergesetzes. Durch diesen § 21 finden u.a. die Bestimmungen der Anlage IV des Internationalen Übereinkommens von 1973 zur Verhütung der Meeresverschmutzung durch Schiffe, des sog. Marpol-Übereinkommens, und auch die Hafenauffanganlagen-Richtlinie Anwendung. Danach ist ein Einleiten nur von aufbereitetem oder behandeltem Abwasser innerhalb der Zwölf-Seemeilenzone erlaubt. Das Einleiten von Abwasser, das kein Fäkalabwasser enthält, ist ebenfalls zulässig.[209] Ungeklärtes bzw. unbehandeltes Abwasser jedoch, das Fäkalabwasser enthält, darf nicht eingeleitet werden. Eine Erlaubnisfreiheit der Einleitungen bestimmter Formen häuslichen Abwassers in Küstengewässer aufgrund landesrechtlicher Vorschriften lässt sich daher über die Bezugnahme auf internationale bzw. euro-

209 Vgl. dazu unten unter F. III. 2., G. V. 1.

päische Regelungen grundsätzlich herleiten. Eine Beurteilung der jeweiligen Zulässigkeit bedarf aber der genaueren Analyse der einschlägigen Vorschriften.[210]

c) Herleitung einer Ausnahme von der Erlaubnispflicht aus § 3 Abs. 1 Nr. 4a Unterpunkt a) WHG a.F.?

Bis zur Änderung des WHG 1996 bedurfte gem. § 3 Abs. 1 Nr. 4a Unterpunkt a) WHG a.F. das Einleiten von Stoffen in Küstengewässer lediglich dann einer Erlaubnis, wenn diese Stoffe von Land aus oder aus Anlagen, die in Küstengewässern nicht nur vorübergehend errichtet oder festgemacht worden sind, eingeleitet wurden. Das Einleiten von Schiffsabwasser in Küstengewässer und während der Liegezeiten in den Häfen war bis 1996 erlaubnisfrei. Der Bundestag hat jedoch mit der 6. Änderung des WHG 1997 auch das Einbringen und Einleiten der üblicherweise auf einem Schiff anfallenden Abfallstoffe, wie etwa Küchenabfälle, Spülwasser und Bilgenöle, durch das WHG erfasst.[211] Der Schutz des Meeres einschließlich der Küstengewässer hat immer mehr an Bedeutung gewonnen, wie dies auch durch die zum Schutz von Nord- und Ostsee getroffenen internationalen Vereinbarungen deutlich wird.[212] Es soll ein umfassender Gewässerschutz gewährleistet sein, der auch die Meere und Küstengewässer umfasst. Damit besteht kein Unterschied mehr zwischen dem Küstengewässer und den Binnengewässern. Es lässt sich mithin keine explizite Erlaubnisfreiheit mehr für die Einleitungen des Schiffsabwassers im Bereich der Küstengewässer herleiten.

5. Der Erlaubnis möglicherweise gleichstehende Regelungen

Im Rahmen der wasserrechtlichen Einleitungserlaubnis werden auch einige der behördlichen Erlaubnis gleichstehende Regelungen diskutiert, so etwa die Duldung der Behörden oder die bloße Genehmigungsfähigkeit einer Einleitung, die im Folgenden im Hinblick auf die Einleitungen häuslichen Abwassers aus Schiffen kurz diskutiert werden.

a) Duldung der Behörden

In Betracht kommt zunächst eine die Einleitung möglicherweise rechtfertigende Duldung durch die Behörden, da die zuständigen Wasserbehörden oftmals im

210 Vgl. dazu unten unter F. III. 2., G. V. 1.
211 BTDrs. 13/4788, S. 19.
212 *Hofmann*, § 3 WHG Rn. 10.

Hinblick auf Einleitungen von Küchen- und Toilettenabwasser untätig bleiben.[213] Eine Duldung meint den bewussten Verzicht der zuständigen Behörden auf das Eingreifen bei Vorliegen rechtswidriger Gewässerverunreinigungen oder sonstiger Umweltbeeinträchtigungen.[214] Es handelt sich um informelles Verwaltungshandeln, das etwa in Form von mündlichen Absprachen, „Gentlemen's Agreements“ oder der Protokollierung von Gesprächsergebnissen erfolgen kann.[215]

Dabei wird differenziert zwischen der sog. „Aufklärungsduldung“, bei welcher der Behörde der Sachverhalt noch nicht vollständig bekannt ist und vor einer Entscheidung noch weitere Ermittlungen erfolgen müssen, und der sog. „Opportunitätsduldung“, bei der aus Opportunitätsgründen von einem Eingreifen abgesehen wird, sowie der sog. „rechtlich gebotenen Duldung“, bei der Verhältnismäßigkeitserwägungen einem Eingreifen entgegenstehen.[216]

Häufig wird aber auch zwischen den beiden Bereichen der sog. passiven und aktiven Duldung unterschieden. Die Behörde setzt bei der aktiven Duldung trotz Kenntnis des umweltbeeinträchtigenden Verhaltens ein informelles Verwaltungshandeln, sie handelt mithin nicht entsprechend einer im VwVfG vorgegebenen Handlungsform.[217] Die Behörde verhält sich zudem nach außen hin zustimmend und manifestiert ihren Willen;[218] zu nennen sind hier etwa Absprachen zwischen Behörde und Unternehmer über eine bestimmte Form der Gewässerbenutzung sowie auch die positive Billigung der Behörde bezüglich der Abwassereinleitung,[219] es kann sich sogar um eine schriftliche Erklärung der Verwaltung handeln.[220] Erteilt eine Behörde nicht sofort die Erlaubnis oder stellt sie zunächst nur Ermittlungen an, kann noch nicht von einer aktiven Duldung gesprochen werden.[221] Der wohl herrschenden Meinung zufolge kann bei der aktiven Duldung ein Unrechtsausschluss in Betracht kommen, dies aber nur, sofern die aktive Duldung sachlich einer Erlaubniserteilung gleichzusetzen ist oder die Merkmale eines Verwaltungsakts aufweist.[222]

---

213 Vgl. A. I.
214 SK-*Horn,* Vor § 324 Rn. 12a; *Rogall,* NJW 1995, 922 (923).
215 NK-*Ransiek,* § 324 Rn. 31.
216 *Rogall,* NJW 1995, 922 (923).
217 SK-*Horn,* Vor § 324 Rn. 12a; *Rogall,* NJW 1995, 922 (923); *Sack,* Umweltschutz-Strafrecht, § 324 Rn. 112; LK-*Steindorf,* Vor § 324 StGB Rn. 45, § 324 Rn. 88.
218 *Michalke,* Rn. 94; LK-*Steindorf,* § 324 Rn. 89.
219 *Czychowski,* ZfW 1984, 263, 265 (266); *Michalke,* Rn. 94.
220 OVG Berlin, DÖV 1983, 644 (645).
221 OLG Braunschweig, ZfW 1991, 52 (62f.).
222 Czychowski, (7. Aufl.), § 324 Rn. 39; S/S-*Cramer/Heine,* Vorb §§ 324ff. Rn. 20; *Dahs/Pape,* NStZ 1988, 393 (395f.); SK-*Horn,* Vor § 324 Rn. 12a; § 324 Rn. 8; *Michalke,* Rn. 94, 96; *Nisipeanu,* NuR 1988, 225 (228); *Pfohl,* NJW 1994, 418 (422); einschränkend *Wasmuth/Koch,* NJW 1990, 2334 (2439); a.A. etwa:

Die passive Duldung liegt bei einem schlichten „Nichtstun" der zuständigen Behörde trotz Kenntnis der Sachlage vor. Der jeweils zuständige Amtsträger macht sich keine Gedanken entweder über ein Tätigwerden auf Seiten der Behörde oder aber über den materiell rechtswidrigen Zustand selbst.[223] Diese Art der Duldung kann aber nach wohl einhelliger Auffassung weder eine Rechtfertigung noch einen Tatbestandsausschluss bewirken, was selbst bei längerem Untätigbleiben der Behörden gilt,[224] insbesondere wenn die Behörde die Vorgänge nur stillschweigend hinnimmt.[225] Bei einer solchen passiven Duldung fehlt es nämlich bereits an einer Güterabwägung durch die zuständigen Behörden.[226]

Voraussetzung für eine Duldung ist jedoch zunächst stets, dass die Behörde Kenntnis von dem konkreten rechtswidrigen Zustand oder Verhalten hat, ein Untätigbleiben allein aus Unkenntnis stellt keine Duldung dar.[227] Geht man davon aus, dass die jeweils zuständigen Wasserbehörden wohl von den Einleitungen der Schiffe Kenntnis haben, aber kaum dagegen einschreiten,[228] so kommt bei den hier in Frage stehenden Einleitungen häuslichen Schiffsabwassers allenfalls eine sog. passive Duldung der Behörden in Betracht, also eine stillschweigende Hinnahme der Einleitungen häuslichen Abwassers. Eine solche bloß passive Duldung kann aber nach h.M. weder einen Tatbestandsausschluss noch eine Rechtfertigung bewirken.

Bei der Gewässerverunreinigung ist zudem im Rahmen einer möglichen Duldung der Behörden besonders zu berücksichtigen, dass § 2 Abs. 1 WHG ein sog. repressives Verbot mit rechts- oder befugnisverleihendem Befreiungsvorbehalt darstellt.[229] Das bedeutet, dass eine Gewässerbenutzung ohne vorherige Erlaubnis grundsätzlich illegal ist, sie wird erst durch die behördliche Erlaubnis zuläs-

---

Kloepfer/Vierhaus, Rn. 38f; *Möhrenschlager,* in: Meinberg/Möhrenschlager/Link, S. 33 (43); zum Ganzen: *Hüting,* S. 33ff. m.w.N.

223 *Wasmuth/Koch,* NJW 1990, 2334 (2436).

224 BGHSt 37, 21 (28); OLG Braunschweig, ZfW 1991, 52 (62); *Alleweldt,* NuR 1992, 312 (314); S/S-*Cramer/Heine,* Vorb zu §§ 324 ff. Rn. 20; *Czychowski,* in: Meinberg/Möhrenschlager/Link, S. 15 (25); *Lackner/Kühl,* § 324 StGB Rn. 12; *Malitz,* S. 28; *Michalke,* Rn. 94; *Möhrenschlager,* in: Meinberg/Möhrenschlager/Link, S. 33 (43); *Odersky,* in: Tröndle-FS, S. 291 (298); *Pfohl,* NJW 1994, 418 (421); *Sack,* Umweltschutz-Strafrecht, § 326 Rn. 275; LK-*Steindorf,* Vor § 324 Rn. 44; *Tröndle/Fischer,* Vor § 324 Rn. 11; *Wasmuth/Koch* NJW 1990, 2434 (2439); a.A.: *Perschke,* wistra 1996, 161 (168) für Strafbarkeitsausschluss.

225 BGHSt 37, 21 (28); S/S-*Cramer/Heine,* Vorb §§ 324ff. Rn. 20.

226 *Malitz,* S. 28.

227 *Dahs/Pape,* NStZ 1988, 393 (395); *Rogall,* NJW 1995, 922 (923); MK-*Schmitz,* Vor §§ 324ff. Rn. 89.

228 Vgl. A. I.

229 BVerfGE 58, 300 (346f.); *Czychowski,* § 2 WHG Rn. 3; *ders.,* in: Meinberg/Möhrenschlager/Link, S. 15 (20); *Kotulla,* § 2 WHG Rn. 4.

sig. Die Gewässerverunreinigung wird damit als typisch sozialschädliches Verhalten eingestuft, das grundsätzlich auch materiellrechtlich verboten ist.

Ausschlaggebend dürfte indes sein, dass eine behördliche Einleitungserlaubnis aufgrund der mit der wasserrechtlichen Erlaubnis verbundenen Komplexität gerade bei Einleitungen von Abwasser (§§ 7, 7a WHG) der Schriftform bedarf, auch wenn dies nicht ausdrücklich vorgeschrieben ist.[230] Eine Rechtfertigung einer Gewässerverunreinigung allein durch eine passive Duldung begegnet daher auch aufgrund der Besonderheiten des WHG diesbezüglich grundsätzlichen Bedenken, so dass hier auch ein passives Behördenverhalten nicht rechtfertigend oder tatbestandsausschließend wirken kann.

b) Bloße Genehmigungsfähigkeit

Existiert eine entsprechende wirksame Erlaubnis – vorliegend in Form einer Einleitungserlaubnis für das Einleiten von dem an Bord angefallenen Küchen- und Toilettenabwasser gem. §§ 7, 7a WHG – und wurde diese auch formgerecht erteilt, so entfaltet diese rechtfertigende Wirkung, sofern die Benutzung genehmigungsbedürftig ist. Fraglich ist, ob eine rechtfertigende Wirkung auch dann besteht, die Einleitung damit zulässig ist, wenn zwar keine Genehmigung vorliegt, die jeweilige Gewässerverunreinigung in Form der Einleitung häuslichen Schiffsabwassers aber grundsätzlich gestattungsfähig ist, etwa weil die Schadstoffkonzentration so gering ist, dass die Anforderungen an §§ 7, 7a WHG erfüllt sind.

Einer Ansicht zufolge soll die bloße Genehmigungsfähigkeit bereits den Tatbestand der Gewässerverunreinigung entfallen lassen können. Dies wird damit begründet, dass eine Handlung nicht strafbar sein könne, wenn Umstände vorliegen, die die Erteilung einer ihrerseits rechtfertigenden Genehmigung möglich machen.[231] Nach wohl überwiegender Auffassung kann die bloße materielle Genehmigungsfähigkeit von Einleitungen an sich aber keine rechtfertigende Wirkung entfalten.[232] Die Rechtfertigung bedarf klarer, für jedermann erkennbarer

---

230 *Dahs/Pape*, NStZ 1988, 393 (394); *Wasmuth/Koch*, NJW 1990, 2434 (2436).

231 *Brauer*, S. 104f.

232 BGHSt 37, 21 (28); MK-*Schmitz*, Vor §§ 324ff. Rn. 82, MK-*Alt*, § 324 Rn. 57; § 326 Rn. 93; *Alleweldt*, NuR 1992, 312 (313f.); *Breuer*, NJW 1988, 2072 (2079); *Busch/Iburg*, S. 178; S/S-*Cramer/Heine*, Vorb §§ 324ff. Rn. 19; *Dannecker/Streinz*, in: Umweltpolitik I, § 8 Rn 22; SK-*Horn*, § 324 Rn. 9; *Lackner/Kühl*, § 324 Rn. 10b; *Möhrenschlager*, in: Meinberg/Möhrenschlager/Link, S. 33 (40); *Rogall*, in: Umweltrecht im Wandel, S. 795 (829); *Rudolphi*, ZfW 1982, 197 (208); *Sack*, Umweltschutz-Strafrecht, § 324 Rn. 62c; LK-*Steindorf*, § 324 Rn. 75, 91; LK-*Dannecker*, (12. Aufl.), § 1 Rn. 142; *Tröndle/Fischer*, Vor §324, Rn. 10; a.A. *Papier*, Strafrechtliche Probleme, S. 65: Das Verhalten des Einleitenden sei dann nur formell illegal, was zwar eine Ordnungswidrigkeit begründet, aber keine Strafbar-

Voraussetzungen, was bei der bloßen Genehmigungsfähigkeit wohl nicht der Fall wäre.[233] Anderenfalls würde die Wirksamkeit der abstrakten Gefährdungsdelikte durch ein Abstellen allein auf die materielle Genehmigungsfähigkeit weitgehend aufgehoben.[234] Da bei einer bloßen Genehmigungsfähigkeit die Behörde zudem noch nicht im Rahmen des ihr zustehenden Ermessens entschieden hat, steht noch gar nicht fest, ob die Rechtsgutsbeeinträchtigung genehmigt wäre. Damit hat der Einleitende auch noch keinen Anspruch auf die von ihm ausgehende Rechtsgutsbeeinträchtigung.[235] Zudem führte ein Abstellen schon auf die bloße Genehmigungsfähigkeit zu Rechtsunsicherheit, was auch entsprechende Irrtümer der Betroffenen nach sich ziehen kann. Des Weiteren würde die Anerkennung der bloßen Genehmigungsfähigkeit eine Benachteiligung derjenigen nach sich ziehen, die eine Genehmigung beantragen, auf diese warten und erst danach tätig werden.[236] Die materielle Genehmigungsfähigkeit kann allein im Rahmen der Strafzumessung Berücksichtigung finden.[237] Mithin erfolgt die Einleitung des nichtölhaltigen Schiffsabwassers auch dann unbefugt, wenn sie materiell-rechtlich genehmigungsfähig ist.

c) Zwischenergebnis

Von einer Duldung der Wasserbehörden kann damit nur im Einzelfall ausgegangen werden, wofür hier aber keine Anhaltspunkte vorliegen. Die bloße Genehmigungsfähigkeit der Einleitungen vermag die Rechtswidrigkeit des im Übrigen gem. § 324 Abs. 1 StGB tatbestandsmäßigen Verhaltens ebenfalls nicht auszuschließen. Es gibt für den Fall der Einleitung häuslichen Abwassers demzufolge keine einer Erlaubnis gleichstehenden Regelungen, sofern nicht doch im konkreten Einzelfall Anhaltspunkte für eine aktive Duldung der Behörden vorliegen sollten.

---

keit gem. § 324 StGB darstellt. NK-*Ransiek*, § 324 Rn. 28: Bei einem Anspruch auf Genehmigung könne eine rechtfertigende Wirkung jedoch angenommen werden, da sonst rechtswidriges Verhalten der Behörde sanktioniert würde.

233 LK-*Steindorf*, § 324 Rn. 91.

234 OLG Köln, wistra 1991, 74 (75); *Dannecker/Streinz*, in: Umweltpolitik I, § 8, Rn. 22.

235 MK-*Schmitz* Vor §§ 324ff. Rn. 84.

236 LK-*Steindorf*, § 324 Rn. 91.

237 *Dannecker/Streinz*, in: Umweltpolitik I, § 8 Rn 22; MK-*Schmitz*, Vor §§ 324ff. Rn. 84.

6. *Zwischenergebnis*

Die Einleitung dieses Abwassers ist nach den Regelungen des WHG grundsätzlich nur dann zulässig, wenn eine Einleitungserlaubnis nach §§ 7, 7a WHG beantragt und erteilt wurde. Ausnahmen von der Einleitungserlaubnis bestehen nicht, es gibt zudem keine einer Erlaubnis gleichstehenden Zulässigkeiten. Das WHG entfaltet mithin für das hier in Frage kommende Einleiten des Schiffsabwassers keine unrechtsausschließende Wirkung, sofern nicht eine Erlaubnis gem. §§ 7, 7a WHG diesbezüglich ausdrücklich erteilt wurde, die von dem generellen Benutzungsverbot freistellen will. Bei einer Beurteilung der Einleitungen nach WHG ist die Einleitung des nichtölhaltigen Schiffsabwassers damit zunächst als unbefugt i.S.d. § 324 Abs. 1 StGB anzusehen.

Das WHG, das aufgrund der Mobilität der Schiffe nicht speziell auf die Bedürfnisse der Schifffahrt zugeschnitten ist, enthält jedoch keine abschließende nationale Regelung hinsichtlich des Umgangs mit häuslichem Abwasser, sondern wird durch weitere Normen, die europarechtliche und internationale Vorgaben in nationales Recht umsetzen, ergänzt.[238] Allein aus den Regelungen des WHG kann daher mangels abschließender Regelung noch keine Aussage über die Unvereinbarkeit des Schifffahrtsprivilegs mit dem nationalen Recht getroffen werden.

II. Nationales Schifffahrtsrecht

Neben dem einschlägigen Wasserhaushaltsrecht kommt aber auch das sich auf die Wasserstraßen als Verkehrswege beziehende Schifffahrtsrecht[239] in Betracht, das möglicherweise ebenfalls Regelungen hinsichtlich der Einleitungen häuslichen Abwassers enthält. Das zum Schifffahrtsrecht gehörende Wasserstraßenrecht und das damit verbundene Wasserverkehrsrecht[240] haben durch die in ihnen enthaltenen Vorschriften über die Schiffsausrüstung – so etwa für die Ausrüstung mit Sammeltanks – mittelbare Bezüge zum Gewässerschutz, vereinzelt enthält das Wasserstraßenrecht auch Vorschriften, die das Einleiten von Abwasser direkt betreffen. Es wird daher darauf einzugehen sein, inwieweit die einzelnen in Betracht kommenden Vorschriften des nationalen Schifffahrtsrechts hinsichtlich der

238 Vgl. unten unter F. ff.

239 BVerfGE 15, 1 ff.

240 Das Wasserwegerecht regelt den Wasserverkehr und den Transport auf dem Wasser. (Bundeswasserstraßen-, Seeschifffahrtsgesetz etc.). http://www.uni-oldenburg.de/hydrologie/ein-bit/11689.html (Stand: 30.1.2008).

Einleitungen von Küchen- und Toilettenabwasser dem Schifffahrtsprivileg für Gewohnheitsrecht noch Raum lassen oder aber diesem entgegenstehen können.

1. Binnenschifffahrtsstraßen-Ordnung

Die auf allen Binnenwasserstraßen i.S.d. § 1 Nr. 1 BWaStrG geltende Binnenschifffahrtsstraßen-Ordnung (BinSchStrO)[241] enthält in § 1.15 BinSchStrO ein generelles Verbot des Einbringens von Gegenständen und anderen Stoffen, die geeignet sind, die Schifffahrt oder sonstige Benutzer der Wasserstraße zu behindern oder zu gefährden. Kapitel 28 der BinSchStrO enthält darüber hinaus noch detaillierte Bestimmungen zum Gewässerschutz und zur Abfallbeseitigung auf Fahrzeugen. Zum Schiffsbetriebsabfall zählt gem. § 28.01 lit. 3a) BinSchStrO das häusliche Abwasser, d.h. das Abwasser aus Küchen, Essräumen, Waschräumen und Waschküchen sowie Fäkalabwasser. Das Küchen- und Toilettenabwasser zählt damit zum sonstigen Schiffsbetriebsabfall.

Ein eindeutiges Einleitungsverbot enthält § 28.03 Abs. 1 BinSchStrO jedoch nur für öl- und fetthaltige Schiffsbetriebsabfälle sowie für Hausmüll, Slops,[242] Klärschlamm und übrigen Sonderabfall. Gem. § 28.01 lit. 3b) BinSchStrO zählen zum Hausmüll nur die aus Haushalten und aus der Schiffsgastronomie stammenden organischen und anorganischen Abfälle, aber ohne Anteile der anderen definierten Schiffsbetriebsabfälle. Da das Küchen- und Toilettenabwasser jedoch unter das häusliche Abwasser fällt, gilt das Einleitungsverbot gem. § 28.03 Abs. 1 BinSchStrO hierfür nicht. § 28.04 BinSchStrO bestimmt, dass bestimmte Abfälle an Bord in dafür vorgesehenen Behältern gesammelt werden sollen, von dieser Pflicht ist das häusliche Abwasser nicht betroffen.

§ 28.02 BinSchStrO enthält immerhin eine allgemeine Sorgfaltspflicht, die die Schiffsführer, die übrige Besatzung und sonstige Personen an Bord verpflichtet, die gebotene Sorgfalt anzuwenden, um eine Verschmutzung der Wasserstraße zu vermeiden und die Menge des entstehenden Schiffsabfalls so gering wie möglich zu halten sowie eine Vermischung verschiedener Abfallarten so weit wie möglich zu vermeiden.

Ein eindeutiges Einleitungsverbot enthält die BinSchStrO damit hinsichtlich des hier in Frage stehenden häuslichen Schiffsabwassers nicht. Die Regelungen der BinSchStrO sehen indes aber auch keine explizite Befugnis zum Einleiten dieses Abwassers vor. Durch die allgemeinen Sorgfaltsanforderungen wird jedoch eine Vermeidung der Verschmutzung der Wasserstraßen angestrebt. Der

241 I.d.F vom 8.10.1998, gültig ab 15.10.1998.

242 Slops sind Öl-Wasser-Gemische, die bei Öltankreinigungen von Tankern entstehen.

Inhalt des Schifffahrtsprivilegs steht damit nicht im direkten Widerspruch zur BinSchStrO, was der gewohnheitsrechtlichen Begründung des Schifffahrtsprivilegs entgegenstehen könnte. Es bleibt daher zu untersuchen, ob einige Verordnungen für die einzelnen Binnenwasserstraßen ein über die BinSchStrO hinausgehendes explizites Einleitungsverbot für das häusliche Abwasser enthalten oder bereits eine positivrechtliche Regelung mit dem Inhalt des Schifffahrtsprivilegs aufweisen und somit der Annahme des Schifffahrtsprivilegs als Gewohnheitsrecht entgegenstehen können.

2. Regelungen einzelner Binnenwasserstraßen des Bundes

Im Folgenden werden beispielhaft nur einige Regelungen der großen Bundeswasserstraßen der Binnengewässer aufgezeigt und im Hinblick auf die Einleitungen häuslichen Schiffsabwassers untersucht. Die Regelungen der Bundeswasserstraßen weisen eine sehr große Strukturähnlichkeit auf, so dass eine Aufzählung der Fülle der wasserverkehrsrechtlichen Regelungen aller Bundeswasserstraßen hier nicht erforderlich ist.

a) Rheinschifffahrtspolizeiverordnung

Die Rheinschifffahrtspolizeiverordnung (RheinSchPV)[243] enthält kein explizites Einleitungsverbot hinsichtlich des häuslichen Schiffsabwassers. Sie bestimmt in § 15.02 RheinSchPV, dass die Schiffsführer, die übrige Besatzung und sonstige Personen an Bord die gebotene Sorgfalt anwenden müssen, um eine Verschmutzung der Wasserstraße Rhein zu vermeiden und um die Menge des entstehenden Abfalls und Abwassers an Bord so gering wie möglich zu halten. Sie enthält im Übrigen jedoch nur ein explizites Verbot des Einbringens oder Einleitens von Altöl, Altfett und anderem fetthaltigen Abfall sowie Hausmüll und übrigem Sonderabfall, § 15.03 RheinSchPV.

Zum Hausmüll zählen gem. § 15.01 lit. 2f) RheinSchPV nur aus Haushalten stammende organische und anorganische Abfälle wie Speisereste, Papier, Glas und ähnliche Küchenabfälle, aber ohne Anteile der anderen definierten Schiffsbetriebsabfälle. Da das häusliche Abwasser, worunter gem. § 15.01 lit. 2e) RheinSchPV Abwasser aus Küchen, Essräumen, Waschräumen (Duschen, Waschbecken) und Waschküchen sowie Fäkalabwasser fallen, als Schiffsbetriebsabfall definiert ist, zählt das hier in Frage stehende Küchen- und Toilettenabwasser nicht zu dem vom Einleitungsverbot umfassten Hausmüll. Mithin

243 I.d.F. vom 12.1.2006, gültig ab 1.4.2006.

enthält die RheinSchPV kein eindeutiges Verbot hinsichtlich des Einleitens von Küchen- und Toilettenabwasser, immerhin aber eine allgemeine Sorgfaltsanforderung und steht damit der Annahme des gewohnheitsrechtlichen Schifffahrtsprivilegs grundsätzlich nicht entgegen.

b) Moselschifffahrtspolizeiverordnung

Die Umweltbestimmungen der Moselschifffahrtspolizeiverordnung (MoselSchPV)[244] sind denen der RheinSchPV ähnlich und untersagen es ebenfalls, Hausmüll in die Wasserstraße Mosel einzubringen oder einzuleiten, § 11.03 MoselSchPV. Dieses Verbot umfasst das hier in Frage stehende Abwasser ebenfalls nicht, da unter den Begriff „Hausmüll" i.S.d. § 11.01 lit. 2f) MoselSchPV laut der Begriffsbestimmung des § 11.01 MoselSchPV nur alle aus Haushalten stammenden organischen und anorganischen Abfälle wie etwa Speisereste, Papier, Glas und ähnliche Küchenabfälle, jedoch ausschließlich ohne Anteile der anderen definierten Schiffsbetriebsabfälle, fallen. § 11.01 Nr. 2 lit. e) MoselSchPV ordnet das Abwasser aus Küchen, den Waschräumen sowie Fäkalabwasser eindeutig dem Begriff „häusliches Abwasser" zu, das nicht unter das Einleitungsverbot des § 11.03 MoselSchPV fällt. Mithin enthält die MoselSchPV kein eindeutiges Verbot des Einleitens von Küchen- und Toilettenabwasser, sondern untersagt nur (aber immerhin) das Einleiten und Einbringen von Hausmüll und steht damit dem Schifffahrtsprivileg grundsätzlich nicht entgegen.

c) Donauschifffahrtspolizeiverordnung

Die Donauschifffahrtspolizeiverordnung (DonauSchPV)[245] enthält ebenfalls in § 1.15 der Anlage A DonauSchPV nur ein Verbot, feste Gegenstände oder andere Stoffe, die geeignet sind, die Schifffahrt oder sonstige Benutzer der Wasserstraße Donau zu behindern oder zu gefährden, in die Wasserstraße zu werfen, zu gießen, sonst wie einzubringen oder einzuleiten, mithin also ebenfalls kein explizites Verbot des Einleitens von häuslichem Abwasser, das die Annahme des gewohnheitsrechtlichen Schifffahrtsprivilegs obsolet machen würde .

244 Vom 19.12.2003, gültig ab 1.1.2004.
245 I.d.F. vom 27.5.1993, gültig ab 1.7.1993.

d) Bayerische Schifffahrtsordnung

Gem. § 36 der Bayerischen Schifffahrtsordnung[246] ist es vorbehaltlich der Vorschriften des Abfall- und Wasserrechts in der jeweils geltenden Fassung verboten, feste, flüssige oder gasförmige Stoffe, die nach Art und Menge geeignet sind, die Eigenschaften des Gewässers nachteilig zu verändern, von einem Fahrzeug aus in ein Gewässer i.S.d. Bayerischen Schifffahrtsordnung einzubringen oder einzuleiten. Zu den Gewässern i.S.d. Bayerischen Schifffahrtsordnung zählen gem. § 1 Abs. 1 alle oberirdischen Gewässer in Bayern mit Ausnahme des Bodensees und der Bundeswasserstraßen. Die Bayerische Schifffahrtsordnung enthält damit ein ausdrückliches Verbot, das sogar durch die Formulierung „Eigenschaften des Gewässers nachteilig zu verändern" an den Wortlaut des § 324 StGB angelehnt ist. Damit ist dort jeweils auch das Einleiten von Küchen- und Toilettenabwasser ausdrücklich verboten, sofern sie zu Gewässerverunreinigungen i.S.v. § 324 StGB führen.[247] Das Verbot bezieht sich jedoch eindeutig nicht auf die hier zu untersuchenden Bundeswasserstraßen, so dass auch für die Bundeswasserstraßen in Bayern kein eindeutiges Verbot und auch keine ausdrückliche Gestattung für Einleitungen häuslichen Abwassers bestehen. Durch dieses Verbot der Einleitungen auf anderen als den Bundeswasserstraßen ist damit für diesen Bereich die Annahme eines Gewohnheitsrechts obsolet, da das Schifffahrtsprivileg hier dem eindeutigen Gesetzeswortlaut entgegensteht. Unmittelbare Rückschlüsse für die hier zunächst zu untersuchenden positiv-rechtlichen Normen in Bezug auf ein eindeutiges Entgegenstehen oder aber einer expliziten Regelung des Schifffahrtsprivilegs auf den Bundeswasserstraßen lassen sich nicht ziehen. Jedoch kann das eindeutige Verbot des Einleitens auf bayerischen Gewässern Einfluss auf die für ein Gewohnheitsrecht erforderliche Rechtsüberzeugung der beteiligten Verkehrskreise haben, worauf an anderer Stelle noch einzugehen sein wird.[248]

e) Zwischenergebnis

Festzuhalten bleibt daher, dass zwar für die bayerischen Binnengewässer mit Ausnahme der Bundeswasserstraßen in Bayern ein eindeutiges Einleitungsverbot für häusliches Abwasser besteht, für den Bereich der Bundeswasserstraßen, insbesondere für den Rhein, die Mosel sowie die Donau aber die Schifffahrtsordnungen kein Verbot des Einleitens von häuslichem Schiffsabwasser enthalten.

---

246 I.d.F. vom 1.1.1983, gültig ab 15.4.2005.
247 *Möhrenschlager*, JR 1987, S. 299 (300).
248 Vgl. J. IV.

Das Schifffahrtsrecht enthält damit für die hier relevanten Bundeswasserstraßen keine einschlägigen Regelungen, so dass die vom Schifffahrtsprivileg umfassten Einleitungen häuslichen Schiffsabwassers im Bereich des Schifffahrtsrechts auf den Bundeswasserstraßen nicht bereits durch die Legislative ausdrücklich geregelt sind. Es fehlt damit an einer positiv-rechtlichen Regelung im Schifffahrtsrecht der Bundeswasserstraßen, die der gewohnheitsrechtlichen Begründung des Schifffahrtsrechts entgegenstehen könnte.

3. § 5 BWaStrG i.V.m. Art. 1 Abs. 1, 2 Mannheimer Akte

Obwohl das Schifffahrtsrecht für die hier relevanten Bundeswasserstraßen keine expliziten Regelungen enthält, die das WHG einschränken können, wird dennoch diskutiert, ob es nicht doch eine spezielle schifffahrtsrechtliche Regelung gibt, die sich auf die Einleitungen des häuslichen Abwassers beziehen kann.

a) Inhalt und Herleitung des Schifffahrtsprivilegs aus § 5 BWaStrG i.V.m. Art. 1 Abs. 1, 2 Mannheimer Akte – die Argumentation des OLG Köln –

So soll – wie bereits ausgeführt[249] – dem OLG Köln zufolge die Einleitung des Schiffsabwassers der Regelung des § 5 BWaStrG i.V.m. mit der RheinSchPV und der Rheinschiffs-Untersuchungsordnung unter Heranziehung des internationalen Übereinkommens der revidierten Rheinschifffahrtsakte,[250] der sog. Mannheimer Akte, nämlich Art. 1 Abs. 1, 2 Mannheimer Akte, entnommen werden können.[251] Gem. Art. 1 Abs. 1 der Mannheimer Akte soll die Schifffahrt auf dem Rhein und seinen Ausflüssen von Basel bis in das offene Meer, sowohl aufwärts als auch abwärts, unter Beachtung der in diesem Vertrag festgesetzten Bestimmungen und der zur Aufrechterhaltung der allgemeinen Sicherheit erforderlichen polizeilichen Vorschriften den Fahrzeugen und Nationen zum Transport von Waren und Personen gestattet sein. Abs. 2 bestimmt ferner, dass abgesehen von den in Abs. 1 genannten Vorschriften kein Hindernis, welcher Art es auch sein mag, der freien Schifffahrt entgegen gesetzt werden darf.

Bei dieser Privilegierung, die aus der Regelung des § 5 BWaStrG i.V.m. mit Art. 1 Abs. 1 und Abs. 2 der Mannheimer Akte hergeleitet wird, handelt es sich gerade nicht um ungeschriebenes Recht, also Gewohnheitsrecht, sondern um eine

249 Vgl. C. I. 2.
250 Vom 17.10.1868, i.d.F. vom 11.3.1969 (BGBl. II S. 597). Die Mannheimer Akte gilt auf dem Rhein und seinen Nebenflüssen.
251 OLG Köln, NStZ 1986, 225 (226).

einfache Auslegung der Rechtsvorschriften, die diese Vorschriften im Sinne des Gesetzgebers konkretisiert.

Zum Kernstück des Wasserwegerechts zählt § 5 BWaStrG. Diese Norm gestaltet die Indienstnahme der Bundeswasserstraßen als Verkehrsweg für die Schifffahrt näher aus und regelt die Nutzungsgewährung für das Befahren mit Wasserfahrzeugen auf den Binnenwasserstraßen des Bundes i.S.d. § 1 Abs. 1 Nr. 1 BWaStrG.[252] Das Schifffahrtsrecht setzt dies voraus. § 5 BWaStrG begründet die Widmung zum Befahren mit Wasserfahrzeugen bundesrechtlich, § 6 BWaStrG hingegen setzt eine bestehende Widmung zum Gemeingebrauch nach anderen Rechtsvorschriften voraus, insbesondere nach Landeswasserrecht. Durch § 5 BWaStrG kann der Bund durch Vorschriften des Schifffahrtsrechts die Benutzung der Bundeswasserstraßen für die Schifffahrt regeln und damit der landesrechtlichen Ordnung des Gemeingebrauchs entziehen.[253]

§ 5 BWaStrG regelt allein für sich genommen nur das Befahren der Wasserstraßen, keinesfalls das Einleiten von Schadstoffen. § 31 Abs. 1 und Abs. 6 BWaStrG stellen deutlich heraus, dass Benutzungen nach § 3 WHG einer zusätzlichen wasserrechtlichen Erlaubnis bedürfen.[254] Erst durch Hinweis auf die Mannheimer Akte, das älteste und immer noch gültige europäische Übereinkommen, das 1868 zwischen den Rheinanrainerstaaten geschlossen wurde und die freie Schifffahrt auf dem Rhein garantiert, kann § 5 BWaStrG eine darüber hinausgehende Privilegierung im Hinblick auf die Zulässigkeit der Einleitungen häuslichen Schiffsabwassers entnommen werden.

Das OLG Köln hält zwar auch grundsätzlich das WHG im Bereich der Schifffahrt für anwendbar, das Wasserhaushaltsrecht findet ihm zufolge jedoch im Schifffahrtsrecht durch § 5 BWaStrG unter Heranziehung der Mannheimer Akte eine Einschränkung insoweit, dass Gewässerverunreinigungen, die zwangsläufig mit dem zulässigen Betrieb der Schifffahrt auf den Bundeswasserstraßen, insbesondere auf dem Rhein, verbunden sind, in jedem Falle zulässig sein und nicht „unbefugt" i.S.d. § 324 StGB erfolgen sollen. Für diesen Bereich schränke mithin das Schifffahrtsrecht in Form des § 5 BWaStrG i.V.m. Art. 1 Abs. 1 und Abs. 2 der Mannheimer Akte das Wasserhaushaltsrecht ein.[255]

Das OLG Köln beruft sich in seinen Begründungen auf eine Entscheidung des BVerfG[256] über die Abgrenzung der konkurrierenden Gesetzgebung des Bundes (bzgl. des Schifffahrtsrechts) von der – damals noch bloßen – Rahmengesetzgebung des Bundes (bzgl. des Wasserhaushaltsrechts), in der die Einschlägigkeit

252 *Friesecke,* § 5 BWaStrG Rn. 1.
253 *Czychowski* § 23 WHG Rn. 29; *Friesecke,* § 5 BWaStrG Rn. 2.
254 *Franzheim/Pfohl,* Rn. 98.
255 OLG Köln, NStZ 1986, 225 (226); ähnl. *Beckert/Breuer,* Rn. 1620.
256 BVerfGE 15, 1 ff.

auch des Schifffahrtsrechts für wasserhaushaltsrechtliche Belange deutlich herausgestellt wird.[257]

In dieser Entscheidung hat das Bundesverfassungsgericht das Wasserstraßenreinhaltungsgesetz des Bundes[258] für verfassungswidrig erklärt, da der Bund nicht aus der Kompetenz für die Bundeswasserstraßen als Verkehrswege eine Vollkompetenz zur Gewässerreinhaltung der Bundeswasserstraßen herleiten könne. Art. 74 Abs. 1 Nr. 21 GG gestatte vielmehr nur gesetzliche Bestimmungen, die sich auf die Wasserstraßen als Verkehrswege beziehen, also auf Wasserstraßenverkehrsrecht.[259] Die Entscheidung des BVerfG befasst sich im Zusammenhang mit der Frage nach der Gesetzgebungszuständigkeit damit, was zum Inhalt des einen und was zum Inhalt des anderen Rechtsgebiets gehört und somit auch, was nach dem einen und was nach dem anderen Rechtsgebiet, hier nach Wasserwirtschafts- oder Wasserwegerecht,[260] zu beurteilen ist.

Das Schifffahrtsrecht i.S.d. Art. 74 Abs. 1 Nr. 21 GG erfasst dem BVerfG zufolge nur Regelungen, die sich auf die Seewasserstraßen und die dem allgemeinen Verkehr dienenden Binnenwasserstraßen als Verkehrswege beziehen, darüber hinausgehende wasserwirtschaftliche Funktionen fallen demzufolge unter die Gesetzgebungskompetenz auf dem Gebiet des Wasserhaushalts.[261] Die Verkehrsfunktion der Wasserstraßen bezieht sich auf die Nutzung von Wasserstraßen zur Ortsveränderung von Personen und Sachen, mit den Wasserstraßen ist untrennbar das Moment der Fortbewegung verknüpft.[262] Das BVerfG räumt jedoch ein, dass es trotz dieser Abgrenzung Fälle gibt, in denen die verkehrsrechtliche Regelung zwangsläufig auch wasserwirtschaftliche Belange berührt, da die beiden Bereiche bereits aus sachstrukturellen Gründen nicht kategorisch isoliert werden können. Wasserwegerechtliche Maßnahmen haben so regelmäßig auch

257 Seit 1.9.2006: Art. 74 I Nr. 32 i.V.m. Art. 72 II, III Nr. 5: Wasserhaushalt, konkurrierende Gesetzgebung; keine Erforderlichkeitsklausel, aber dafür extensive Abweichungsbefugnisse der Länder; Art. 74 I Nr. 21: Hochsee- und Küstenschifffahrt sowie Seezeichen, Binnenschifffahrt, Wetterdienst, Seewasserstraßen und die dem allgemeinen Verkehr dienenden Binnenwasserstraßen: konkurrierende Gesetzgebung.

258 Vom 17.8.1960 (BGBl., II, S. 2125).

259 BVerfGE 15, 1 ff.

260 Das Wasserwegerecht regelt den Wasserverkehr und den Transport auf dem Wasser (Bundeswasserstraßen-, Seeschifffahrtsgesetz etc.). Das Wasserwirtschaftsrecht regelt vor allem die Gewässernutzung und den Hochwasserschutz, wobei die Wasserentnahme, die Abwasserbeseitigung und der Ausbau von Gewässern die Schwerpunkte bilden: http://www.uni-olden burg.de/hydrologie/ein-bit/11689.html (Stand: 30.1.2008).

261 BVerfGE 15, 1 (9); bestätigend: BVerwG, ZfW 1991, 172 (174); BVerwG, ZfW 2002, 161 (163); Maunz/Dürig-*Maunz,* Art. 74 GG Rn. 235.

262 *Petersen*, Rn. 310.

wasserwirtschaftliche Bedeutung und auch wasserwirtschaftliche Maßnahmen spielen eine Rolle für die Wasserstraßen als Verkehrswege.[263] Daher sollen dem BVerfG zufolge auch dann Regelungen im Interesse der Schifffahrt erlassen werden können, wenn diese zwangsläufig die wasserwirtschaftliche Ordnung betreffen, sofern der Zweck der Regelungen eindeutig auf dem Gebiet des Verkehrs einzuordnen ist, auch wenn der Bund für den Wasserhaushalt keine Vollkompetenz besitzt.[264]

Das OLG Köln betont, dass das BVerfG in seiner Entscheidung keine Aussage darüber treffe, dass sich die Befugnis zur Einleitung von Schiffsabwasser nicht nach Schifffahrtsrecht richte, so dass der Anwendbarkeit der Mannheimer Akte i.V.m. § 5 BWaStrG grundsätzlich nichts entgegenstehe. Das BVerfG habe in seiner Entscheidung nicht zwischen Abwasser aus Schiffen und anderem Abwasser differenziert.[265] Es bestätige vielmehr die Gesetzgebungskompetenz des Bundes für die Schifffahrt und damit auch für die technische Beschaffenheit und Ausrüstung der Schiffe.[266] Die Fragen der technischen Beschaffenheit und des Betriebs der Schiffe können nach Ansicht des OLG Köln nicht losgelöst von der Frage der Abwassereinleitungen während der Fahrt beantwortet werden, so dass das Schifffahrtsrecht auch die Abwasserbeseitigung regeln muss, da die Einleitungen untrennbar mit der Schifffahrt verbunden seien. Das Wasserhaushaltsrecht könne demnach nicht zu einer Beschränkung der Schifffahrt in diesem Sinne führen.[267]

Das OLG Köln hebt hervor, dass das für den Rhein geltende Schifffahrtsrecht kein Verbot vorsehe, Küchen- oder Toilettenabwasser in das Gewässer einzuleiten. Da das Schifffahrtsrecht durch § 5 BWaStrG i.V.m. Art. 1 Abs. 1, 2 Mannheimer Akte einem Einleitungsverbot für häusliches Abwasser entgegenstehe, sei das Einleiten von Schiffsabwasser in die Bundeswasserstraßen, insbesondere in den Rhein, demzufolge nicht unbefugt i.S.d. § 324 StGB.[268] Die Schiffe seien auch anderenfalls dazu gezwungen, Sammeltanks für Abwasser einzubauen oder auf die Schifffahrt zu verzichten, was mit dem internationalen Status des Rheins keinesfalls vereinbar sei.[269]

---

263 *Breuer*, DVBl. 1974, S. 268 (270).
264 BVerfGE 15, 1 (22, 23); Maunz/Dürig-*Maunz*, Art. 74 GG Rn. 235; Dreier-*Stettner*, Art. 75 GG Rn. 31; nach dem 1.9.2006 aber konkurrierende Gesetzgebungskompetenz mit Abweichungsbefugnissen der Länder.
265 OLG Köln, NStZ 1986, 225 (226).
266 OLG Köln, NStZ 1986, 225 (226) verweisend auf BVerfGE 15, 1 (12).
267 OLG Köln, NStZ 1986, 225 (226).
268 OLG Köln, NStZ 1986, 225 (226).
269 OLG Köln, NStZ 1986, 225 (226).

b) Beurteilung der Ansicht des OLG Köln

Die Auslegung des § 5 BWaStrG kann unter Hinweis auf die von der Mannheimer Akte garantierte freie Schifffahrt auf dem Rhein für das Schifffahrtsprivileg nur dann herangezogen werden, wenn man davon ausgeht, dass das Einleiten des häuslichen Abwassers untrennbar mit der Schifffahrt verbunden ist und eine freie Schifffahrt ohne das Einleiten des Abwassers praktisch nicht möglich wäre. Zu untersuchen ist damit, ob die den Gewässerschutz betreffenden Abwassereinleitungen von der vom Schifffahrtsrecht zu regelnden Materie zwangsläufig nicht zu trennen sind und damit mitgeregelt werden müssen, ob also die Abwassereinleitungen des Toiletten- und Küchenabwassers zwingend mit dem Betrieb der Schifffahrt zusammenhängen, so dass § 5 BWaStrG unter Hinweis auf die von der Mannheimer Akte garantierte freie Schifffahrt für die Beantwortung der Frage nach der Zulässigkeit der Einleitungen häuslichen Abwassers herangezogen werden kann. Die Einleitung häuslichen Abwassers müsste demzufolge so mit der Schifffahrt verbunden sein, dass die Einleitungen eindeutig auf dem Gebiet des Wasserverkehrsrechts einzuordnen sind, auch wenn sie zwangsläufig die wasserwirtschaftliche Ordnung mit betreffen.[270]

Als Beispiel für Einleitungen, die zwingend mit der Schifffahrt verbunden sind, ist etwa das Einleiten von Kühlwasser der Schiffsmotoren, das während des Motorbetriebs ständig dem Gewässer entnommen und erwärmt wieder abgegeben wird, zu nennen. Dieses Kühlwasser wird gerade bei größeren Motoren in großen Mengen benötigt und unterliegt einem permanenten Austausch. Eine Sammlung des Kühlwassers an Bord der Schiffe ist aufgrund dieses permanenten Austauschs und der großen Menge nicht möglich, dessen Einleitung ist damit zwangsläufig mit der Schifffahrt verbunden.

Das LG Hamburg stellt diesbezüglich heraus, dass das Küchen- und Toilettenabwasser in Sammeltanks an Bord gelagert werden kann, die Einleitungen also gerade nicht zwingend mit dem Betrieb der Schiffe verbunden und somit nicht der Verkehrsfunktion des Gewässers zuzuordnen sind, § 5 BWaStrG i.V.m. der Mannheimer Akte daher nicht herangezogen werden könne.[271] Die Ausstattung der Schiffe mit Sammeltanks für das anfallende häusliche Abwasser ist heute nicht mehr unüberwindbaren technischen Schwierigkeiten ausgesetzt – wie es noch Anfang der 1980er Jahre der Fall war –, sogar einfache kleinere Sportboote verfügen nunmehr über derartige Tanks.[272] *Heine* argumentiert in diesem Zusammenhang damit, dass der aufgrund der WRRL neu gefasste § 7a V WHG als

270 BVerfGE 15, 1 (22, 23).
271 LG Hamburg, NuR 2003, 776 (776).
272 Siehe dazu etwa *Matzek*, Yacht 6/2004, S. 76ff., *ders.*, Yacht 4/2005, S. 77 (78).

Definition für den „Stand der Technik" nun die Formulierung „Entwicklungsstand fortschrittlicher Verfahren, Einrichtungen oder Betriebsweisen … zur Vermeidung oder Verminderung von Auswirkungen auf die Umwelt" aufweist. Dies mache deutlich, dass nicht mehr davon ausgegangen werden könne, dass die Einleitungen häuslichen Schiffsabwassers zwingend mit dem Betrieb der Schifffahrt verbunden seien.[273] Die Beschaffenheit der Schiffe an sich lässt damit nicht den Schluss zu, dass die Einleitungen des anfallenden häuslichen Abwassers zwangsläufig mit dem Betrieb der Schiffe verbunden sind, da mittlerweile auch auf Schiffen grundsätzlich die Möglichkeit der Sammlung an Bord besteht. Die Einleitung des Abwassers betrifft demzufolge nicht vorrangig die Nutzung der Wasserstraßen als Verkehrsweg.[274]

Des Weiteren handelt es sich bei der vom OLG Köln vorgeschlagenen Lösung über das Schifffahrtsrecht nur um eine Auslegung schifffahrts- und damit verkehrsrechtlicher Regelungen, die auch auf die Fortbewegungsfreiheit der Schiffe abstellt. Bis zu den 1980er Jahren mag diese Annahme, dass ein Einleitungsverbot zwingend die Fortbewegung eines Schiffs betreffe und damit primär verkehrsrechtlicher Natur sei, aufgrund mangelnden technischen Fortschritts noch vertretbar gewesen sein. Heute gibt es jedoch die Möglichkeit der Sammlung des Abwassers an Bord, so dass ein Einleitungsverbot nicht mehr primär die Verkehrsfunktion eines Gewässers betrifft, sondern wasserwirtschaftliche Belange im Vordergrund stehen. Wasserhaushaltsrechtliche Regelungen sind zudem besser auf die wasserspezifischen Belange, insbesondere die Qualität des Wassers und den Schutz der Umwelt, ausgerichtet als das primär verkehrsrechtliche Schifffahrtsrecht.

Darüber hinaus gibt es heute sowohl nationale, regionale als auch internationale wasserwirtschaftliche Normen, die das Einleiten von dem hier in Frage stehenden häuslichen Abwasser explizit regeln, so dass nicht mehr auf eine bloße Gesetzesauslegung unter Hinzuziehung eines internationalen Übereinkommens wie der Mannheimer Akte, die primär verkehrsrechtliche Belange umfasst, zurückgegriffen werden muss. Für den Bereich der Küstengewässer und der deutschen Häfen sieht etwa die Richtlinie 2000/59/EWG des Europäischen Parlaments und Rates vom 27.11.2000 über Hafenauffangeinrichtungen für Schiffsabfälle und Ladungsrückstände vom 27.11.2000,[275] die sog. Hafenauffanganlagen-Richtlinie, derartige Sammeltanks sogar auf allen seegehenden Schiffen vor, zudem müssen in allen Häfen der Europäischen Union Auffanganlagen bereitge-

273 *Heine*, in: Otto-FS, S. 1015 (1022).

274 LG Hamburg, NuR 2003, 776 (776); zustimmend *Czychowski*, § 3 Rn. 37.

275 Vom 28.12.2000, AblEG Nr. L 332 v. 28.12.2000, S. 81-89.

stellt werden, die auch von den Schiffen benutzt werden müssen.[276] Zu den Häfen zählen gem. Art. 2 lit. h) der Hafenauffanganlagen-Richtlinie alle Orte, die so angelegt und ausgestattet wurden, dass sie im Prinzip alle Schiffe, also gem. Art. 2 lit. a) alle seegehenden Fahrzeuge jeder Art, aufnehmen können. Der vom LG Hamburg genannte Bereich des Hamburger Hafens, der die Anforderungen des Art. 2 lit. h) der Hafenauffanganlagen-Richtlinie erfüllt, und auch der der Elbe als Seewasserstraße[277] fallen ebenfalls unter diese Hafenauffanganlagen-Richtlinie.

Auch das 1973 erarbeitete und 1978 durch ein Protokoll ergänzte Internationale Übereinkommen von 1973 zur Verhütung der Meeresverschmutzung durch Schiffe, das sog. Marpol-Übereinkommen,[278] sieht in der im Jahr 2003 in Kraft getretenen Anlage IV[279] im Bereich der Küstengewässer und der Häfen Sammeltanks auf bestimmten Schiffen und eine Entladungspflicht für Abwasser in den Häfen vor.[280]

Das künftig in Kraft tretende sog. Abfallübereinkommen regelt ebenfalls in bestimmtem Umfang das Mitführen von Sammeltanks für häusliches Abwasser an Bord von Schiffen und entsprechende Auffanganlagen in den Häfen auch für die Binnenwasserstraßen, insbesondere den Rhein.[281] Das Mitführen von Sammeltanks für häusliches Abwasser an Bord von Schiffen ist daher heute, wie diese internationalen und regionalen Regelwerke deutlich machen, mit dem internationalen Status des Rheins sehr wohl vereinbar.

Die Mannheimer Akte stammt zudem aus einer Zeit, als weder an Umweltbelange noch an technische Umsetzungen zur Abwasseraufbewahrung gedacht wurde, und bietet daher im Hinblick auf Einleitungen häuslichen Abwassers keine sachgerechte Lösung. Eine Zulässigkeit der Einleitungen häuslichen Abwassers kann daher angesichts bestehender spezifisch auf wasserhaushaltsrechtliche Belange zugeschnittener und die Einleitungen häuslichen Abwassers explizit regelnder Übereinkommen und Gesetze nicht mehr auf eine bloße Auslegung schifffahrtsrechtlicher Normen und ein fast 150jähriges Abkommen gestützt werden.

---

276 Vgl. dazu unten unter G. V. 1.

277 http://www.wsv.de/Wasserstrassen/Gliederung_Bundeswasserstrassen (Stand: 30.1. 2008).

278 Marpol 73/78, BGBl. 1982, II, S. 4.; Gesetz i.d.F. vom 18.9 1998, BGBl., II, S. 2546, zuletzt geändert durch Gesetz vom 15.12.2001, BGBl., I, S. 3762.

279 BGBl. 2004, II, S. 1673.

280 Vgl. dazu näher unten unter F. III. 2.

281 Vgl. unten unter J. III.

c) Die Auffassung Möhrenschlagers hinsichtlich der Vereinbarkeit des § 324 StGB mit der Mannheimer Akte

Gegen die Annahme, dass § 5 BWaStrG i.V.m. der Mannheimer Akte das WHG im Bereich des Schiffsabwassers einschränkt und mithin also auch einen Einfluss auf die Rechtswidrigkeit des § 324 StGB hat, spricht zudem die Argumentation *Möhrenschlagers*. Er ordnet das Verbot des § 324 StGB den „zur Aufrechterhaltung der allgemeinen Sicherheit erforderlichen polizeilichen Vorschriften" i.S.d. Art. 1 Abs. 1 der Mannheimer Akte zu, die nach der Mannheimer Akte auch von jedem Uferstaat in eigener Souveränität erlassen werden können und der Mannheimer Akte damit nicht entgegenstehen. Ihm zufolge ist der Begriff der Polizei i.S.d. Mannheimer Akte weit auszulegen. Er weist darauf hin, dass die strafrechtlichen Regelungen des 19. Jahrhunderts als Vorläufer des § 324 StGB angesehen werden könnten, die damals dem Polizeistrafrecht zugerechnet wurden.[282] § 324 StGB zähle mithin zu den nationalen Vorbehaltsnormen i.S.v. Art. 1 Abs. 1 Mannheimer Akte, die im Sinne dieses Übereinkommens als zulässig angesehen werden.

Damit steht das internationale Übereinkommen der Mannheimer Akte der Anwendung des § 324 StGB auch für den Bereich der Schifffahrt nicht entgegen. Die Mannheimer Akte bewirkt also nicht, dass das Verbot des § 324 StGB für den Bereich der Schifffahrt nur dann Geltung entfaltet, wenn es auch ein derartiges Einleitungsverbot in der RheinSchPV, also einer polizeilichen Vorschrift i.S.d. Mannheimer Akte, gibt. Ginge man davon aus, dass § 324 StGB ein Hindernis der freien Schifffahrt (i.S.d. Mannheimer Akte) darstellt, so kann aber nicht angenommen werden, dass dies mit der Mannheimer Akte nicht vereinbar ist, da es sich bei § 324 StGB um eine i.S.d. Art. 1 Abs. 1 zulässige erforderliche polizeiliche Vorschrift handelt.[283] Demzufolge ist eine Zulässigkeit der Einleitungen nicht aus der Auslegung des § 5 BWaStrG i.V.m. Art. 1 der Mannheimer Akte herzuleiten.

III. Zwischenergebnis

Das WHG ist damit hinsichtlich des Einleitens von Schiffsabwasser in die Küstengewässer bis zur Zwölf-Seemeilen-Zone und auf den Binnenwasserstraßen grundsätzlich einschlägig; sofern das Abwasser mit den Gezeiten in die Küstengewässer gespült wird, findet das WHG bei Einleitungen außerhalb der Küsten-

---

282 *Möhrenschlager*, JR 1987, 299 (302).
283 *Möhrenschlager*, JR 1987, 299 (302).

gewässer ebenfalls Anwendung. Vor der Einleitung in ein Gewässer ist das KrW-/AbfG neben dem WHG auch anwendbar. Das Schifffahrtsrecht, das primär verkehrsspezifisch ausgerichtet ist, enthält im Hinblick auf die hier relevanten Bundeswasserstraßen auf den Binnengewässern keine Regelungen, die Einleitungen häuslichen Abwassers gestatten oder verbieten. Eine Auslegung der schifffahrtsrechtlichen Regelung des § 5 BWaStrG i.V.m. Art. 1 der Mannheimer Akte dahingehend, dass die Einleitungen häuslichen Abwassers von Schiffen aus zulässig sind, da sie untrennbar mit der Schifffahrt verbunden sind und ein Einleitungsverbot mit dem internationalen Status nicht vereinbar ist, kann angesichts neuerer die Einleitungen von häuslichem Abwasser betreffender sowohl nationaler als auch internationaler wasserhaushaltsrechtlicher Regelungen nicht mehr angenommen werden.

Aufgrund europarechtlicher Vorgaben und der Verpflichtungen aus internationalen Verträgen betrifft die Frage nach dem häuslichen Schiffsabwasser auch zahlreiche Verordnungen und Gesetze, von denen die meisten Regelungen ebenfalls wasserwirtschaftsrechtlicher Natur sind[284] und neben dem WHG Anwendung finden. Dies wird daher im Folgenden genauer herauszuarbeiten sein. Dazu werden die Einflüsse internationaler Verträge und der EG auf das nationale Recht untersucht, die nähere Aufschlüsse über die rechtliche Beurteilung des Umgangs mit häuslichem Schiffsabwasser und damit auch über das Bestehen des sog. Schifffahrtsprivilegs geben können.

284 *Petersen,* Rn. 454.

F. Einfluss internationaler Übereinkommen auf den Umgang mit häuslichem Schiffsabwasser im Bereich der deutschen Küstengewässer und der Häfen für seegehende Schiffe

Der Annahme des möglicherweise gewohnheitsrechtlichen Schifffahrtsprivilegs können – wie es der BGH[285] in seinem Beschluss auch herausgestellt hat – auch zwischenstaatliche Verträge entgegenstehen. Der Meeresumwelt- und Gewässerschutz hat auf internationaler und europäischer Ebene kontinuierlich an Bedeutung gewonnen, im Hinblick auf den Gewässerschutz existiert ein regelrechtes Geflecht aus internationalen Übereinkommen, europäischen Vorgaben und den damit verbundenen nationalen Regelungen, welche nachfolgend in Bezug auf die Regelungen hinsichtlich des Umgangs mit häuslichem Schiffsabwasser zu untersuchen sein werden.

So existieren völkerrechtliche Verpflichtungen der Bundesrepublik Deutschland wie etwa bi- oder multilaterale völkerrechtliche Verträge, deren nationale Umsetzung auf Grundlage von Art. 59 Abs. 2 GG erfolgt, sowie allgemein anerkannte Regeln des Völkerrechts.[286] Durch die völkerrechtlichen Verträge und Normen sind grundsätzlich nur die Staaten als Völkerrechtssubjekte berechtigt und verpflichtet. Erst durch Umsetzung in nationales Recht können Rechte und Pflichten der einzelnen Bürger entstehen.[287] Sie bedürfen also der Umsetzung in deutsches Recht, um nationale Verbindlichkeit zu erlangen.[288] Viele der nachstehend aufgeführten Verträge sind bereits in nationales Recht umgesetzt worden. Aber auch bereits vor einer Umsetzung in nationales Recht können völkerrechtliche Verträge im Hinblick auf die Frage nach dem Bestehen eines Gewohnheitsrechts Einfluss haben.[289]

Untersucht werden internationale Übereinkommen im Meeresumweltschutz im Hinblick auf die Nord- und Ostsee. Im Bereich des Meeres- und Gewässerschutzes gibt es zahlreiche Regelungen, die sich neben der Verschmutzung durch Öl auch mit Meeresverschmutzungen durch nichtölhaltiges Abwasser befassen. Zu nennen sind hier etwa das weltweit geltende UN-Seerechtsübereinkommen[290] und die speziellen regionalen Übereinkommen wie das Internationale Übereinkommen von 1973 zur Verhütung der Meeresverschmutzung durch Schiffe, das

---

285 BGH, NStZ 1991, 281.
286 *Kotulla,* Einf. Rn. 49.
287 *Klopefer,* § 9 Rn. 141; *Schweitzer,* in: Umweltpolitik I, § 21 Rn 31.
288 *Schweitzer,* in: Umweltpolitik I, § 21 Rn 31.
289 BGH, NStZ 1991, 281 (281).
290 In Kraft getreten am 16.11.1994, BGBl II, 1994, S. 1798.

sog. Marpol-Übereinkommen, und Verträge, bei denen die Europäische Gemeinschaft auch Vertragspartner ist, wie für die Nordsee das Rahmenübereinkommen vom 22.9.1992 zum Schutz der Meeresumwelt des Nordatlantiks, das sog. Ospar-Übereinkommen,[291] und für den Ostseeraum das Übereinkommen über den Schutz der Meeresumwelt des Ostseegebiets, das Helsinki-Übereinkommen.[292]

I. UN-Seerechtsübereinkommen

Das Zentrum des Regelungsbereichs des internationalen Meeresumweltschutzes bilden die Vorgaben des UN-Seerechtsübereinkommens (SRÜ).[293] Das SRÜ bezieht sich auf alle Meere und kann als Rahmenübereinkommen für alle Nutzungen des Meeresraumes und seiner Ressourcen gesehen werden.[294] Es enthält kein materielles Umweltrecht mit Ge- und Verboten und ist daher auf eine inhaltliche Konkretisierung durch regionale völkerrechtliche Verträge, wie etwa das Marpol-, das Ospar- oder das Helsinki-Übereinkommen, angewiesen.[295] Eine solche Zusammenarbeit fordert auch Art. 197 SRÜ.

Das SRÜ kann als Rahmen aufgefasst werden, der sowohl für ältere als auch für ganz neue Vereinbarungen offen ist und durch diese auch ergänzt werden kann. Art. 237 Abs. 1 SRÜ stellt deutlich heraus, dass die in Teil XII getroffenen Vorgaben die Verpflichtungen, die Staaten aufgrund früher geschlossener Übereinkommen zum Meeresumweltschutz getroffen haben, sowie Übereinkommen, die zur Ausgestaltung der in dem SRÜ enthaltenen allgemeinen Grundsätze geschlossen werden können, nicht einschränken, sofern diese mit dem SRÜ vereinbar sind.

Teil XII des SRÜ umfasst Rahmenbedingungen für den Bereich des Meeresumweltschutzes. Art. 192 SRÜ enthält eine Generalverpflichtung, wonach alle Staaten verpflichtet sind, die Meeresumwelt zu schützen und zu bewahren. Gem. Art. 195 SRÜ sollen die einzelnen Staaten beim Ergreifen von Maßnahmen zur Verhütung, Verringerung und Überwachung der Verschmutzung der Meeresumwelt so handeln, dass sie Schäden oder Gefahren weder unmittelbar noch mittelbar von einem Gebiet in ein anderes verlagern oder eine Art der Verschmutzung in eine andere umwandeln.

In Teil 5 und 6 des Teils XII des SRÜ finden sich auch Regelungen zur Rechts- und Durchsetzungsbefugnis des jeweiligen Küstenstaates, so insbesonde-

291 BGBl. 1994, II S. 1360; international in Kraft getreten am 25.3.1998.
292 BGBl. 1994, II, S. 1397, international in Kraft getreten am 17.1.2000.
293 I.d.F. vom 10.12.1982, BGBl 1994, II, S. 1798, in Kraft getreten am 16.11.1994.
294 *Erbguth/Schlacke*, § 15 Rn. 12.
295 *Ehlers*, Helsinki-Übereinkommen, S. 103 (104).

re für die Verschmutzung durch Einbringen in Art. 210 SRÜ und die Verschmutzung durch Schiffe in Art. 211 SRÜ. Die Durchsetzungsbefugnis für die geschaffenen Umweltschutzvorschriften findet sich in Art. 213ff. SRÜ. Das UN-Seerechtsübereinkommen enthält Vorgaben zur Verhütung, Verringerung und Überwachung der Verschmutzung durch Schiffe, Art. 211, 220f. SRÜ. So muss der jeweilige Flaggenstaat gem. Art. 217 SRÜ sicherstellen, dass die seine Flagge führenden Schiffe die geltenden internationalen Regeln und Normen zur Verhütung der Verschmutzung der Meeresumwelt einhalten. Der jeweilige Hafenstaat ist innerhalb seines Küstenmeeres befugt, jeden Verstoß zu verfolgen. Im Bereich der sog. ausschließlichen Wirtschaftszone (AWZ)[296] hat er jedoch nur beschränkte Durchsetzungsbefugnisse gegenüber Schiffen mit anderer Flagge, Art. 220 SRÜ. Der jeweilige Hafenstaat ist auch bei dem Erlass und der Durchsetzung von Vorschriften für diejenigen Schiffe zuständig, die sich freiwillig in seinem Hafen aufhalten, Art. 218, 220 SRÜ.

Die Internationale Schifffahrts-Organisation (IMO) ist eine für alle Fragen des Schifffahrtsrechts zuständige Organisation, deren Tätigkeit sich auf die Verhütung der Meeresverschmutzung durch Schiffe und auf die Sicherheit des Seeverkehrs bezieht. Sie bildet das für das SRÜ zuständige Forum für Vertragsverhandlung und -annahme und ist die zuständige internationale Organisation i.S.v. Art. 211, 217, 218 SRÜ.[297]

Durch das SRÜ und auch durch die Existenz der IMO wird bereits deutlich, dass international ein genereller Schutz der Meere vor Verschmutzung gefordert wird und damit ein gewisses Umweltbewusstsein auch auf internationaler Ebene zu verzeichnen ist. Das SRÜ enthält jedoch keine detaillierten Regelungen hinsichtlich der Verschmutzung durch häusliches Abwasser, so dass zwar ein generelles Schutzbedürfnis besteht, das SRÜ aber keine hinreichend konkreten Vorgaben enthält, die der Annahme des sog. Schifffahrtsprivilegs entgegenstehen könnten.

---

296 Gem. Art. 55 SRÜ handelt es sich bei der AWZ um das Gebiet jenseits des Küstenmeeres bis zu einer Erstreckung von 200 Seemeilen ab der Basislinie, in dem der angrenzende Küstenstaat in begrenztem Umfang souveräne Rechte und Hoheitsbefugnisse wahrnehmen kann.

297 *Proelß*, S. 127f.

II. Hohe-See-Einbringungsgesetz

Das Gesetz über das Verbot der Einbringung von Abfällen und anderen Stoffen und Gegenständen in die hohe See, das Hohe-See-Einbringungsgesetz,[298] befasst sich ebenfalls mit dem Schutz der Meeresumwelt. Es gilt gem. § 2 Abs. 1 S. 1 für alle Meeresgewässer mit Ausnahme des Küstenmeeres unter deutscher Souveränität sowie der Küstenmeere unter der Souveränität anderer Staaten. Es regelt als Umsetzung der internationalen Übereinkommen den Bereich der Abfallbeseitigung auf See und enthält ein dem deutschen Gewässerschutz vergleichbares Bewirtschaftungssystem, nämlich ein grundsätzliches Verbot mit Erlaubnisvorbehalt.[299] Das Hohe-See-Einbringungsgesetz verbietet gem. § 4 das Einbringen von Abfällen und sonstigen Stoffen und Gegenständen in die hohe See; dies gilt absolut, es steht nicht unter Vorbehalt einer einzelfallbezogenen Erlaubnis. Das Hohe-See-Einbringungsgesetz kann als wasserwirtschaftliche Benutzungsordnung, die dem WHG gleicht, angesehen werden, die eingreift, wo das WHG und die jeweiligen Landeswassergesetze nicht gelten,[300] und ist mithin für die hier in Frage stehenden Einleitungen in die deutschen Hoheitsgewässer bis zur Zwölf-Seemeilen-Zone grundsätzlich nicht relevant.[301]

III. Marpol-Übereinkommen

Das 1973 erarbeitete und 1978 durch ein Protokoll ergänzte Internationale Übereinkommen von 1973 zur Verhütung der Meeresverschmutzung durch Schiffe, das sog. Marpol-Übereinkommen,[302] trat am 2.10.1983 in Kraft und ist für Nord- und Ostsee Rechtsgrundlage für weit reichende Maßnahmen zur Verringerung der schiffsbedingten Schadstoffbelastung.[303] Ziel dieses Übereinkommens ist es, die Meeresverschmutzung durch „betriebsbedingte" Einleitungen zu verringern bzw. zu verhindern, es dient damit der Konkretisierung des Art. 211 SRÜ.[304] Gem. Art. 3 des Übereinkommens erstreckt sich der Geltungsbereich auf flaggberechtigte oder unter der Hoheitsgewalt einer Vertragspartei betriebene Schiffe.

298 Vom 25.8.1998 BGBl. 1998, I, S. 2455, zuletzt geändert am 21.6.2005, BGBl. 2005, I, S. 1818.

299 *Breuer,* in: Umweltpolitik II, § 67 Rn. 8; *Breuer,* Schutz der Meere, S. 205 (210).

300 *Breuer,* in: Umweltpolitik II, § 67 Rn. 9.

301 Zur Relevanz außerhalb der Zwölf-Seemeilen-Zone vgl. unten unter G. V. 6.

302 Marpol 73/78, BGBl. 1982, II, S. 4.; Gesetz i.d.F. vom 18.9 1998, BGBl., II, S. 2546, zuletzt geändert durch Gesetz vom 15.12.2001, BGBl., I, S. 3762.

303 *Petersen,* Rn. 412.

304 *Proelß,* S. 129.

Das Übereinkommen regelt, welche Stoffe in welchem Umfang in das Meer eingebracht werden dürfen. Es enthält fünf Anlagen, die die einzelnen Stoffe in bestimmte Kategorien einteilen, so etwa in Öle und ölhaltige Gemische in Anlage I, Chemikalien in Anlage II, Verpackungen in Anlage III, Schiffsabwasser in Anlage IV und Schiffsabfälle in Anlage V. Das Marpol-Übereinkommen differenziert hinsichtlich des Einleitens in Regel 10 der Anlage I zudem zwischen dem Meer als solchem und bestimmten Sondergebieten wie der Nord- und Ostsee, in denen Einleitungen von Öl praktisch nicht zulässig sind.

Die Anlagen des Übereinkommens enthalten die materiellen Vorgaben, die für die Beurteilung eines Verstoßes gegen das Übereinkommen relevant sind. Die Vertragsstaaten sind dazu verpflichtet, für Verstöße gegen das Übereinkommen Strafvorschriften zu erlassen, Art. 4 Marpol 73/78. Diese müssen gem. Art. 4 IV Marpol so streng sein, dass sie von Verstößen gegen dieses Übereinkommen abschrecken, sie müssen zudem für jeden Ort, an dem ein Verstoß begangen wird, gleich streng sein.

1. Räumlicher Geltungsbereich

Die Anlage IV des Marpol-Übereinkommens[305] beinhaltet Regeln zur Verhütung der Verschmutzung durch Schiffsabwasser. Sie ist international erst seit dem 27.9.2003 in Kraft,[306] nachdem die für das Inkrafttreten erforderliche Anzahl von Ratifizierungen vorgenommen worden war. Viele Länder haben sich aufgrund der hohen Kosten, die die Anlage IV im Hinblick auf die vorgesehenen Hafenauffanganlagen mit sich bringt, bei der Ratifikation sehr zurückgehalten.[307] Die Bundesrepublik Deutschland hat die Anlage IV jedoch teilweise schon vorher umgesetzt, sie ist für den deutschen Hoheitsbereich der Ostsee durch die Zweite Ostseeschutz-Änderungsverordnung i.V.m. dem Helsinki-Übereinkommen[308] und für den deutschen Hoheitsbereich der Nordsee durch die Verordnung über die Verhütung der Verschmutzung der Nordsee durch Schiffsabwasser[309] anwendbar.

---

305 BGBl. 2004, II, S. 1673.
306 BGBl. 2005, II, S. 1102 vom 9.8.2005.
307 *Proelß*, S. 137.
308 I.d.F. vom 15.12.2004, gültig ab 22.12.2004; BGBl. 2004, II, S. 1667.
309 I.d.F. vom 6.6.1991, gültig ab 15.6.1991.

2. *Regelungen hinsichtlich des Einleitens von Abwasser*

a) Anwendungsbereich

Die Anlage IV des Marpol-Übereinkommens, die sich mit dem Einleiten von Abwasser befasst, gilt gem. Regel 2 Abs. 1 nur für Schiffe, die in der Auslandsfahrt eingesetzt sind, also gem. Regel 1 Abs. 6 von einem Staat, auf den dieses Übereinkommen Anwendung findet, zu einem Hafen außerhalb dieses Staates oder umgekehrt fahren. Der Anwendungsbereich erstreckt sich gem. Regel 2 Abs. 1 der Anlage IV zu Marpol des Weiteren nur auf „neue Schiffe"[310] mit einer Bruttoraumzahl[311] von 400 und mehr und solche, die zwar eine geringere Bruttoraumzahl haben, jedoch für eine Beförderung von mehr als 15 Personen zugelassen sind. Ferner umfasst die Anlage IV gem. Regel 2 Abs. 1 Nr. 3, 4 der Anlage IV auch bereits „vorhandene Schiffe"[312] mit einer Bruttoraumzahl von 400 und mehr fünf Jahre nach Inkrafttreten der Anlage[313] und vorhandene Schiffe mit einer geringeren Bruttoraumzahl als 400 – sofern sie für eine Beförderung von mehr als 15 Personen zugelassen sind – ebenfalls fünf Jahre nach Inkrafttreten der Anlage.

b) Einleitungsverbot für sog. Schwarzwasser

Das Einleiten von Abwasser ist gem. Regel 11 der Anlage IV zu Marpol grundsätzlich verboten. Der Ausdruck „Einleiten" gem. Regel 11 Abs. 1 der Anlage IV zu Marpol bezeichnet gem. Art. 2 Nr. 3 lit. a) des Marpol-Übereinkommens jedes von einem Schiff aus erfolgende Freisetzen in Bezug auf Schadstoffe oder solche Stoffe enthaltende Ausflüsse unabhängig von seiner Ursache, jedes Entweichen, Beseitigen, Auslaufen, Lecken, Pumpen, Auswerfen oder Entleeren. Gem. Regel 1 Nr. 3 der Anlage IV zu Marpol zählt zum Abwasser u.a. auch der Ablauf und

---

310 Gem. Regel 1 Abs. 1 der Anlage IV zu Marpol bezeichnet der Ausdruck „neues Schiff" ein Schiff, für das der Bauauftrag an oder nach dem Tag des Inkrafttretens dieser Anlage erteilt wurde oder, falls kein Bauauftrag vorliegt, dessen Kiel zu diesem Zeitpunkt gelegt wird oder das sich zu diesem Zeitpunkt in einem entsprechenden Bauzustand befindet oder das mindestens drei Jahre nach dem Tag des Inkrafttretens dieser Anlage abgeliefert wird.

311 Die Bruttoraumzahl ist eine Maßeinheit für die Verdrängung eines Schiffs, sie soll eine gerechte Schiffsvermessung ermöglichen. Die Bruttoraumzahl eines Schiffs ergibt sich aus dem gesamten umbauten Raum (m^3), der je nach Schiffstyp mit einem zwischen 0.22 und 0.32 liegenden Faktor multipliziert wird.

312 Gem. Regel 1 Abs. 1 der Anlage IV zu Marpol bezeichnet der Ausdruck „vorhandenes Schiff" ein Schiff, das kein neues Schiff ist.

313 International ist sie erst seit dem 27.9.2003 in Kraft.

sonstiger Abfall aus jeder Art von Toilette und Pissoir sowie der Ablauf aus dem Sanitätsbereich (Apotheke, Hospital etc.), also aus in diesem Bereich gelegenen Waschbecken, Waschwannen und Speigatten,[314] mithin auch das hier in Frage stehende mit Fäkalien vermischte Toilettenabwasser. Dieses Abwasser wird im Folgenden in Anlehnung an den in der Siedlungswasserwirtschaft laut ISO 6107-7:1997 gebrauchten Begriff, der häusliches Abwasser mit fäkalen Feststoffen ohne Grauwasser[315] umfasst, hier als Schwarzwasser[316] bezeichnet.

c) Ausnahmen vom Einleitungsverbot für Schwarzwasser

Anlage IV zu Marpol sieht jedoch gem. Regel 11 Abs. 1 auch Ausnahmen von dem Einleitungsverbot vor. Das Verbot gilt so nicht, sofern das Schiff eine von der Verwaltung zugelassene Abwasser-Behandlungsanlage aufweist und die Einleitung in einer Entfernung von mehr als drei Seemeilen vom nächstgelegenen Land erfolgt. Mechanisch nicht behandeltes Abwasser darf erst in einer Entfernung von mehr als zwölf Seemeilen vom nächstgelegenen Land eingeleitet werden. Weiterhin ist für all diese Einleitungsarten erforderlich, dass das Abwasser, das in Sammeltanks aufbewahrt worden ist, jeweils nicht auf einmal, sondern mit einer mäßigen Rate eingeleitet wird, während das Schiff mit einer Geschwindigkeit von mindestens vier Knoten auf seinem Kurs fährt. Dadurch sollen die Nährstoffe und Krankheitserreger des Abwassers verdünnt werden, um damit eine geringere Belastung der Gewässer zu erreichen.[317] Die Einleiterate muss darüber hinaus von der Verwaltung zugelassen sein.

Verfügt das Schiff über eine zugelassene Abwasser-Aufbereitungsanlage i.S.d. Regel 9 Nr. 1 der Anlage IV zu Marpol, die von der Verwaltung bescheinigt wurde, erfolgt die Einleitung des daraus stammenden Abwassers nicht unbefugt, sofern die Testergebnisse der Anlage in dem Internationalen Zeugnis über die Verhütung der Verschmutzung durch Abwasser des Schiffes vermerkt sind, der Ausfluss in dem das Schiff umgebenden Wasser keine schwimmenden Festkörper sichtbar werden lässt und keine Verfärbung des Wassers hervorruft. Gem.

314 Ein Speigatt ist eine unverschlossene oder durch Rückschlagklappen bewehrte Abflussöffnung, die auf Schiffen im Schanzkleid angebracht ist und eingedrungenes Regen- oder Spritzwasser von Wellen wieder ins Wasser ableitet.

315 Gem. der Europäischen Norm 12056-1 ist Grauwasser fäkalienfreies, gering verschmutztes Abwasser, wie es etwa beim Duschen, Baden oder Händewaschen anfällt. So auch das Umweltbundesamt: http://www.umweltbundesamt.de/verkehr/verkehrstraeg/seeschiff/grenzwerte/abwasserbehandlung.htm (Stand: 30.1.2008).

316 So auch das Umweltbundesamt: http://www.umweltbundesamt.de/verkehr/verkehrstraeg/seeschiff/grenzwerte/abwasserbehandlung.htm (Stand: 30.1.2008).

317 *Douvier*, S. 67.

Regel 11 Abs. 2 Anlage IV zu Marpol 73/78 gilt diese Regel nicht für Schiffe, die sich in den Hoheitsgewässern eines Staates befinden, und nicht für Gastschiffe aus anderen Staaten, die während des Aufenthaltes in diesen Gewässern Abwasser im Einklang mit den von diesem Staat erlassenen weniger strengeren Vorschriften einleiten.

d) Kontrolle durch die Mitgliedsstaaten

Gem. Regel 12 der Anlage IV zu Marpol ist jeder Mitgliedsstaat, der der Anlage IV zustimmt, auch dazu verpflichtet, dafür zu sorgen, dass in den Häfen und Umschlagplätzen Anlagen vorhanden sind, die Abwasser aufnehmen. Für die Schiffe soll die Abgabe von Abwasser aus den Sammeltanks ohne unangemessene Verzögerung stattfinden.

e) Einleitungsverbot für sog. Grauwasser

Im Folgenden wird das von Regel 1 Abs. 3 der Anlage IV zu Marpol 73/78 nicht erfasste fäkalienfreie, gering verschmutzte Abwasser, wie es etwa beim Duschen, Baden oder Händewaschen anfällt, also Abwasser, das aus Küchen, Wäschereien, Bädern und Duschen stammt und nicht mit Fäkalien vermischt ist,[318] als Grauwasser[319] bezeichnet. Grauwasser ist von Marpol 73/78 nicht umfasst, sofern es separat eingeleitet wird und nicht mit Schwarzwasser vermischt ist.[320] Wird Schwarz- und Grauwasser in den Sammeltanks vermischt, gelten die Beschränkungen auch für das Grauwasser.[321] Bei getrennter Aufbewahrung unterliegt das Grauwasser aber nicht dem expliziten Einleitungsverbot gem. Regel 1, Abs. 3 Nr. 4 der Anlage IV. *Douvier* führt dies auf den Einfluss der Reeder auf die Beschlussfassungen der IMO zurück.[322]

Fraglich ist, ob das separate Einleiten von Grauwasser nach der Anlage IV zu Marpol zulässig ist und es mithin auch keiner Rechtfertigung dieser Einleitungen durch das sog. Schifffahrtsprivileg bedarf. Selbst das separate Grauwasser kann Seifen, Fette, Tenside und chemische Substanzen etwa aus Spül- oder Reinigungsmitteln enthalten[323] und ist demgemäß nicht ganz unbedenklich für die Gewässer. Dennoch trifft die Anlage IV zu Marpol für das getrennte Einleiten von

---

318 Sie dürfen zudem nicht aus einem Sanitätsbereich stammen, also etwa aus einer Apotheke oder einem Hospital o.ä., Regel 1 Abs. 3 Nr. 2 der Anlage IV zu Marpol.

319 In Anlehnung an die Europäische Norm 12056-1.

320 *Douvier*, Marpol, S. 95.

321 Regel 1, Abs. 3 Nr. 4 Marpol Anlage IV.

322 *Douvier*, S. 14.

323 *Douvier*, S. 68.

Grauwasser keine ausdrückliche Regelung, sofern dieses nicht mit Schwarzwasser vermischt ist. Eine ausdrückliche Regelung hinsichtlich der Zulässigkeit der Einleitung separaten Grauwassers gibt es nicht.

Der Umstand, dass die Anlage IV zu Marpol die Einleitung dieses separaten Grauwassers weder eindeutig verbietet noch zulässt, macht deutlich, dass diese Einleitungen generell als eher unschädlich eingestuft werden und daher aus internationaler Sicht keinerlei Regelung bedürfen. Ferner bewahren die meisten Schiffe Schwarz- und Grauwasser zusammen in Sammeltanks auf, so dass das separate Einleiten von Grauwasser ohnehin nicht die Regel ist.[324]

Daraus, dass für das Grauwasser aber eindeutig Einleitungsbeschränkungen bestehen, sobald dieses mit Schwarzwasser vermischt ist, ist zu entnehmen, dass bewusst keine Einleitungsbeschränkungen für separates Grauwasser bestimmt werden sollen. Vielmehr stellen die o.g. Bestimmungen eine Gesamtregelung für Schwarz- und Grauwassereinleitungen dar, aus deren Auslegung sich die Zulässigkeit der Einleitungen separaten Grauwassers ergibt. Gerade weil für separates Grauwasser keine die Einleitung verbietenden Vorschriften bestehen, soll die Einleitung separaten Grauwassers zulässig sein. Aus der Gesamtkonzeption des Marpol-Übereinkommens lässt sich zudem entnehmen, dass es nur Verbote hinsichtlich des Einbringens oder Einleitens von bestimmten Stoffen und Abwasser gibt, im Übrigen jedoch von der Zulässigkeit ausgegangen werden soll. So weist die Anlage IV zu Marpol nur im Hinblick auf in den Vorschriften enthaltene Verbote Ausnahmen auf, die explizit die Zulässigkeit der Einleitung in Ausnahmesituationen gestatten.[325] Eine Aufzählung von Einleitungen, die ausdrücklich zugelassen sind, enthält die Anlage IV zu Marpol dagegen nicht. Demzufolge ergibt sich aus der Auslegung der Vorschrift eindeutig eine Zulässigkeit der Einleitungen von separatem Grauwasser.

Mithin kann hier im Hinblick auf die Anlage IV zu Marpol 73/78 nicht von Gewohnheitsrecht hinsichtlich des Einleitens von separatem Grauwasser ausgegangen werden, da sich der Inhalt des Gewohnheitsrechts bereits aus der Auslegung einer Regelung ergibt.

f) Einleitungen von Sportschiffen und kleineren Schiffen aus

Für Sportschiffe und kleinere Schiffe, also für seegehende Schiffe bis zu einer Bruttoraumzahl von 400 oder bis zu einer Beförderung von 15 Personen, findet die Anlage IV zu Marpol keine Anwendung. Für diese Schiffe gibt es damit ebenfalls keine expliziten Einleitungsverbote. Hier kann auch mangels eindeuti-

---

324 *Douvier*, S. 68.
325 Z.B. Regel 3 der Anlage IV zu Marpol.

gen Einleitungsverbots aus der Auslegung des Marpol-Übereinkommens und der Anlage IV[326] auf eine Zulässigkeit der Einleitungen von diesen kleineren Schiffen aus geschlossen werden.

g) Zusammenfassung

Festzuhalten bleibt damit, dass das Schwarzwasser und das mit diesem vermischte Grauwasser nach Marpol 73/78 außerhalb der Zwölf-Seemeilen-Zone unter bestimmten Bedingungen eingeleitet werden darf. Bis zur Grenze von zwölf Seemeilen von der Küste darf dieses Abwasser gem. Regel 11 Abs. 1 Nr. 2 der Anlage IV zu Marpol 73/78 eingeleitet werden, sofern das Schiff eine zugelassene Abwasser-Aufbereitungsanlage betreibt und von der Verwaltung bescheinigt wurde, dass die Anlage den Betriebsanforderungen[327] genügt und die Testergebnisse der Anlage in dem Internationalen Zeugnis über die Verhütung der Verschmutzung durch Abwasser des Schiffes vermerkt sind. Schwarz- und damit vermischtes Grauwasser darf gem. Regel 11 Abs. 1 Nr. 1 der Anlage IV zu Marpol 73/78 in einer Entfernung von mehr als drei Seemeilen vom nächstgelegenen Land eingeleitet werden, wenn es zudem in einer von der Verwaltung zugelassenen Anlage mechanisch behandelt und desinfiziert wurde. Das Marpol-Übereinkommen enthält damit für seegehende sog. neue Schiffe ab einer Bruttoraumzahl von 400 und mehr oder ab einer Beförderung von mehr als 15 Personen ausdrückliche Einleitungsverbote für mit Fäkalien versetztes Abwasser, sofern es nicht zuvor gereinigt bzw. behandelt wurde. Gleiches gilt für die vorhandenen Schiffe 5 Jahre nach Inkrafttreten der Anlage IV, also ab 2008.

Für unbehandeltes Schwarzwasser sieht Marpol 73/78 eindeutig ein Einleitungsverbot vor, so dass diesbezüglich ausgehend von den Marpol-Regelungen aufgrund der eindeutigen Regelung kein Raum mehr für ungeschriebenes Recht und damit das Schifffahrtsprivileg besteht. Gleiches gilt für sog. Grauwasser, das mit Schwarzwasser vermischt ist, auch diesbezüglich spricht die eindeutige entgegenstehende Regelung gegen die Annahme von Gewohnheitsrecht in Form des Schifffahrtsprivilegs.

Nur in Bezug auf die Einleitung von bloßem Abwasser aus Küchen- und Waschräumen, sog. Grauwasser, sieht die Anlage IV zu Marpol 73/78 keine explizite Regelung vor, weder verbietet noch gestattet sie es ausdrücklich. Aus der Auslegung der Anlage IV zu Marpol ergibt sich jedoch die Zulässigkeit der Einleitung von separatem Grauwasser. Der Inhalt des Gewohnheitsrechts ergibt sich

326 Vgl. Argumentation unter F. III. 2. e).
327 Vgl. Regel 9 Abs. 1.1 Anlage IV zu Marpol.

hier also bereits aus der Auslegung einer Regelung, so dass es diesbezüglich keines Gewohnheitsrechts bedarf.

Für Sportschiffe, auf die die Anlage IV zu Marpol ebenfalls keine Anwendung findet, sind sämtliche Einleitungen häuslichen Abwassers, also sowohl von Schwarz- als auch von Grauwasser, von der Anlage IV zu Marpol ebenfalls nicht verboten und damit auch im Wege der Auslegung als zulässig i.S.d. Marpol-Übereinkommens anzusehen. Der Annahme eines diesbezüglichen Gewohnheitsrechts steht hier ebenfalls entgegen, dass sich der Inhalt des Schifffahrtsprivilegs schon aus der Auslegung ergibt.

3. Nordseeabwasserverordnung

Die von der Bundesregierung aufgrund des Seeaufgabengesetzes erlassene Verordnung über die Verhütung der Verschmutzung der Nordsee durch Schiffsabwasser (NordseeAbwVO)[328] gilt für Einleitungen im Küstenmeer der Nordsee und auf den angrenzenden inneren Gewässern bis zur Grenze der Seefahrt. Zu den Grenzen der Seefahrt zählen gem. § 1 der FlRV (Flaggenrechtsverordnung) die Festland- und Inselküste bei mittlerem Hochwasser, die seewärtige Begrenzung der Binnenwasserstraßen, bei an der Küste gelegenen Häfen die Verbindungslinie der Molenköpfe und bei Mündungen von Flüssen, die keine Binnenwasserstraßen sind, die Verbindungslinie der äußeren Uferausläufe. § 3 NordseeAbwVO sieht vor, dass Einleitungen von Schiffsabwasser im Wesentlichen nur nach Maßgabe der Regelung aus Anlage IV zum Marpol-Übereinkommen erfolgen dürfen.[329] Die Marpol-Anlage erhält mithin für den Bereich der deutschen Hoheitsgewässer der Nordsee durch nationales Recht Verbindlichkeit. Diesbezüglich kann im Hinblick auf die Frage, ob diese noch Raum für ein mögliches Gewohnheitsrecht in Form des Schifffahrtsprivilegs lässt, auf die Ausführungen zum Marpol-Übereinkommen verwiesen werden.[330]

---

328 I.d.F. vom 6.6.1991, gültig ab 15.6.1991.

329 § 3 NordseeAbwVO bezieht sich noch auf Regeln 8 und 9 der Anlage IV zu Marpol, die sich auf Gültigkeit eines Zeugnisses und Ausrüstung und Überwachung des Einleitens beziehen, die Anlage IV wurde jedoch inzwischen überarbeitet.

330 Vgl. F. III. 2.

4. Helsinki-Übereinkommen

Das Übereinkommen über den Schutz der Meeresumwelt des Ostseegebiets, das Helsinki-Übereinkommen vom 9.4.1992,[331] wurde durch Gesetz vom 23.8.1994[332] ratifiziert. Es gilt gem. Art. 1 für die Ostsee einschließlich des Kattegats bis nach Skagen. Umfasst sind auch die inneren Gewässer, d.h. im Sinne dieses Übereinkommens die landwärts der Basislinien (der Niedrigwasserlinie), von denen aus die Breite des Küstenmeeres gemessen wird, bis zu der durch die Vertragsparteien festgelegten landwärtigen Grenze gelegenen Gewässer.[333]

Die einzelnen Vertragsparteien verpflichten sich durch das Helsinki-Übereinkommen gem. Art. 5, die Verschmutzung der Meeresumwelt des Ostseegebiets durch Schadstoffe aus allen Quellen in Übereinstimmung mit dem Übereinkommen zu verhüten und zu beseitigen. Die Vorgaben des Helsinki-Übereinkommens waren zunächst hinsichtlich des Einleitens häuslichen Schiffsabwassers detailliert, was darauf zurückzuführen ist, dass die inhaltlich fast übereinstimmenden Vorschriften der Anlage IV des Marpol-Übereinkommens zum Zeitpunkt des Inkrafttretens des Helsinki-Übereinkommens noch nicht in Kraft waren und es daher einer zusätzlichen Regelung bedurfte.[334] Das Helsinki-Übereinkommen ist im Wesentlichen an die Vorgaben der Anlage IV des Marpol-Übereinkommens angelehnt.

Die Vertragsstaaten sind gem. Art. 8 Abs. 1 verpflichtet, die in Anlage IV beschriebenen Maßnahmen zum Schutz der Ostsee vor Verschmutzungen durch Schiffe zu treffen. Gem. Regel 3 lit. 2a) der Anlage IV bezeichnet der Begriff „Einleiten" ähnlich wie auch Art. 2 Nr. 3 lit. a) der Anlage IV zu Marpol in Bezug auf Schadstoffe oder solche Stoffe enthaltende Ausflüsse jedes von einem Schiff aus erfolgende Freisetzen unabhängig von seinem Ursprung; er umfasst jedes Entweichen, Absetzen, Auslaufen, Lecken, Pumpen, Auswerfen oder Entleeren.

Die Anlage IV des Helsinki-Übereinkommens wurde über die vom Bund erlassene Verordnung über die Verhütung der Verschmutzung der Ostsee durch Schiffe vom 11. 2.1985[335] in nationales Recht umgesetzt. Zuletzt wurden die Änderungen des Helsinki-Übereinkommens[336] durch die Zweite Verordnung zu Änderungen der Anlage IV zum Übereinkommen von 1992 über den Schutz der

331 BGBl. 1994, II, S. 1397, völkerrechtlich erst am 17.1.2000 in Kraft getreten.
332 BGBl. 1994, II, S. 1355.
333 Siehe auch Art. 8 I SRÜ.
334 *Beckert/Breuer*, Rn. 1634; *Ehlers*, Helsinki-Übereinkommen, S. 103 (115).
335 Helcom-Empfehlung 24/8, BGBl. 1985 I S. 321.
336 BGBl. 2004 II S. 1669.

Meeresumwelt des Ostseegebiets (2. Ostseeschutz-Änderungsverordnung)[337] im nationalen Recht geändert.

Gem. Regel 4 der neu geänderten Anlage IV des Helsinki-Übereinkommens wenden die Vertragsparteien die Bestimmungen der Anlagen I bis V zu Marpol 73/78 an. Es bestimmt ferner gem. Regel 5 der Anlage IV des Helsinki-Übereinkommens in Bezug auf das Einleiten von Abwasser, dass alle anderen Schiffe, die nicht von der Anlage IV zu Marpol 73/78 erfasst, aber mit Toiletten ausgestattet sind, die Vorschriften dennoch einhalten müssen. So müssen Schiffe, die vor dem 1.1.2000 gebaut wurden, ab dem 1.1.2005 und Schiffe, die am oder nach dem 1.1.2000 gebaut wurden, gem. Abschnitt B. der Regel 5 mit Abwasser-Rückhalte-Systemen für Toiletten ausgestattet sein. Diese Regelung gilt gem. Abschnitt D. der Regel 5 dann nicht, wenn der Einbau von Abwasser-Rückhaltesystemen auf den von der Anlage IV zu Marpol nicht erfassten Schiffen technisch schwierig ist oder die Kosten des Einbaus im Verhältnis zum Wert des Schiffes zu hoch sind und die Schiffe vor dem 1.1.2000 gebaut wurden. Die Regelungen des Helsinki-Übereinkommens sind insoweit weiter gefasst als die des Marpol-Übereinkommens, die grundsätzlich gar keine Anwendung auf Sportboote u.ä. kleinere Schiffe haben.

Das Helsinki-Übereinkommen stellt damit im Bereich der Ostsee ähnliche Anforderungen an das Einleiten wie das Marpol-Übereinkommen, nimmt auf dieses in bestimmten Punkten Bezug und weitet die Marpol-Vorschriften auch auf kleinere Schiffe aus.

Die Helsinki-Kommission, welcher Vertreter aller Vertragsparteien angehören, erarbeitet v.a. Maßnahmen, die der Konkretisierung der Regelungen des Übereinkommens dienen, und verabschiedet diese in Form von die Vertragsstaaten nicht bindenden Empfehlungen. Ihr obliegt ferner die Beobachtung der Durchführung des Übereinkommens.[338] In Zusammenarbeit mit den Ostseeanrainerstaaten und der Europäischen Gemeinschaft, die ebenfalls Vertragspartner des Helsinki-Übereinkommens ist, soll ein möglichst weit reichender Schutz der Ostsee vor Verschmutzungen erreicht werden.[339]

Diese Vorschriften des Helsinki-Übereinkommens zeigen deutlich, dass die Problematik der Einleitungen von Schiffen erkannt worden ist und allen Vertragsparteien an einer Verringerung bzw. Beseitigung der von den Einleitungen ausgehenden Gefahren gelegen ist. Einleitungen häuslichen Schiffsabwassers sind nur in noch engerem Rahmen, als es die Anlage IV zu Marpol vorsieht, gestattet.

---

337 BGBl. 2004 II Nr. 39, S. 1667 (1671).
338 *Ehlers*, Helsinki-Übereinkommen, S. 103 (121f.).
339 *Gall/Stephani*, NuR 2004, 781 (781).

5. Ostseeschutz-Änderungsverordnung

Die zweite Ostseeschutz-Änderungsverordnung der Anlage IV zum Übereinkommen von 1992 über den Schutz der Meeresumwelt des Ostseegebietes (OstseeschutzÄndV)[340] setzt die Änderung des Helsinki-Übereinkommens um und regelt so in Art. 2 das Einleiten von Abwasser. Abwasser darf in das Ostseegebiet nur nach Maßgabe der Regel 1 Abs. 3 und 4, Regel 2 und Regel 11 Abs. 1 und 3 in Verbindung mit Regel 3 der überarbeiteten Anlage IV zu Marpol 73/78 eingeleitet werden. Die OstseeschutzÄndV weitet den Anwendungsbereich der Anlage IV zu Marpol aber auch auf Sportboote und kleinere Schiffe aus. So darf Abwasser aus allen in Regel 2 der überarbeiteten Anlage IV zu Marpol 73/78 nicht genannten Schiffen einschließlich Sportbooten, die über eine Toilette verfügen und eine der in Satz 1 Nr. 1 bis 5 genannten Voraussetzungen erfüllen, ebenfalls nur nach Maßgabe der Regel 1 Abs. 3 und 4, Regel 11 Abs. 1 und 3 in Verbindung mit Regel 3 der überarbeiteten Anlage IV zu Marpol 73/78 eingeleitet werden, sofern nicht der in Artikel 4 formulierte Ausnahmetatbestand eingreift. Dieser gilt insbesondere dann, wenn die Einrichtung von Abwasserrückhalteanlagen technisch schwierig ist oder die Kosten der Einrichtung einer solchen Anlage im Verhältnis zum Wert des Schiffes unverhältnismäßig hoch sind und diese Schiffe vor dem 1.1.2003 gebaut wurden. Ein Ausnahmetatbestand liegt gem. Art. 4 insbesondere dann vor, wenn ein vor dem 1.1.2003 gebautes Schiff weniger als 10,50m Rumpflänge aufweist oder weniger als 2,80m breit ist oder wenn ein solches Schiff vor dem 1.1.1980 gebaut worden ist.

Für Schiffe, die vor dem 1.1.2003 gebaut sind, trat die 2. OstseeschutzÄndV gem. Art. 7 Abs. 2 erst ab dem 1.1.2005 in Kraft.

Die OstseeschutzÄndV übernimmt damit die Änderungen des Helsinki-Übereinkommens, ist jedoch insofern weiter als sie den Ausnahmetatbestand auf Schiffe, die vor dem 1.1.2003 gebaut sind, anwendet. Das Helsinki-Übereinkommen nimmt den Ausnahmetatbestand hingegen für Schiffe, die vor dem 1.1.2000 gebaut wurden, an.

Damit gelten für die deutschen Hoheitsgewässer der Ostsee auch die Marpol-Bestimmungen, jedoch sind die Vorschriften hinsichtlich der Ostsee durch die 2. Ostseeschutz-Änderungsverordnung insoweit weiter gefasst, als sie auch auf Sportboote und andere kleinere, mit Toiletten ausgestattete Schiffe Anwendung findet, sofern nicht der in Art. 4 der Anlage IV formulierte Ausnahmetatbestand der technischen oder finanziellen Probleme eingreift. Damit hat sie insgesamt einen weiteren Anwendungsbereich als die Anlage IV zu Marpol, da sie auch für die meisten Sportschiffe gilt.

---

340 I.d.F. vom 15.12.2004, gültig ab 22.12.2004; BGBl. 2004, II, S. 1667.

Das Einleitungsverbot in der OstseeschutzÄndV umfasst auch sog. Grauwasser, sofern es mit Schwarzwasser vermischt ist. Demzufolge bleibt angesichts einer expliziten Regelung auch für die meisten kleineren Schiffe und Sportboote im Hinblick auf die OstseeschutzÄndV bzgl. des Einleitens von sog. Schwarzwasser oder von mit diesem vermischten Grauwasser kein Raum mehr für die Annahme von Gewohnheitsrecht. In Bezug auf die Einleitung von bloßem Grauwasser sieht die OstseeschutzÄndV – wie auch die Anlage IV zu Marpol – kein Einleitungsverbot vor, die Zulässigkeit dieser Einleitungen ergibt sich hier ebenfalls infolge einer Auslegung, so dass es eines Gewohnheitsrechts in Form des Schifffahrtsprivilegs im Hinblick auf die OstseeschutzÄndV nicht bedarf.

IV. Ospar-Übereinkommen

Als weiteres internationales Übereinkommen ist das Rahmenübereinkommen vom 22.9.1992 zum Schutz der Meeresumwelt des Nordatlantiks, das sog. Ospar-Übereinkommen,[341] zu nennen. Durch das Ospar-Übereinkommen werden das Oslo-Übereinkommen zur Verhütung der Meeresverschmutzung durch das Einbringen durch Schiffe und Luftfahrzeuge[342] und das Paris-Übereinkommen zur Verhütung der Meeresverschmutzung vom Lande aus[343] ersetzt, Art. 31 Ospar-Übereinkommen.[344] Es gilt auf den inneren Gewässern und den Küstenmeeren der Vertragsparteien, dem jenseits des Küstenmeeres gelegenen und an dieses grenzende Meer, das den Hoheitsbefugnissen des Küstenstaates unterliegt, soweit es durch das Völkerrecht anerkannt ist. Es gilt ferner auf der Hohen See. Von seiner Geltung ausgeschlossen ist insbesondere die Ostsee, nicht dagegen die Nordsee.[345]

Ziel des Ospar-Übereinkommens ist es, die Meeresumwelt des Nordatlantiks vor Risiken durch anthropogene Verschmutzungen im Hinblick auf mögliche Verschmutzungsquellen zu schützen.[346] Es betont in seiner Präambel, dass es wünschenswert sei, auf regionaler Ebene strengere Maßnahmen zur Verhütung und Beseitigung der Meeresverschmutzung zu ergreifen, als dies in internationa-

---

341 Vom 23.8.1994, BGBl., II, S. 1360-1396.

342 BGBl., II, 1977, S. 165, i.d.F. der Protokolle vom 26.3.1986, BGBl., II, 1989, S. 170 und vom 5.12.1989, BGBl., II, 1994, S. 1355.

343 Vom 4.6.1974, BGBl., II, 1981, S. 870, i.d.F. des Protokolls vom 26.3.1986, BGBl., II, 1989, S. 170.

344 Ospar-Übereinkommen = Oslo-Paris-Übereinkommen.

345 Art. 1 lit. a) Ospar-Übereinkommen.

346 *Erbguth/Schlacke*, § 15, Rn. 39; *Lagoni*, Ospar-Übereinkommen, S. 79 (87f.); *Mechel/Reese*, ZUR 2003, 321 (324).

len Übereinkommen oder Übereinkünften mit weltweitem Anwendungsbereich der Fall ist.[347] Es enthält vier Anlagen über die Verschmutzung vom Lande aus (I), durch Einbringen oder Verbrennen (II), durch Offshore-Quellen (III) und über die Qualitätsbeurteilung der Meeresumwelt (IV).

Die Ospar-Kommission überwacht den Vollzug des Übereinkommens, ihr stehen jedoch keinerlei Sanktionsmaßnahmen gegen die jeweiligen Mitgliedsstaaten zur Verfügung.[348] Zu den Kompetenzen der Kommission zählt u.a. die Erarbeitung von Programmen und Maßnahmen zur Verhütung und Beseitigung der Verschmutzung. Gem. Art. 2 V des Ospar-Übereinkommens enthält das Übereinkommen selbst nur Mindestbestimmungen, die Vertragsparteien sind insofern frei, einzeln oder gemeinsam strengere Maßnahmen zu treffen.

Umfassend verlangt das Ospar-Übereinkommen, dass die Vertragsparteien alle notwendigen Schritte zum Schutz des Meeres vor nachteiligen Auswirkungen menschlicher Tätigkeiten unternehmen, damit die menschliche Gesundheit geschützt, die Meeresökosysteme erhalten und – soweit durchführbar – beeinträchtigte Meereszonen wieder hergestellt werden, Art. 2 Abs. 1 lit. a) Ospar-Übereinkommen. Anlage II Art. 3 Abs. 1 des Übereinkommens enthält ein grundsätzliches Verbot der Abfallbeseitigung auf See, wie etwa für die Einbringung und das Verbrennen. Ausgenommen von diesem Einbringungsverbot sind gem. Anlage II Art. 3 Abs. 2 lediglich Baggergut, Fischabfälle und inerte, d.h. reaktionsträge Materialien natürlichen Ursprungs. Unter dem Begriff Einbringen ist gem. Art. 1 lit. f) i) des Übereinkommens auch jede im Meeresgebiet erfolgende vorsätzliche Beseitigung von Abfällen oder sonstigen Stoffen durch Schiffe, Luftfahrzeuge oder Offshore-Anlagen zu verstehen.

Nicht unter den Begriff „Einbringen" fällt gem. Art. 1 lit. g) des Übereinkommens die in Übereinstimmung mit dem internationalen Übereinkommen von 1973 zur Verhütung der Verschmutzung durch Schiffe in seiner durch das Protokoll von 1978 geänderten Fassung oder mit anderen anzuwendenden Regeln des Völkerrechts erfolgende Beseitigung von Abfällen oder sonstigen Stoffen, die mit dem normalen Betrieb von Schiffen oder Luftfahrzeugen oder Offshore-Anlagen zusammenhängen oder davon herrühren. Ausgenommen hiervon sind Abfälle oder sonstige Stoffe, die durch zur Beseitigung dieser Abfälle oder sonstigen Stoffe verwendeten Schiffe oder Luftfahrzeuge oder Offshore-Anlagen befördert oder auf sie verladen werden, sowie Abfälle oder sonstige Stoffe, die aus der Behandlung solcher Abfälle oder sonstiger Stoffe auf solchen Schiffen oder Offshore-Anlagen herrühren. Folglich ist die Beseitigung von betriebsbedingten Abfällen oder Stoffen, die im Einklang mit dem Marpol-Übereinkommen erfolgen,

347 Präambel Abs. 11 des Ospar-Übereinkommens.
348 *Lagoni*, Ospar-Übereinkommen, S. 79 (86); *Mechel/Reese*, ZUR 2003, 321 (324).

nicht umfasst.[349] Damit ist das Ospar-Übereinkommen für die Einleitung von häuslichem Abwasser grundsätzlich nicht einschlägig.

V. Zwischenergebnis

Das UN-Seerechtsübereinkommen, das selbst kein materielles Umweltrecht mit Ge- und Verboten enthält, wird durch internationale Übereinkommen wie das Marpol-Übereinkommen sowie das Ospar- und das Helsinki-Übereinkommen ausgefüllt. Das Marpol-Übereinkommen, das für Nord- und Ostsee gleichermaßen gilt, verbietet das Einleiten des Schwarzwassers und des mit diesem vermischten Grauwassers von Schiffen ab einer bestimmten Größe[350] bis zur Zwölf-Seemeilen-Zone. Ab einer Entfernung von drei Seemeilen vom nächstgelegenen Land darf dieses Abwasser jedoch dann eingeleitet werden, wenn es zuvor in einer Abwasser-Behandlungsanlage gereinigt wurde und mit einer mäßigen Rate eingeleitet wird, während das Schiff mit einer Geschwindigkeit von mindestens vier Knoten auf seinem Kurs fährt. Abwasser, das aus einer zugelassenen Abwasser-Aufbereitungsanlage stammt, darf eingeleitet werden, wenn von der Verwaltung bescheinigt wurde, dass die Anlage den in Regel 9 Abs. 1.1 der Anlage IV bezeichneten Betriebsanforderungen genügt. Es müssen zudem die Testergebnisse der Anlage in dem Internationalen Zeugnis über die Verhütung der Verschmutzung durch Abwasser des Schiffes vermerkt sein. Darüber hinaus darf der Ausfluss in dem das Schiff umgebenden Wasser keine schwimmenden Festkörper sichtbar werden lassen und keine Verfärbung des Wassers hervorrufen. Die Vorgaben des Marpol-Übereinkommens enthalten durch die NordseeAbwVO und die OstseeschutzÄndV nationale Verbindlichkeit, wobei die OstseeschutzÄndV den Anwendungsbereich auch auf kleinere Schiffe und Sportboote ausdehnt und insoweit strenger ist als die Anlage IV zu Marpol. Auch das Helsinki-Übereinkommen dehnt im Bereich der Ostsee den Anwendungsbereich der Anlage IV ebenfalls auf kleinere Schiffe und Sportboote aus.

Das Ospar-Übereinkommen befasst sich für den Bereich der Nordsee nicht mit den Einleitungen von häuslichem Schiffsabwasser. Daher gelten für den Bereich der Ostsee strengere Vorgaben als für den Bereich der Nordsee, wo nur das Marpol-Übereinkommen Anwendung findet.

Damit stehen dem Schifffahrtsprivileg im Hinblick auf das Einleiten von ungeklärtem Schwarzwasser und von dem mit diesem vermischten Grauwasser die Regelungen im Bereich der Nord- und Ostsee eindeutig aufgrund des expliziten

---

349 *Lagoni*, Ospar-Übereinkommen, S. 79 (96).
350 Vgl. F. III. 2. b).

geregelten Einleitungsverbots entgegen. Dies gilt jedoch im Bereich der Nordsee nur für größere Schiffe, nicht hingegen für kleinerer Schiffe und Sportboote. Diesbezüglich ergibt sich die Zulässigkeit der Einleitungen kleinerer Schiffe und Sportboote durch Auslegung des Marpol-Übereinkommens, es bedarf im Hinblick darauf demzufolge keiner Annahme eines Gewohnheitsrechts mehr.

Im Bereich der Ostsee, für die auch hinsichtlich der meisten kleineren Schiffe und Sportboote das Einleitungsverbot von ungeklärtem Schwarzwasser und von dem mit diesem vermischten Grauwasser gilt, stehen die eindeutigen Regelungen der Annahme des Schifffahrtsprivilegs in Bezug auf diese Einleitungen klar entgegen.

Für das separate Einleiten von Grauwasser gibt es in allen Übereinkommen und den diese umsetzenden nationalen Regelungen keine Vorgaben, aus der Auslegung dieser Regelungen ergibt sich aber eine Zulässigkeit dieser Einleitungen. Eines dieses regelnden Gewohnheitsrechts bedarf es daher diesbezüglich nicht.

Das WHG lässt aufgrund seines generellen repressiven Verbots mit Befreiungsvorbehalt keinen Raum mehr für die Zulässigkeit der Abwassereinleitungen, die Anlage IV zu Marpol, die NordseeAbwV und die OstseeschutzÄndV hingegen schon, wobei die OstseeschutzÄndV im Hinblick auf kleinere Schiffe und Sportboote enger gefasst ist als die Anlage IV zu Marpol. Es stellt sich mithin die Frage der Vereinbarkeit dieser Regelungen mit dem strengeren WHG, das bis zur Zwölf-Seemeilen-Zone anwendbar ist. Eine abschließende Beurteilung des Rangverhältnisses dieser Regelungen kann jedoch an dieser Stelle noch nicht getroffen werden, da neben internationalen Übereinkommen auch noch das die BRD bindende Europarecht gegenüber dem nationalen Recht auf seine Vereinbarkeit mit dem Schifffahrtsprivileg hin zu überprüfen sein wird.[351] Es bleibt damit zu untersuchen, ob auch das Europarecht, hinsichtlich dessen ein Anwendungsvorrang vor dem nationalen Recht besteht,[352] Regelungen hinsichtlich des Einleitens von häuslichem Abwasser enthält, die der Annahme des Schifffahrtsprivilegs entgegenstehen oder diesem Raum lassen. Sollte dies der Fall sein, so stellt sich die Frage des Vorrangs der die Einleitungen von häuslichem Abwasser regelnden Normen, da für die Frage nach dem möglichen Bestehen des Schifffahrtsprivilegs auf die vorrangige Regelung abzustellen sein wird.

---

351 Vgl. dazu unten unter G. V.

352 BVerfGE 85, 191 (204); 75, 223 (244); *Hecker*, § 9 Rn. 9; *Kotulla,* Einf. Rn. 39; Mangoldt/Klein/Starck-*Classen,* Art. 23 GG, Rn. 52.

G. Einfluss europäischer Rechtsakte auf den Umgang mit häuslichem Schiffsabwasser im Bereich der deutschen Küstengewässer und der Häfen für seegehende Schiffe

I. Kompetenzen der EG im Bereich der Umwelt

Die Bundesrepublik Deutschland hat gegenüber der EG Verpflichtungen, die sich auch auf das häusliche Schiffsabwasser beziehen und der Annahme des Schifffahrtsprivilegs entgegenstehen können. Es werden zunächst die Kompetenzen der EG aufgezeigt, um so die im Anschluss zu untersuchenden einschlägigen europarechtlichen Vorgaben besser bewerten zu können. Die EG hat spezifische Rechtssetzungskompetenzen für den Bereich der Umwelt im Allgemeinen und für den Bereich des Gewässers im Besonderen. Die Art. 174-176 des EG-Vertrages tragen den Titel „Umwelt". Die Mitgliedsstaaten der EG haben mit Gemeinschaftsverträgen unter Beschränkung ihrer Souveränität in bestimmten Bereichen eine gemeinschaftseigene Rechtsordnung geschaffen, die in die Rechtsordnung der Mitgliedsstaaten eingebracht worden ist.[353]

Die Mitgliedsstaaten sehen den Bereich der Strafsachen – so auch die hier relevanten Umweltstraftatbestände – aber nach wie vor als Sache des jeweiligen Mitgliedsstaates an.[354] Überwiegend wird davon ausgegangen, dass eine Kompetenz zur Schaffung strafrechtlicher Normen weder dem Europarat noch der Europäischen Gemeinschaft zusteht.[355] Dennoch gibt es einige Auffassungen, die aufbauend auf der Sachkompetenz der Gemeinschaft für einen bestimmten Sachbereich von einer Annexkompetenz der EG zur Schaffung diesbezüglicher Sanktionen ausgehen.[356] Die Mitgliedsstaaten sind nur im Rahmen der polizeilichen und justiziellen Zusammenarbeit in Strafsachen (PJZS, Art. 29-42 EGV) bereits zu einer engen Zusammenarbeit verpflichtet. Das Strafrecht wird aber dennoch schon heute vom EG-Recht beeinflusst, da eine Vereinheitlichung des Umweltverwaltungsrechts in der EG sich immer auch mittelbar auf das verwaltungsakzessorische nationale Umweltstrafrecht auswirkt.[357]

---

353 *Kotulla*, Einf. Rn. 39.

354 BGHSt 25, 190 (193f.); *Dannecker/Streinz*, in: Umweltpolitik I, § 8 Rn. 54; *Sieber*, ZStW 103 (1991), 957 (969); *Tiedemann*, NJW 1993, 23 (24).

355 MK-*Ambos*, Vor § 3 Rn. 9; *Bleckmann*, in: Stree/Wessels-FS, S. 107 (108); *Hecker*, ZStW 115 (2003), 880 (895).

356 *Böse*, S 55ff., 94f.

357 *Sieber*, ZStW 103 (1991), 957 (964ff.).

Das Gemeinschaftsrecht hat Vorrang vor dem Recht der jeweiligen Mitgliedsstaaten. Bei einer Kollision von Gemeinschaftsrecht und nationalem Recht besteht nach überwiegender Meinung ein Anwendungsvorrang des EG-Rechts, was aber nicht zu Folge hat, dass das entsprechende nationale Recht in einem solchen Falle seine Geltung verliert, vielmehr darf das nationale Recht bei einer Kollision nicht angewendet werden.[358] Bei einem Anwendungsvorrang bleibt das dem Gemeinschaftsrecht entgegenstehende Recht mithin lediglich unangewendet, während ein Geltungsvorrang automatisch zu einer Unwirksamkeit entgegenstehenden nationalen Rechts führt.[359] Kollidiert also mitgliedsstaatliches Recht mit unmittelbar geltendem Gemeinschaftsrecht, so wird die nationale Vorschrift durch den Anwendungsvorrang neutralisiert.

Der Anwendungsvorrang des Gemeinschaftsrechts hält die Gerichte der Mitgliedsstaaten zudem dazu an, das jeweilige nationale Recht EG-rechtskonform auszulegen.[360] Das EG-Recht hat so durch die verwaltungsakzessorisch ausgestalteten Umweltstraftatbestände, die Verpflichtung der Mitgliedsstaaten zur gemeinschafts- bzw. richtlinienkonformen Auslegung und die Möglichkeit der EG, Anweisungen an die Mitgliedsstaaten zum Erlass von Sanktionsnormen zu erteilen, auch Bedeutung für die Umweltstraftatbestände der §§ 324ff. StGB.

Zu den Rechtsakten zur Umsetzung der materiellen Ermächtigungen der EG zählen gem. Art. 249 EGV Verordnungen, Entscheidungen, Empfehlungen, Stellungnahmen sowie Richtlinien. Verordnungen entfalten unmittelbare und allgemeine Geltung, sie sind gem. Art. 249 Abs. 2 EGV verbindlich und mit einem innerstaatlichen Gesetz vergleichbar;[361] aufgrund der unmittelbaren Geltung entfaltet eine EG-Verordnung Sperrwirkung für alle nationalen Gesetzgeber. Im Bereich des Gewässerschutzes existieren jedoch bislang keine EG-Verordnungen.[362] Entscheidungen des EuGH haben nur für die in ihnen ausdrücklich bezeichneten Adressaten Verbindlichkeit, Art. 249 Abs. 4 EGV, Empfehlungen und Stellungnahmen hingegen haben keine Bindungswirkung, Art. 249 Abs. 6 EGV.

Besondere Bedeutung bei der Frage nach der Zulässigkeit der Einleitungen häuslichen Schiffsabwassers haben Richtlinien der EG, die grundsätzlich keine unmittelbare Bindungswirkung für die Mitgliedsstaaten entfalten, sondern nur zur Umsetzung in nationales Recht verpflichten. Richtlinien überlassen den einzelnen Mitgliedsstaaten gem. Art. 249 Abs. 3 EGV bei der Umsetzung die Wahl über

---

358 BVerfGE 85, 191 (204); 75, 223 (244); *Hecker*, § 9 Rn. 9; *Kotulla*, Einf. Rn. 39; Mangoldt/Klein/Starck-*Classen*, Art. 23 GG, Rn. 52.

359 *Herdegen*, § 11 Rn. 3.

360 Mangoldt/Klein/Starck-*Classen*, Art. 23 GG Rn. 52; *Dannecker/Streinz*, in: Umweltrecht I, § 8 Rn. 60; *Jarass/Beljin*, NVwZ 2004, 1 (4).

361 *Herdegen*, § 9 Rn. 34.

362 *Kotulla*, Einf. Rn. 42.

Form und Mittel, sie geben den Mitgliedsstaaten mithin einen gewissen Rechtssetzungsspielraum zur Umsetzung.[363] Alle Mitgliedsstaaten haben eine Richtlinie vollständig, genau und innerhalb der in der Richtlinie gesetzten Frist durchzuführen, Art. 10 Abs. 1 EGV. Ist das in der Richtlinie vorgegebene Ziel innerstaatlich durch entsprechende Rechtsvorschriften bereits realisiert oder kann eine richtlinienkonforme Auslegung schon vorhandener gesetzlicher Bestimmungen erfolgen, ist kein Umsetzungsakt erforderlich. Bei der Umsetzung solcher Richtlinien ist in Deutschland zudem zu beachten, dass zwar für die ordnungsgemäße Implementierung der EG-Richtlinien gegenüber der EG allein der Bund verantwortlich ist, die einzelnen von der Verfassung vorgegebenen Gesetzgebungskompetenzen gem. Art. 70 ff. GG aber beachtet werden müssen.[364]

Eine unmittelbare Wirkung für den einzelnen Bürger der Mitgliedsstaaten hat eine Richtlinie damit zunächst nicht. Eine unmittelbare begünstigende Rechtswirkung kann sich nur in dem Fall ergeben, dass ein einzelner Bürger aufgrund einer nicht, nicht fristgerecht oder nur unzureichend in innerstaatliches Recht umgesetzten Richtlinie Nachteile erfährt. Diese Wirkung kann jedoch nur eine hinreichend präzise bestimmte und unbedingte Richtlinie entfalten.[365] Als Richtlinien im Zusammenhang mit der Gewässerqualität sind insbesondere die Wasserrahmenrichtlinie (Richtlinie 2000/60/EWG),[366] die Gewässerschutzrichtlinie (Richtlinie 76/464/EWG)[367] und v.a. die für das häusliche Schiffsabwasser relevante sog. Hafenauffanganlagen-Richtlinie (Richtlinie 2000/59/EWG)[368] zu nennen.

II. Wasserrahmenrichtlinie

Die Wasserrahmenrichtlinie sollte die vorher punktuelle Rechtssetzung der EG einem einheitlichen Konzept unterziehen. Sie intendiert einen guten ökologischen und chemischen Zustand aller Gewässer im Gemeinschaftsgebiet.[369] Sie stellt rechtsverbindliche Bewirtschaftungspläne auf und gibt Maßnahmenprogramme

363 *Herdegen,* § 9 Rn. 36; *Kotulla,* Einf. Rn. 43.

364 Mangoldt/Klein/Starck-*Classen,* Art. 23 GG Rn. 58; *Czychowski,* Einl. Rn. 62.

365 *Jarass*, NJW 1990, 2420 (2420ff.); *Kotulla,* Einf. Rn. 46; *Rengeling,* in: Umweltpolitik I, § 28, Rn.70.

366 AblEG Nr. L 327 v. 22.12.2000, S. 1-72.

367 AblEG Nr. L 129 v. 4.5.1976, S.23; zuletzt geändert durch RL 2000/60/EWG, AblEG Nr. L 327 v. 23.10.2000, S. 1.

368 AblEG Nr. L 332 v. 28.12.2000, S. 81.

369 *Czychowski,* Einl. Rn. 61; *Erbguth/Schlacke,* § 11 Rn. 8; *Heine*, in: Otto-FS, S. 1015 (1015f.).

zur Erreichung eines guten Gewässerzustandes bis zum Jahr 2009, Art. 13 WRRL. Diese Richtlinie bietet einen transparenten und effizienten rechtlichen Handlungsrahmen für eine nachhaltige Nutzung der Gewässer innerhalb der Europäischen Gemeinschaft und umfasst u.a. ein europaweit ausgeformtes Wasserbewirtschaftungssystem und einen ganzheitlichen Gewässerschutz.[370] Sie ist durch Änderungen des bereits auf die Einleitungen häuslichen Schiffsabwassers untersuchten WHG[371] und der einzelnen Landeswassergesetze in nationales Recht umgesetzt. Eine gesonderte Prüfung der Inhalte der WRRL erübrigt sich damit an dieser Stelle.

III. Gewässerschutzrichtlinie

Zu den Richtlinien, die den Schutz der Gewässer vor Ableitungen gefährlicher Stoffe intendieren, zählt auch die Gewässerschutzrichtlinie, welche die Verschmutzung infolge der Ableitung bestimmter gefährlicher Stoffe in die Gewässer der Gemeinschaft betrifft. Das Einleiten des hier relevanten häuslichen Abwassers fällt jedoch nicht unter die gefährlichen Stoffe i.S.d. Richtlinie 76/464/EWG.

IV. Richtlinie 2005/35/EWG über die Meeresverschmutzung durch Schiffe

Die Richtlinie 2005/35/EWG vom 7.9.2005 über die Meeresverschmutzung durch Schiffe und die Einführung von Sanktionen auch strafrechtlicher Art umfasst ebenfalls die Verschmutzung durch Schiffe und könnte im Hinblick auf das Einleiten von häuslichem Abwasser auch einschlägig sein.[372] Diese soll gem. Art. 1 Schiffssanktions-Richtlinie nicht nur internationale Standards hinsichtlich der Verhütung von Umweltverschmutzungen durch Schiffe in Gemeinschaftsrecht implementieren, sondern auch sicherstellen, dass die für illegale Entsorgungen verantwortlichen Personen angemessen sanktioniert werden. Sie übernimmt wesentliche Regelungen des Marpol-Übereinkommens in das europäische Recht, um bestehende Unterschiede bei dessen Umsetzung in den einzelnen Mitgliedsstaaten zu verringern.

Die Richtlinie wurde erlassen, da die in den Gemeinschaftsgewässern verkehrenden Schiffe die Regeln hinsichtlich des Einbringens und Einleitens von Schadstoffen, zumeist auf das von allen Mitgliedsstaaten unterzeichnete Marpol-

370 *Erbguth/Schlacke*, § 11 Rn. 8; *Seidel/Rechenberg*, ZUR 2004, 213 (213).
371 Vgl. E. I.
372 ABlEG Nr. L 255 v. 30.9.2005, S. 11-21.

Übereinkommen gestützt, übertreten, ohne dass hiergegen Maßnahmen getroffen werden.[373] Marpol 73/78 wurde in den einzelnen Mitgliedsstaaten nicht einheitlich umgesetzt, so gibt es erhebliche Unterschiede bei der Praxis der Verhängung von Sanktionen für die von Schiffen ausgehenden Einleitungen von Schadstoffen. Es bedarf nach Ansicht des Europäischen Parlaments und des Rates der Europäischen Union wirksamer, abschreckender und verhältnismäßiger Sanktionen, um einen effizienten Umweltschutz gewährleisten zu können.[374] Ausführliche Bestimmungen über Delikte und Sanktionen enthielt der vom EuGH am 23.10.2007 für nichtig erklärte Rahmenbeschluss 2005/667/JI des Rates vom 12.7.2005 zur Verstärkung des strafrechtlichen Rahmens zur Bekämpfung der Verschmutzung durch Schiffe, der die Richtlinie 2005/35/EWG ergänzen sollte.[375]

Die Richtlinie 2005/35/EWG umfasst gem. Art. 3 Abs. 1 das Einleiten von Schadstoffen in innere Gewässer und in die Häfen eines Mitgliedsstaates – soweit die Marpol-Bestimmungen anwendbar sind –, in das Küstenmeer eines Mitgliedsstaates und in Meerengen, die der internationalen Schifffahrt dienen, soweit ein Mitgliedsstaat Hoheitsbefugnisse über diese Meeresengen ausübt. Ferner ist das Einleiten in die im Einklang mit dem Völkerrecht festgelegte ausschließliche Wirtschaftszone oder in die dieser entsprechenden Zone eines Mitgliedstaates und in die hohe See erfasst.

Die Bestimmungen der Richtlinie gelten gem. Absatz 2 für das Einleiten von Schadstoffen von allen Schiffen, ungeachtet ihrer Flagge, mit Ausnahme von Kriegsschiffen, Flottenschiffen und sonstigen Schiffen, die Eigentum eines Staates sind oder von einem Staat betrieben werden und zum betreffenden Zeitpunkt ausschließlich für nichtgewerbliche staatliche Zwecke eingesetzt werden. Die Richtlinie definiert in Art. 2 Nr. 2 und 3 die Begriffe Schadstoffe und Einleitung durch Verweis auf Vorschriften von Marpol und legt so gemeinschaftsweit zulässige Mengen bestimmter Stoffe bei Einleitungen sowie Orte, an denen Einleitungen erlaubt sind, fest. Die Begriffsbestimmungen der Richtlinie wurden auch von dem mittlerweile für nichtig erklärten Rahmenbeschluss 2005/667/JI in Art. 1 übernommen.

Zu den Schadstoffen i.S.d. Marpol-Übereinkommens zählt jeder Stoff, der bei Zuführung in das Meer geeignet ist, die menschliche Gesundheit zu gefährden, die Tier- und Pflanzenwelt des Meeres zu schädigen, die Annehmlichkeiten der Umwelt zu beeinträchtigen oder die sonstige rechtmäßige Nutzung des Meeres zu

373 Siehe Entscheidungsgrund 2 der Richtlinie 2005/35/EG.

374 Siehe Entscheidungsgrund 4 der Richtlinie 2005/35/EG.

375 ABlEG Nr. L 255 v. 30.9.2005, S. 164. Die Kommission hat beantragt, diesen Rahmenbeschluss wegen Verwendung der falschen Rechtsgrundlage für rechtswidrig zu erklären: Rs. C-440/05 (Kommission/Rat), eingereicht am 8.12.2005, ABlEG Nr. C 22 v. 8.12.2005, S.10.

behindern, und alle Stoffe, die nach diesem Übereinkommen einer Überwachung unterliegen. Gem. Art. 2 Nr. 1 werden jedoch nur solche Schadstoffe erfasst, die unter die Anlagen I (Öl) und II (als Massengut beförderte schädliche flüssige Stoffe) des Marpol-Übereinkommens fallen. Kein Gegenstand der Richtlinie und des Rahmenbeschlusses ist daher das hier in Frage stehende Abwasser nach Anlage IV des Marpol-Übereinkommens, die Richtlinie 2005/35/EWG ist damit für die Untersuchung der Frage nach den Einleitungen von Grau- und Schwarzwasser nicht einschlägig.

V. Hafenauffanganlagen-Richtlinie

Am engsten mit der Problematik des hier relevanten häuslichen Schiffsabwassers ist die Richtlinie 2000/59/EWG des Europäischen Parlaments und Rates vom 27.11.2000 über Hafenauffangeinrichtungen für Schiffsabfälle und Ladungsrückstände vom 27.11.2000,[376] Hafenauffanganlagen-Richtlinie, verknüpft, deren Regelung und Umsetzung im Folgenden aufgezeigt wird. Ziel der Hafenauffanganlagen-Richtlinie ist es, das Einbringen von Schiffsabfällen und Ladungsrückständen auf See durch Bereitstellung und Inanspruchnahmeverpflichtung von Hafenauffangeinrichtungen für Schiffsabfälle zu verringern und damit den Meeresumweltschutz zu verstärken, wobei die Wettbewerbsbedingungen zwischen Schiffen und Gemeinschaftshäfen nicht beeinträchtigt werden sollen, Art. 1 Richtlinie 2000/59/EWG. Zur Verhütung der Meeresverschmutzung durch Schiffe sollen in den Häfen der Gemeinschaft Auffanganlagen eingerichtet werden, zu deren Nutzung alle Schiffe verpflichtet werden. Diese Richtlinie intendiert einen Entsorgungszwang in allen europäischen Häfen i.S.d. Art. 2 lit. h) der Hafenauffanganlagen-Richtlinie, es sei denn, das jeweilige Schiff hat noch ausreichende Kapazitäten zur Aufnahme der Abfälle für die Fahrt bis zum nächsten Hafen.

Das Marpol-Übereinkommen regelt, welche Abfälle von Schiffen in die Meeresumwelt eingebracht werden können,[377] und verpflichtet die Mitgliedsstaaten zur Bereitstellung von Auffangeinrichtungen in den Häfen.[378] Dies soll durch die Richtlinie 2000/59/EWG unterstützt werden, da eine Überwachung der Meere hinsichtlich der Verschmutzungen durch die einzelnen Schiffe kaum umzusetzen ist.[379]

---

376 AblEG Nr. L 332 v. 28.12.2000, S. 81.

377 Vgl. F. III. 2.

378 Regel 12 Abs. 1 Anlage IV zu Marpol 73/78.

379 *Hayen/Louis*, NdsVBl. 2003, 169 (169); *Mechel/Reese*, ZUR 2003, 321 (327).

Die Entsorgung des Abwassers und der Abfälle in den jeweiligen Häfen an Land stellt zwar einen Kernbereich des Marpol-Übereinkommens dar und wird als wirksamste Maßnahme zum Meeresumweltschutz angesehen.[380] Die Umsetzung einzelner Regelungen ist aber oft lückenhaft.[381] So wurden noch im Jahre 1990 die geringe Zahl der Auffangvorrichtungen, deren Leistung und auch die teilweise erheblichen Entsorgungskosten stark kritisiert.[382] Oft verfügten die Häfen noch nicht über eine entsprechende Infrastruktur und die nötigen Einrichtungen, so dass das auf den Schiffen in den dafür vorgesehenen Tanks gesammelte und im Hafen abgegebene Abwasser vom Hafen aus wieder unbehandelt ins Meer geleitet wurde. Auf Helgoland konnte die kommunale Kläranlage kein Abwasser aufnehmen, das Seewasser von der WC-Spülung enthält, da der Salzgehalt des Abwassers die gesamte Anlage außer Betrieb gesetzt hätte.[383] Diesem Vollzugsdefizit soll die Hafenauffanganlagen-Richtlinie entgegenwirken.

1. Regelungen hinsichtlich häuslichen Schiffsabwassers

Zu den Schiffsabfällen i.S. dieser Richtlinie zählen gem. Art. 2 lit. c) alle Abfälle einschließlich Abwasser sowie Rückstände außer Ladungsrückständen, die während des Schiffsbetriebs anfallen und in den Geltungsbereich der Anlagen I, IV und V von Marpol 73/78 fallen, ferner ladungsbedingte Abfälle gemäß den Durchführungsleitlinien der Anlage V von Marpol.

Das Schiffsabwasser nach Anlage IV zu Marpol sollte ursprünglich nicht Gegenstand der Hafenauffanganlagen-Richtlinie werden, da die Anlage IV zu Marpol zum Zeitpunkt des Inkrafttretens der Richtlinie selbst noch nicht in Kraft getreten war.[384] In der Begründung erfolgte zudem der Hinweis „auch wenn sie in Kraft wäre, ist die Einleitung von Schiffsabwasser unter bestimmten Bedingungen in den meisten Fällen in Seegebieten gestattet, die mehr als zwölf Seemeilen von der Küste entfernt liegen. Insofern muss der Geltungsbereich der Richtlinie erneut überprüft werden, wenn das Ergebnis der in der Internationalen Seeschifffahrtsorganisation (IMO) laufenden Überarbeitung der Anlage IV von Marpol 73/78 vorliegt."[385]

---

380 *Douvier*, S. 85.
381 *Heine*, in: Otto-FS, S. 1015 (1024f.).
382 Zum Zustand im Jahre 1990: *Douvier*, S. 85, 123 m.w.N.
383 *Douvier*, S. 69.
384 BRDrs. 750/98 v. 21.8.1998, S. 10.
385 BRDrs. 750/98 v. 21.8.1998, S. 10.

Nach dem Änderungsvorschlag des Parlaments vom 11.2.1999[386] und dem Ergänzungsvorschlag des Rates[387] wurde Art. 2 S. 1 lit. c) der Hafenauffanganlagen-Richtlinie angepasst und Art. 16 Abs. 1 S. 2 der Hafenauffanganlagen-Richtlinie eingefügt. Demzufolge wird bei Abwasser gem. Art. 2 S. 1 lit. c) der Hafenauffanganlagen-Richtlinie die Anwendung dieser Richtlinie bis zum Ablauf von zwölf Monaten nach Inkrafttreten des Anhangs IV von Marpol 73/78 ausgesetzt. Anlage IV von Marpol ist seit dem 27.09.2003 in Kraft,[388] die Hafenauffanganlagen-Richtlinie umfasst daher seit Ende 2004 auch Schiffsabwasser. Das Schiffsabwasser ist insbesondere deshalb Gegenstand der Hafenauffanganlagen-Richtlinie, weil es bei Einleitung in Gewässer mit relativ geringem Wasseraustausch wie etwa der Ostsee zu einer Eutrophierung[389] führen kann.

Die Richtlinie gilt gem. Art. 3 für alle Schiffe unabhängig von ihrer Flagge einschließlich Fischereifahrzeugen und Sportbooten, die einen Hafen eines Mitgliedsstaates anlaufen oder in diesem betrieben werden, da nur so Wettbewerbsverzerrungen vermieden und eine Verhütung von Verschmutzungen der See verbessert werden können.[390] Schiffe im Sinne der Hafenauffanganlagen-Richtlinie sind seegehende Fahrzeuge jeder Art, die im Seegebiet eingesetzt werden, unter Einschluss von Tragflügelbooten, Luftkissenfahrzeugen, Tauchfahrzeugen und schwimmenden Geräten, Art. 2 S. 1 lit. a). Schiffe sind dann „seegehend", wenn sie die „Grenzen der Seefahrt" i.S.v. § 1 Flaggenrechtsverordnung vom 4.6.1990[391] überschreiten. Hinsichtlich der jeweiligen Schiffsgröße und des jeweiligen Schiffstyps differenziert die Hafenauffanganlagen-Richtlinie nicht. Lediglich Kriegsschiffe, Flottenhilfsschiffe und andere Schiffe, die Eigentum des Staates sind oder von diesem betrieben und vorläufig nur für nicht gewerbliche staatliche Zwecke eingesetzt werden und somit Immunität genießen, fallen gem. Art. 3 S. 1 lit. a) – wie es auch Marpol 73/78 vorsieht – nicht unter die Pflichten der Hafenauffanganlagen-Richtlinie. Auf Binnenschiffe, die ausnahmsweise die

386 Vom 28.5.1999, ABlEG Nr. C 150 v. 28.5.1999, S. 436: (Änderung 17) Artikel 17 lit. a) (neu) „Die Kommission legt unter Berücksichtigung der Schlussfolgerungen der diversen IMO-Arbeitsgruppen zügig entsprechende Änderungsvorschläge zur vorliegenden Richtlinie vor, insbesondere hinsichtlich der Behandlung von Schiffsabwässern."

387 Vom 13.1. 2000, ABlEG Nr. C 19 v. 13.1.2000, S. 27.

388 Vom 9.8.2005, BGBl. 2005, II, S. 1102.

389 Unerwünschte Anreicherung eines Gewässers an Nährstoffen, besonders an Phosphor- und Stickstoffverbindungen (hauptsächlich durch Einleiten von Abwässern und Abschwemmung von Düngemitteln), die zur Übervermehrung von Pflanzen (v.a. Algen) und tierischem Plankton (erhebliche Verminderung des Sauerstoffgehaltes des Wassers) führt.

390 Entscheidungsgrund 9 der Hafenauffanganlagen-Richtlinie.

391 BGBl. 1990, I, S. 1389.

hohe See befahren und anschließend einen Gemeinschaftshafen i.S.d. Art. 2 S. 1 lit. h) der Hafenauffanganlagen-Richtlinie anfahren, also einen Hafen, der so angelegt ist, dass er seegehende Schiffe aufnehmen kann, dürfte die Hafenauffanganlagen-Richtlinie ebenfalls Anwendung finden.[392]

Alle Mitgliedsstaaten haben der Richtlinie zufolge Maßnahmen zu ergreifen, um sicherzustellen, dass alle Schiffe ihre Schiffsabfälle und Ladungsrückstände entsorgen. So muss gem. Art. 7 der Kapitän eines Schiffes, das einen Gemeinschaftshafen angelaufen hat, vor dem Auslaufen alle Schiffsabfälle in einer Hafenauffangeinrichtung entladen, es sei denn, das Schiff weist genügend spezifische Lagerkapazität auf, um die Abfälle an Bord bis zum nächsten Hafen zu verwahren. Die Kosten für das Entladen in den Hafenauffangeinrichtungen müssen gem. Art. 8 Abs. 2 so gestaltet sein, dass diese keinen Anlass dafür bieten, die Abfälle doch auf See einzubringen.

Die Mitgliedsstaaten haben gem. Art. 11 Abs. 1 dafür zu sorgen, dass alle von der Richtlinie erfassten Schiffe dahingehend überprüft werden können, ob von ihnen die Anforderungen erfüllt werden. Solche Überprüfungen müssen von den Mitgliedsstaaten in ausreichender Zahl durchgeführt werden, mindestens sollen jedoch 25 % der sich im Hafen befindlichen Schiffe überprüft werden, Art. 11 Abs. 2 lit. b) Hafenauffanganlagen-Richtlinie. Die Kapitäne trifft gem. Art. 6 i.V.m. Anlage II der Richtlinie eine Meldepflicht vor dem Einlaufen in einen Hafen, sie müssen vorgegebene Formulare ausfüllen und an die zuständige Behörde oder Stelle (etwa die Hafenbehörde oder den Betreiber der Hafenauffanganlage)[393] übermitteln. Ausgenommen von dieser Meldepflicht sind Fischereifahrzeuge sowie Sportboote mit einer Zulassung für weniger als zwölf Passagiere, ferner Linienschiffe, die häufig und regelmäßig Häfen anlaufen. Wenn festgestellt werden sollte, dass ein Schiff den Anforderungen im Hinblick auf die Entladung in den Auffanganlagen nicht gerecht wird, darf es gem. Art. 11 Abs. 2 lit. c) den Hafen so lange nicht verlassen, bis die Bestimmungen des Art. 7 über die Entladung der Schiffsabfälle und des Art. 10 über die Entladung von Ladungsrückständen erfüllt sind.

Gem. Art. 13 Hafenauffanganlagen-Richtlinie haben die Mitgliedsstaaten Verstöße gegen die Richtlinie mit wirksamen, aber verhältnismäßigen Sanktionen zu belegen und alle notwendigen Maßnahmen zu ergreifen. Verstößen gegen Gemeinschaftsrecht muss mit der gleichen Sorgfalt begegnet werden wie Verstößen nach nationalem Recht, sie müssen nach ähnlichen sachlichen und verfah-

392 *Gowers*, S. 46.
393 *Erbguth*, DVBl. 2005, 333 (334).

rensrechtlichen Regeln geahndet werden wie gleichartige Verstöße gegen nationales Recht.[394]

Während die Pflichten der Schiffe im Hinblick auf die Entladung der Schiffsabfälle und -abwasser sowie entsprechende Sanktionen – das Schiff darf den Hafen nicht verlassen, bevor es seine Schiffsabfälle und Ladungsrückstände gem. den Artikeln 7 und 10 in einer Auffangeinrichtung entladen hat – in Art. 11 Abs. 2 lit. c) der Hafenauffanganlagen-Richtlinie deutlich geregelt sind, werden Maßnahmen gegenüber den Häfen nicht eindeutig festgelegt. Art. 4 Abs. 3 der Hafenauffanganlagen-Richtlinie regelt lediglich, dass die Mitgliedsstaaten Verfahren für die Meldung etwaiger Unzulänglichkeiten von Auffanganlagen festlegen, die mit der Internationalen Seeschifffahrtsorganisation (IMO) im Einklang stehen. *Gowers* kritisiert in diesem Zusammenhang daher zu Recht, dass dieses Ungleichgewicht zwischen Sanktionen gegenüber den Schiffen einerseits und den Hafenbetreibern andererseits dem Ziel der Verringerung der Meeresverschmutzungen so nicht ausreichend gerecht wird. Er fordert daher eine genauere Festlegung von Sanktionen gegenüber den Häfen.[395]

2. Implementierung der Hafenauffanganlagen-Richtlinie in nationales Recht

Gem. Art. 16 Abs. 1 S. 1 Hafenauffanganlagen-Richtlinie haben die Mitgliedsstaaten die Rechts- und Verwaltungsvorschriften zu erlassen, die erforderlich sind, um dieser Richtlinie vor dem 28.12.2002 nachzukommen. Das Ziel der Richtlinie, nämlich die Verhütung des illegalen Einbringens von Schiffsabfällen auf See durch Bereitstellung und verbindliche Inanspruchnahme von entsprechenden Hafenauffanganlagen, ist in der Bundesrepublik Deutschland nicht schon durch zuvor vorhandene Rechtsvorschriften realisiert worden, eine richtlinienkonforme Auslegung war ebenfalls nicht möglich. Daher bedurfte die Hafenauffanganlagen-Richtlinie der innerstaatlichen Umsetzung.

Die von der Hafenauffanganlagen-Richtlinie vorgegebenen Bestimmungen enthalten keine rein abfallrechtlichen Regelungen, sondern teilweise auch seeverkehrsrechtliche, so etwa die Meldepflichten oder die Möglichkeit, das Auslaufen eines Schiffes aus dem Hafen zu unterbinden. Die Vorgaben der Richtlinie umfassen keine weiteren Regelungen hinsichtlich der späteren Verwertung oder Beseitigung der Schiffsabfälle oder eine Überlassungspflicht an einen öffentlich-rechtlichen Entsorger. Eine Aufnahme der Umsetzungsvorschriften in das KrW-/

394 *Streinz*, Europarecht, Rn. 169.
395 *Gowers*, S. 79.

AbfG hat der Bund abgelehnt, da er das KrW-/AbfG zu diesem Zeitpunkt nicht ändern wollte.[396] Die Umsetzung der Richtlinie erfolgte auf Länderebene.

a) Niedersächsisches Abfallgesetz

Der Gesetzgebungs- und Beratungsdienst des niedersächsischen Landtags sieht das KrW-/AbfG als abschließende Regelung auch für die Entladung von Schiffsabfällen und Ladungsrückständen im Hafen an.[397] Durch Gesetz vom 23.1.2003 regeln die §§ 31-39 NAbfG nun die Entladung von Schiffsabfällen und Ladungsrückständen in Seehäfen. Es gilt für alle seegehenden Schiffe unabhängig von ihrer Flagge, die einen niedersächsischen Hafen anlaufen. Zu den Schiffsabfällen zählt gem. § 32 Nr. 6a NAbfG auch Schiffsabwasser i.S.d. Anlage IV zu Marpol. § 35 enthält eine Verpflichtung zur Entsorgung allen Schiffsabwassers in den Hafenauffanganlagen.

b) Schleswig-Holsteinische Landesverordnung über die Entsorgung von Schiffsabfällen

Die Landesverordnung über die Entsorgung von Schiffsabfällen und Ladungsrückständen in schleswig-holsteinischen Häfen, die Hafenentsorgungsverordnung (HafEntsVO),[398] bestimmt, dass alle Abfälle i.S.d. Marpol-Übereinkommens in Hafenauffangeinrichtungen entsorgt werden müssen. Die Hafenbetreiber haben gem. § 4 dafür Sorge zu tragen, dass den in die Häfen einlaufenden Schiffen Hafenauffangeinrichtungen für Schiffsabfälle und Ladungsrückstände zur Verfügung gestellt werden, die geeignet sein müssen, Art und Menge von Schiffsabfällen und Ladungsrückständen der den Hafen üblicherweise anlaufenden Schiffe aufzunehmen, ohne die Schiffe unangemessen aufzuhalten. Die Schiffsführung wird gem. § 7 zur Entsorgung der an Bord befindlichen Schiffsabfälle in eine Hafenauffangeinrichtung vor dem Auslaufen aus dem Hafen verpflichtet, also gem. § 2 Nr. 3 aller Abfälle einschließlich des Abwassers, sowie der Rückstände außer Ladungsrückständen, die während des Schiffsbetriebs anfallen und in den Geltungsbereich der Anlagen I, IV und V von Marpol 73/78 fallen.

---

396 Vgl. zum Verhältnis der Hafenauffanganlagen-Richtlinie zum nationalen Abfallrecht G. V. 7.

397 Nds.LT Drs. 14/3950 v. 4.12.2002, S. 11.

398 Vom 9.12.2002, GVOBl. Schl.-H. 2002, S. 303; 16.9.2003 S. 503; 1.3.2005, S. 199.

c) Hamburgisches Schiffsentsorgungsgesetz

Das Hamburgische Gesetz über Schiffsabfälle und Ladungsrückstände (Hamburgisches Schiffsentsorgungsgesetz – HmbSchEG) setzt die Richtlinie 2000/59/EWG um. Das HmbSchEG vom 17.12.2002[399] sieht eine Entsorgung der Schiffsabfälle in den Hafenauffangeinrichtungen vor, so dass die Entsorgung auf See möglichst verhindert wird. Der Stadt Hamburg zufolge kann hinsichtlich der Umsetzung der Hafenauffanganlagen-Richtlinie sowohl an das Abfall- als auch an das Hafenrecht angeknüpft werden. Durch ein eigenständiges Gesetz werde die Bedeutung des Meeresschutzes herausgestellt, der Einblick in die getroffenen Regelungen zudem erleichtert.[400]

Zu den Schiffsabfällen zählen gem. § 2 HmbSchEG alle Abfälle, einschließlich Abwasser sowie Rückstände mit Ausnahme von Ladungsrückständen, die während des Schiffsbetriebs anfallen und in den Geltungsbereich der Anlagen I, IV und V von Marpol 73/78 fallen. Gem. § 3 HmbSchEG sind im Hamburger Hafen die hierfür erforderlichen Hafenauffangeinrichtungen für Schiffsabfälle und Ladungsrückstände bereitzustellen. Im Hamburger Hafen werden so für Seeschiffe sowie für Binnen- und Hafenschiffe Auffangeinrichtungen für ölhaltige Rückstände, Schiffsabwasser, Chemikalien und feste Abfälle angeboten.[401] Gem. § 13 HmbSchEG stehen der zuständigen Behörde Maßnahmen im Falle der Nichtbefolgung durch die jeweiligen Schiffsführer zur Verfügung. Die Nichtbefolgung stellt gem. § 14 i.V.m. § 5 HmbSchEG eine Ordnungswidrigkeit dar.

d) Schiffsabfallentsorgungsgesetz Mecklenburg-Vorpommern

Das Schiffsabfallentsorgungsgesetz Mecklenburg-Vorpommern[402] gilt ebenfalls gem. § 3 i.V.m. § 2 für alle Häfen in Mecklenburg-Vorpommern und sieht gem. § 7 Abs. 1 für alle Schiffsabfälle, worunter gem. § 2 Nr. 5 u.a. auch Schiffsabwasser nach Anlage IV Marpol 73/78 fällt, eine Entsorgungspflicht vor.

e) Bremisches Gesetz über Hafenauffangeinrichtungen für Schiffsabfälle

Auch das Bremische Gesetz über Hafenauffangeinrichtungen für Schiffsabfälle und Ladungsrückstände (BremHSLG)[403] setzt die Richtlinie 2000/59/EWG um

---

399 HmbGVBl. 2002, Nr. 55, S. 343.

400 Bürgerschaft der FuHH, Drs. 17/1494 v. 1.10.2002, S. 17.

401 http://fhh.hamburg.de/stadt/Aktuell/behoerden/stadtentwicklung-umwelt/abfall (Stand: 30.1.2008).

402 Vom 16.12.2003, GVOBl. M.-V., S. 679.

403 Vom 19.11.2002, BremGBL. S. 565.

und bestimmt gem. § 7 ebenfalls eine Entsorgungspflicht für Schiffsabfälle, zu der gem. § 2 Nr. 3 BremHSLG auch Schiffsabwasser i.S.d. Anlage IV zu Marpol zählt.

f) Landes-Hafen-Entsorgungsgesetz Nordrhein-Westfalen

Da unter den Begriff Schiff i.S.d. Art. 2 lit. a) der Hafenauffanganlagen-Richtlinie alle seegehenden Fahrzeuge jeder Art fallen, die im Seegebiet eingesetzt werden, müssen alle Länder, die Häfen i.S.d. Art. 2 lit. h) der Hafenauffanganlagen-Richtlinie haben, also Häfen, die von solchen seegehenden Schiffen angelaufen werden können, auch die Vorgaben der Hafenauffanganlagen-Richtlinie umsetzen. Der Duisburger Hafen entspricht als einziger Hafen in Nordrhein-Westfalen diesen Anforderungen, er kann als größter Binnenhafen Europas solche seegehenden Schiffe aufnehmen.[404] Demzufolge ist auch das Land Nordrhein-Westfalen, das nicht direkt an der Küste liegt, zur Umsetzung dieser Richtlinie verpflichtet. Das Landes-Hafen-Entsorgungsgesetz[405] setzt die Richtlinie um und sieht in § 6 ebenfalls eine Entsorgung aller Schiffsabfälle vor, unter die gem. § 2 Nr. 4 auch das Schiffsabwasser i.S.d. Anlage IV zu Marpol fällt.

g) Zwischenergebnis

Es erfolgte damit eine Umsetzung in allen Bundesländern, die Häfen i.S.d. Art. 2 lit. h) der Hafenauffanganlagen-Richtlinie haben, also Häfen, die von seegehenden Schiffen angelaufen werden können. Festzuhalten bleibt damit, dass die von der Richtlinie geforderten Hafenauffangeinrichtungen eine ordnungsgemäße Entsorgung der angefallenen Schiffsabfälle i.S.d. Art. 2 lit. c) der Hafenauffanganlagen-Richtlinie und damit auch des Schiffsabwassers i.S.d. Anlage IV zu Marpol ermöglichen. Alle die Richtlinie umsetzenden nationalen Vorschriften sehen für das Schiffsabwasser i.S.d. Anlage IV zu Marpol eine Entsorgungspflicht vor, die Hafenbetreiber werden zur Aufstellung von Auffanganlagen verpflichtet. Das Schifffahrtsprivileg, das eine Zulässigkeit der Einleitung des häuslichen Abwassers auch in Form von Schwarzwasser und von mit diesem vermischten Grauwasser vorsieht, stünde damit im eindeutigen Widerspruch zur Hafenauffanganlagen-Richtlinie und den diese umsetzenden nationalen Regelungen, so dass im Hinblick auf die Hafenauffanganlagen-Richtlinie und die in nationales Recht umgesetzten Vorschriften gerade kein Raum mehr für die Annahme des

404 *Gowers*, S. 98.
405 Vom 22.6.2004, GV NRW Nr. 23, v. 9.7.2004, S. 364.

diesem entgegenstehenden Gewohnheitsrechts in Form des Schifffahrtsprivilegs besteht.

Separates, nicht mit Schwarzwasser vermischtes sog. Grauwasser ist von den nationalen Vorschriften wie auch von den Vorgaben der Hafenauffanganlagen-Richtlinie nicht erfasst. Eine ausdrückliche Regelung hinsichtlich der Zulässigkeit der Einleitung separaten Grauwassers gibt es nicht. Daraus, dass für das Grauwasser aber eindeutig Einleitungsbeschränkungen bestehen, sobald dieses mit Schwarzwasser vermischt ist, ist auch hier – wie auch bei der Anlage IV zu Marpol[406] – zu entnehmen, dass bewusst keine Einleitungsbeschränkungen und damit Entladungspflichten in den Häfen für separates Grauwasser bestimmt werden sollen. Vielmehr stellen die Hafenauffanganlagen-Richtlinie und die diese in nationales Recht umsetzenden Vorschriften eine Gesamtregelung für Schwarz- und Grauwassereinleitungen dar, aus deren Auslegung sich die Zulässigkeit der Einleitungen separaten Grauwassers ergibt. Gerade weil für separates Grauwasser keine die Einleitung verbietenden Vorschriften existieren, soll ein diesbezügliches Verbot nicht bestehen. Aus der Gesamtkonzeption der Hafenauffanganlagen-Richtlinie lässt sich zudem entnehmen, dass nur Entladungspflichten hinsichtlich des Einbringens oder Einleitens von bestimmten Stoffen und Abwasser bestehen, im Übrigen jedoch von der Zulässigkeit ausgegangen werden soll. So enthält die Hafenauffanganlagen-Richtlinie nur im Hinblick auf in den Vorschriften enthaltene Verbote Ausnahmen, die explizit die Zulässigkeit der Einleitung in Ausnahmesituationen gestatten.[407] Eine Aufzählung von Einleitungen, die ausdrücklich zugelassen sind, enthalten weder die Hafenauffanganlagen-Richtlinie noch die diese umsetzenden nationalen Vorschriften. Demzufolge ergibt sich aus der Auslegung der Vorschriften eindeutig eine Zulässigkeit der Einleitungen von separatem Grauwasser. Da sich die Zulässigkeit dieser Einleitungen bereits aus der Auslegung ergibt, bedarf es in Bezug auf die Hafenauffanganlagen-Richtlinie und die diese umsetzenden nationalen Vorschriften keiner Hinzuziehung eines diese Einleitungen gestattenden Gewohnheitsrechts.

3. Weiterer Gang der Untersuchung

Die Hafenauffanganlagen-Richtlinie kann – wie sich im weiteren Verlauf der Untersuchung noch zeigen wird – Regelungen anderer internationaler Übereinkommen widersprechen. Es stellt sich daher noch die Frage, wie die Hafenauffanganlagen-Richtlinie und die diese umsetzenden nationalen Ländergesetze mit

406 Vgl. F. III. 2. e).

407 Z.B. Art. 9 der Hafenauffanganlagen-Richtlinie.

anderen diesbezüglichen internationalen Übereinkommen vereinbar sind und in welchem Rangverhältnis sie zu ihnen stehen.

4. Vereinbarkeit mit dem Seerechtsübereinkommen

Das Seerechtsübereinkommen gesteht den Hafenstaaten gem. Art. 218 und 220 SRÜ eine weit reichende Zuständigkeit bei dem Erlass und der Durchsetzung von Vorschriften für Schiffe zu, die sich freiwillig in den Häfen i.S.d. Art. 2 lit. c) der Hafenauffanganlagen-Richtlinie dieser Staaten aufhalten, schränkt jedoch den Erlass und die Durchsetzung einzelstaatlicher und regionaler Vorschriften über schiffsbedingte Verschmutzungen in den Küstenbereichen ein. Die Hafenauffanganlagen-Richtlinie hat demgegenüber ein eher hafenorientiertes System geschaffen, also eine Regelung, die sich auf den Betrieb von Schiffen während ihres Aufenthaltes in Häfen beschränkt, und gerät so mit dem SRÜ nicht in Konflikt.

Art. 195 SRÜ, der die Staaten dazu verpflichtet, beim Ergreifen von Maßnahmen zur Verhütung, Verringerung und Überwachung der Verschmutzung der Meeresumwelt so zu handeln, dass Schäden oder Gefahren weder unmittelbar noch mittelbar von einem Gebiet in ein anderes verlagert werden noch eine Verschmutzungsart lediglich in eine andere umgewandelt wird, bedeutet im Hinblick auf die Hafenauffanganlagen-Richtlinie, dass die in den Auffanganlagen gesammelten Abfälle und das Abwasser an Land entsprechend fachgerecht entsorgt werden müssen, was u.a. durch die Regelungen von Art. 8 Abs. 1 Hafenauffanganlagen-Richtlinie gewährleistet ist.[408] Dort ist vorgesehen, dass die Gebührenerhebung auch der Kostendeckung für die Behandlung und Entsorgung der Abfälle dient, mithin setzt die Hafenauffanganlagen-Richtlinie eine entsprechende Behandlung und Entsorgung voraus. Die Hafenauffanganlagen-Richtlinie ist demzufolge mit den Vorgaben des SRÜ vereinbar.

5. Vereinbarkeit mit dem Helsinki-Übereinkommen und dem Ospar-Übereinkommen

Das Ospar-Übereinkommen bezieht sich nicht auf die Meeresverschmutzung durch häusliches Abwasser, so dass insofern zwischen der Hafenauffanganlagen-Richtlinie und dem Ospar-Übereinkommen auch kein Konflikt besteht. Das Helsinki-Übereinkommen über den Schutz der Meeresumwelt des Ostseegebietes

408 *Erbguth*, DVBl. 2005, 333 (336); *ders.*, Schiffsabfallbeseitigung, S. 43 (48f.); *Gowers*, S. 41.

stellt in Art. 8 Abs. 2 heraus, dass die Vertragsparteien einheitliche Anforderungen an die Errichtung von Hafenauffanganlagen für die von Schiffen erzeugten Abfälle erarbeiten sollen. Diesbezüglich steht die Hafenauffanganlagen-Richtlinie im Einklang mit dem Helsinki-Übereinkommen.[409]

Sowohl die Hafenauffanganlagen-Richtlinie als auch das Helsinki-Übereinkommen und die das Helsinki-Übereinkommen umsetzende OstseeschutzÄndV sehen jeweils nur eine Entsorgungspflicht bzw. ein Einleitungsverbot von Schwarzwasser und von mit diesem vermischten Grauwasser vor. Hinsichtlich der separaten Einleitung von Grauwasser weisen sie keine expliziten Regelungen auf. Sowohl die Hafenauffanganlagen-Richtlinie als auch das Helsinki-Übereinkommen beziehen sich ausdrücklich nicht nur auf Schiffe ab einer bestimmten Größe, wie es die Anlage IV zu Marpol vorsieht, sondern weiten den Anwendungsbereich auch auf kleinere Schiffe und Sportboote aus (Regel 5 der neu gefassten Anlage IV des Helsinki-Übereinkommens und Art. 3 der Hafenauffanganlagen-Richtlinie). Das Helsinki-Übereinkommen und auch die diese umsetzende OstseeschutzÄndV sehen jedoch bei kleineren Schiffen noch einige Ausnahmen hinsichtlich des Einleitungsverbots vor, so etwa wenn der Einbau eines Abwasser-Rückhaltesystems für Toiletten in Sportbooten und anderen Schiffen technisch schwierig ist oder die Kosten des Einbaus im Verhältnis zum Wert des Schiffes hoch sind und diese Schiffe vor dem 1.1.2000 gebaut wurden, Regel 5 Abschnitt D. der Anlage IV des Helsinki-Übereinkommens. Insoweit ist das Helsinki-Übereinkommen weniger streng als die Hafenauffanganlagen-Richtlinie.

Die im Rahmen des Helsinki-Übereinkommens entstandenen Vorgaben und Beschlüsse sind jedoch als Mindestvorgaben aufzufassen, die jeweiligen Vertragsparteien des Übereinkommens, zu denen auch die EG zählt, sind insofern frei, strengere Maßnahmen zu ergreifen, Art. 29 Helsinki-Übereinkommen. Sowohl das Ospar-Übereinkommen als auch das Helsinki-Übereinkommen und damit auch die dieses umsetzende OstseeschutzÄndV sind damit mit strengerem EG-Recht grundsätzlich vereinbar.[410]

---

409 *Erbguth*, Schiffsabfallbeseitigung, S. 43 (49).

410 *Lell*, ZUR 2001, 138 (143). Zu möglichen Schwierigkeiten hinsichtlich der Vereinbarkeit von Art. 8 II der Hafenauffanganlagen-Richtlinie mit dem in der HELCOM-Empfehlung 17/11 vorgesehenem Kostendeckungsprinzip („no-special-fee"-System), nach dem eine Kostenerhebung unabhängig davon besteht, ob Abfälle abgegeben werden oder nicht: *Gowers*, S. 115 ff.

6. Vereinbarkeit mit dem Marpol-Übereinkommen

Sowohl Marpol 73/78 als auch die Richtlinie 2000/59/EWG intendieren die Verhütung der Meeresverschmutzung durch Schiffe unabhängig von deren Flagge.[411] Die Richtlinie 2000/59/EWG regelt die Abfallentsorgung der Schiffe während ihres Aufenthaltes in den Häfen i.S.d. Art. 2 lit. h) Richtlinie 2000/59/EWG, das Marpol-Übereinkommen hingegen umfasst das Einbringen und Einleiten auf See. Die Hafenauffanganlagen-Richtlinie, die als Ziel anstrebt, die Vorgaben des Marpol-Übereinkommens mit der Abfallentsorgung in den Häfen zu harmonisieren,[412] bezieht sich im Gegensatz zum Marpol-Übereinkommen nicht nur auf Schiffe ab einer bestimmten Größe,[413] sondern umfasst alle Schiffe. Die Hafenauffanganlagen-Richtlinie übernimmt die Verpflichtungen von Marpol, regelt darüber hinaus aber auch die rechtlichen, finanziellen und praktischen Verpflichtungen beim Entladungsvorgang.

Die Einleitungsbeschränkungen nach Marpol 73/79 gelten nur für das mit Fäkalien versetzte Schwarzwasser und das mit diesem vermischte Grauwasser, nicht jedoch für separates Grauwasser. Für separates Grauwasser enthalten auch die Hafenauffanganlagen-Richtlinie und die diese umsetzenden nationalen Normen keine Regelungen, sie nehmen hinsichtlich der Begriffsbestimmungen des Abwassers in Art. 2 lit. c) der Hafenauffanganlagen-Richtlinie nur Bezug auf die Anlage IV zu Marpol. Damit bleibt das Einleiten von nicht mit Schwarzwasser vermischtem Grauwasser sowohl nach Marpol 73/78 als auch nach den Vorgaben der Hafenauffanganlagen-Richtlinie zulässig.

Die Bestimmungen der Hafenauffanganlagen-Richtlinie stehen aber im Hinblick auf die Regelungen der Einleitungen des häuslichen Abwassers in gewissem Widerspruch zu den Vorgaben der Anlage IV des Marpol-Übereinkommens. Denn Art. 7 Abs. 1 der Hafenauffanganlagen-Richtlinie enthält den Grundsatz der obligatorischen Entladung aller Schiffsabfälle i.S.d. Art. 2 lit. c) der Hafenauffanganlagen-Richtlinie und damit des Schwarz- und des mit diesem vermischten Grauwassers für alle Schiffe, während die Anlage IV zu Marpol das Einleiten von häuslichem Abwasser in bestimmtem Umfang gestattet.

So bezieht sich die Hafenauffanganlagen-Richtlinie auf alle Schiffe, während das Marpol-Übereinkommen gem. Regel 2 der Anlage IV erst für Schiffe ab einer bestimmten Größe gilt, nämlich für Schiffe mit einer Bruttoraumzahl von 400 und mehr sowie für Schiffe mit einer kleineren Bruttoraumzahl, die aber für die Beförderung von mehr als 15 Personen zugelassen sind. Diesbezüglich wird zu-

---

411 *Gowers*, S. 35.
412 Begr. der Kommission, BRDrs. 750/98 vom 21.8.1998, S. 7.
413 Vgl. F. III. 2. a).

dem im Hinblick auf das Inkrafttreten noch zwischen neuen und vorhandenen Schiffen differenziert.[414] Zudem gestattet Regel 11 Abs. 1 Nr. 1 der Anlage IV von Marpol das Einleiten von nicht mechanisch behandeltem oder desinfiziertem Abwasser in einer Entfernung von mehr als zwölf Seemeilen, sofern das Abwasser nicht auf einmal, sondern mit einer mäßigen Rate eingeleitet wird, während das Schiff mit einer Geschwindigkeit von mindestens 4 Knoten fährt.

Fraglich ist daher, ob ein Schiff auch dasjenige Abwasser in einem Hafen der Mitgliedsstaaten entsorgen muss, das es nach der Anlage IV zu Marpol an sich legal einleiten dürfte, mithin also, ob die Hafenauffanganlagen-Richtlinie eine Entsorgungspflicht nur für auch nach Marpol illegal eingeleitetes Abwasser oder eine umfassende Entladungspflicht enthält.

Eine Auslegung der Regelungen dahingehend, dass nur nach Marpol illegal eingeleitetes Abwasser der Entladungspflicht unterliegt, führte aber wohl dazu, dass viele Schiffe die Kosten sparende Entsorgung auf See außerhalb der Zwölf-Seemeilen-Zone im Bereich der Gewässer, die zu den Mitgliedsstaaten der EG – wie die Nord- und Ostsee – zählen, vorzögen und mit leeren Tanks in die Häfen einlaufen würden.[415] So könnte ein Schiffsführer eines kleineren Schiffes, das etwa eine kleinere Bruttoraumzahl als 400 aufweist und für weniger als 15 Personen zugelassen ist, sein an Bord befindliches Schwarzwasser und das mit diesem vermischte Grauwasser einfach einleiten und dann anschließend mit leeren Sammeltanks in den entsprechenden Hafen einlaufen. Ein größeres Schiff, das generell von der Anlage IV zu Marpol erfasst ist, könnte sein Abwasser kurz außerhalb der Zwölf-Seemeilen-Zone einfach einleiten und ebenfalls mit leeren Tanks in einen Hafen einlaufen. Da während des meist nur kurzen Aufenthalts der Schiffe in den Häfen kaum neues Abwasser anfällt, würde ein solches Schiff der Entsorgungspflicht vor dem weiteren Auslaufen aus dem Hafen entgehen. Die Hafenauffanganlagen-Richtlinie würde durch diese Vorgehensweise im Hinblick auf eine Entsorgungspflicht aber unterlaufen. Es ist daher entscheidend, ob die grundsätzliche Entsorgungspflicht für sämtliches häusliches Schiffsabwasser von allen Schiffen gilt, da nur dann eine Umgehung der Entsorgungspflicht verhindert werden kann.

Zu untersuchen ist daher, ob also ein generelles Verbot des Einleitens häuslichen Schiffsabwassers durch die Hafenauffanganlagen-Richtlinie angenommen werden kann. Fraglich ist zunächst, ob die Hafenauffanganlagen-Richtlinie zwingend eine Entsorgung des Abwassers, das nach der Anlage IV zu Marpol legal

414 Vgl. F. III. 2. a).
415 *Erbguth*, Schiffsabfallbeseitigung, S. 43 (48).

eingeleitet werden darf, intendiert. Dem eindeutigen Wortlaut[416] zufolge ist eine Entladung der Schiffsabfälle und damit des Schwarzwassers und des mit diesem vermischten Grauwassers aber gerade von jedem Kapitän unabhängig von der Schiffsgröße vorzunehmen. Eine andere Auslegung des Art. 7 Abs. 1 der Hafenauffanganlagen-Richtlinie dahingehend, dass die Entladungspflicht der Hafenauffanganlagen-Richtlinie nur für die Schiffsabfälle gilt, die nach Marpol illegal eingeleitet werden, ist nur schwer möglich. *Gowers* führt an, dass es bei einer derartigen Intention der Hafenauffanganlagen-Richtlinie einer eindeutigen Klarstellung im Wortlaut der Hafenrichtlinie bedurft hätte, so etwa: „Der Kapitän eines Schiffes, das einen Gemeinschaftshafen angelaufen hat, entlädt vor dem Auslaufen alle Schiffsabfälle, die nicht nach den Vorschriften von Marpol 73/78 in das Meer eingeleitet werden dürfen, in einer Hafenauffangvorrichtung.“[417] Das würde für die hier relevanten häuslichen Schiffsabfälle in Form von Schwarzwasser und von mit diesem vermischten Grauwasser bedeuten, dass diese zwar in den Hafenauffanganlagen kostenpflichtig entsorgt werden können, dies jedoch nicht obligatorisch ist, da deren Einleitung nach den Vorgaben von Marpol ja außerhalb der Zwölf-Seemeilen-Zone bzw. für kleinere Schiffe bereits innerhalb der Zwölf-Seemeilen-Zone zulässig ist. Für diese Umdeutung der Hafenauffanganlagen-Richtlinie würde der ausdrückliche Verweis in der Richtlinie darauf, dass sie die Bestimmungen von Marpol berücksichtigt, sprechen. Diese Umdeutung wäre einerseits zwar sinnvoll, um den bestehenden Widerspruch aufzulösen, führte aber auf der anderen Seite dazu, dass bei dieser Auslegung die legale Einleitung der Schiffsabfälle ins Meer zur Regel wird, da diese die kostengünstigste ist.[418] Die Hafenauffanganlagen-Richtlinie gilt aber gem. Art. 2 lit. a) für seegehende Schiffe jeder Art, die im Seegebiet eingesetzt werden, unter Einschluss von Tragflügelbooten, Luftkissenfahrzeugen, Tauchfahrzeugen und schwimmenden Geräten. Sie erfasst damit von ihrem eindeutigen Anwendungsbereich alle Schiffe unabhängig von ihrer Größe. Durch eine Umgehungsmöglichkeit der Entladungspflicht wäre aber ein Großteil faktisch vom Anwendungsbereich der Hafenauffanganlagen-Richtlinie letztlich ausgeschlossen. Zudem differenziert auch Art. 7 Abs. 2 der Hafenauffanganlagen-Richtlinie nicht zwischen dem legalen und illegalen Einbringen i.S.d. Marpol-Übereinkommens, was dafür spricht, dass von der Entladungspflicht der Hafenauffanganlagen-Richtlinie alle Schiffe auch außerhalb der Zwölf-Seemeilen-Zone erfasst sind, für die nach dem Marpol-Übereinkommen das Einleitungsverbot nicht gilt.

---

416 Art. 7 I der Hafenauffanganlagenrichtlinie: „Der Kapitän eines Schiffes, das einen Gemeinschaftshafen angelaufen hat, entlädt vor dem Auslaufen alle Schiffsabfälle in einer Hafenauffangeinrichtung.“

417 *Gowers*, S. 37.

418 *Erbguth*, Schiffsabfallbeseitigung, S. 43 (48).

Eine andere Auslegung des Art. 7 Abs. 1 der Hafenauffanganlagen-Richtlinie dahingehend, dass die kleineren Schiffe bereits innerhalb der Zwölf-Seemeilen-Zone und die größeren außerhalb der Zwölf-Seemeilen-Zone das Abwasser einleiten dürften, könnte darüber hinaus auch Art. 80 Abs. 2 EGV, auf den die Hafenauffanganlagen-Richtlinie gestützt wird, und insbesondere dem darin enthaltenen Verhältnismäßigkeitsgrundsatz entgegenstehen. Nach dieser Norm kann der Rat der Europäischen Gemeinschaft darüber entscheiden, ob, inwieweit und nach welchen Vorschriften geeignete Regelungen für die Seeschifffahrt zu erlassen sind. Regelungen, die die EG im Bereich der Entladung von Schiffsabfällen erlässt, können daher grundsätzlich auf die Zuständigkeit der EG für die Seeschifffahrt gem. Art. 80 Abs. 2 EGV zurückzuführen sein.[419] Da die EG keine ausschließliche Zuständigkeit für die Seeschifffahrt besitzt und somit keinerlei Vorschriften des primären Gemeinschaftsrechts über die Entladung von Schiffsabfällen bestehen, sind das Subsidiaritätsprinzip des Art. 5 S. 2 EGV sowie das Verhältnismäßigkeitsprinzip des Art. 5 S. 3 EGV anzuwenden. Demzufolge darf die Gemeinschaft nur dann tätig werden, sofern und soweit die Ziele der in Betracht gezogenen Maßnahmen auf Ebene der Mitgliedsstaaten nicht ausreichend erreicht und daher wegen ihres Umfangs oder ihrer Wirkungen besser auf Gemeinschaftsebene erzielt werden können. Ferner dürfen die Maßnahmen der Gemeinschaft nicht über das für die Erreichung der Ziele des EGV erforderliche Maß hinausgehen.[420]

Hinsichtlich des Subsidiaritätsprinzips enthält das Protokoll über die Anwendung der Grundsätze der Subsidiarität und der Verhältnismäßigkeit, welches durch den Vertrag von Amsterdam dem EG-Vertrag hinzugefügt wurde, Leitlinien zu dessen Umsetzung. So ist gem. Ziffer 5 des Protokolls vorgesehen, dass der betreffende Bereich transnationale Aspekte aufweisen muss, die durch Maßnahmen der Mitgliedsstaaten nicht ausreichend geregelt werden können. Ferner müssen alleinige Maßnahmen der Mitgliedsstaaten oder das Fehlen von Gemeinschaftsmaßnahmen diesbezüglich gegen die Anforderungen des Vertrags verstoßen oder auf sonstige Weise die Interessen der Mitgliedsstaaten erheblich beeinträchtigen. Darüber hinaus sieht das Protokoll als Voraussetzung vor, dass die Maßnahmen auf Gemeinschaftsebene wegen ihres Umfangs oder ihrer Wirkungen im Vergleich zu Maßnahmen auf der Ebene der Mitgliedsstaaten deutliche Vorteile mit sich bringen müssen.

Die Hafenauffanganlagen-Richtlinie erfüllt unstreitig diese Voraussetzungen. So ist die Meeresverschmutzung, die durch die Richtlinie verhindert werden soll, unzweifelhaft durch grenzüberschreitende Auswirkungen gekennzeichnet. Nur

---

419 *Proelß*, S. 411.
420 *Nicolaysen*, Europarecht I, S. 141f.

durch gleiche Maßnahmen in allen Gemeinschaftshäfen kann eine Verschmutzung wirksam verhindert werden, da anderenfalls diejenigen Häfen, in denen eine Entladungspflicht bestünde, von Schiffen kaum angelaufen und so nicht alle in Betracht kommenden Verschmutzer erfasst würden.[421] Eine einheitliche Maßnahme der Gemeinschaft ist zudem imstande, Wettbewerbsverzerrungen zwischen den Häfen im Hinblick auf die Gebühren für die Inanspruchnahme von Auffangvorrichtungen zu verhindern.[422] Das Entladungssystem der Richtlinie über die Schiffsabfälle soll durch seinen verbindlichen Charakter Wettbewerbsbeeinträchtigungen für die Seeschifffahrt und für die Gemeinschaftshäfen als wichtige Punkte im transeuropäischen Verkehrsnetz verhindern.[423] Nur eine einheitliche Maßnahme der Gemeinschaft kann gewährleisten, dass allen Schiffen, die ihre Abfälle und ihr Abwasser entladen wollen, geeignete Auffanganlagen in jedem Hafen zur Verfügung stehen.[424]

Dem Verhältnismäßigkeitsprinzip zufolge müssen die Maßnahmen der Gemeinschaft zur Erreichung der Ziele des EG-Vertrags geeignet und erforderlich sein, die auferlegten Belastungen müssen in einem angemessenen Verhältnis zu den angestrebten Zielen stehen.[425] Die Hafenauffanganlagen-Richtlinie stellt durch die Entladungspflicht des Abwassers ein geeignetes Mittel dar, die Meeresverschmutzung in Bezug auf die Einleitung häuslichen Abwassers zu verringern. Erforderlichkeit im Sinne des Verhältnismäßigkeitsprinzips ist dann gegeben, wenn es keine weniger einschneidende Maßnahme gibt, die zum gleichen Erfolg führt.[426] Empfehlungen und Stellungnahmen der EG als weniger einschneidende Maßnahmen in diesem Zusammenhang dürften wegen ihrer fehlenden Verbindlichkeit gegenüber den einzelnen Mitgliedsstaaten nicht den gleichen Erfolg versprechen, sie sind daher nicht gleich geeignet.[427] Finanzielle Unterstützungen der einzelnen Häfen versprechen ebenfalls nicht den gleichen Erfolg.

Weiterhin ist die mit der Hafenauffanganlagen-Richtlinie einhergehende Belastung der Schiffe und Hafenbetreiber auch angemessen im Hinblick auf den zu erreichenden Zweck, der Verhinderung der illegalen Abfallverbringung auf See.[428] Das Subsidiaritätsprinzip und auch der Verhältnismäßigkeitsgrundsatz

421 BRDrs. 750/98 v. 21.8.1998, S. 6.
422 BRDrs. 750/98 v. 21.8.1998, S. 7, 8.
423 *Gowers*, S. 30.
424 BRDrs. 750/98 v. 21.8.1998, S. 7; siehe auch Entscheidungsgrund 6 der Hafenauffanganlagen-Richtlinie.
425 *Haratsch/Koenig/Pechstein*, Rn. 184; *Nicolaysen*, Europarecht I, S. 141f.
426 *Haratsch/Koenig/Pechstein*, Rn. 184.
427 *Gowers*, S. 33f.
428 *Gowers*, S. 35.

Art. 5 S. 2, 3 EGV sind damit hinsichtlich der Hafenauffanganlagen-Richtlinie gewahrt.[429]

Eine andere Beurteilung ergibt sich jedoch hinsichtlich einer anderen Auslegung des Art. 7 Abs. 1 der Hafenauffanganlagen-Richtlinie. Die Richtlinie wäre damit im Hinblick auf das häusliche Abwasser zwar geeignet, Verschmutzungen zu verhindern, das Errichten und Betreiben der Anlagen stünde jedoch angesichts der wohl nur als gering einzuschätzenden Nutzungen der entsprechenden Anlagen für häusliches Abwasser und im Hinblick auf die hohen Kosten für die Bereitstellung der Auffanganlagen außer Verhältnis zum zu erreichenden Ziel. So ist nicht davon auszugehen, dass die Anlagen, die der Entladung des Abwassers dienen, häufig genutzt würden, da das Abwasser ja auch unter bestimmten Bedingungen legal eingeleitet werden darf. Ferner wäre aber auch die Geeignetheit der Anlagen zur Erreichung des Ziels, nämlich zur Reinhaltung der Meeresumwelt, angesichts der nur in sehr geringem Maße zu erwartenden Frequentierung fraglich. Eine solche Auslegung stünde mithin zweifelsfrei im Widerspruch zum Verhältnismäßigkeitsprinzip des Art. 5 S. 3 EGV und wäre demzufolge unzulässig. Daher ist davon auszugehen, dass mechanisch nicht behandeltes und desinfiziertes Schwarzwasser und mit diesem vermischtes Grauwasser auch von kleineren Schiffen einer Entladungspflicht in den Häfen unterliegt und eine Entsorgung außerhalb der Zwölf-Seemeilen-Zone des mechanisch nicht behandelten und desinfizierten Schwarzwassers und des mit diesem vermischten Grauwassers für kein Schiff zulässig ist. Eine andere Auslegung entgegen dem eindeutigen Wortlaut des Art. 7 Abs. 1 der Hafenauffanganlagen-Richtlinie kann nicht angenommen werden.

Diese Auslegung wird auch dem Ziel der Ospar-Kommission, der Internationalen Nordseeschutzkonferenz (INK)[430] und der EU-Kommission gerecht, die bis zum Jahr 2010 eine eutrophierungsfreie Meeresumwelt anstreben.[431] Sie steht auch im Einklang mit § 4 Hohe-See-Einbringungsgesetz, der das Einbringen von Abfällen und sonstigen Stoffen, worunter auch das häusliche Abwasser fällt, in die Hohe See generell verbietet. Diese EG-rechtskonforme Umsetzung ist zudem imstande, den misslichen Umstand, dass die Auffanganlagen nicht genutzt wür-

---

429 Siehe auch Entscheidungsgrund 6, 7 der Hafenauffanganlagen-Richtlinie.

430 Sie wird seit 1984 in unregelmäßigen Abständen durchgeführt, ihr gehören die für den Schutz der Nordsee jeweils zuständigen Minister der Nordseeanrainerstaaten und die Vertreter der EU an. Die INK hat keine eigenen Zuständigkeiten oder gar Rechtssetzungskompetenzen, sie gilt jedoch immerhin als mächtigstes politisches Forum für den Nordseeschutz: *Mechel/Reese*, ZUR 2003, 321 (324).

431 Ospar, Strategy to Combat Eutrophication, Ref. Nr. 1998-18, Punkt 4.1 lit. d): http://www.bmu.de/sachthemen/gewaesser/gewaesserstadt/pdf/ospar_strategy3_eut.pdf (Stand: 30.1.2008).

den, auszuschließen. Die Hafenauffanganlagen-Richtlinie ist damit für die Häfen der EG als strengeres regionales Recht i.S.d. Art. 3 Abs. 4 des Marpol-Übereinkommens[432] anzusehen.

Festzuhalten bleibt damit, dass das hier in Frage stehende häusliche Schiffsabwasser in Form von sog. Schwarzwasser und von mit diesem vermischten sog. Grauwasser von allen Schiffen unabhängig von ihrer Größe der Entsorgungspflicht in den Häfen zwingend umfasst ist und eine Einleitung nicht zulässig ist, sofern das Abwasser nicht gem. Regel 11 der Anlage IV zu Marpol mechanisch behandelt oder aufbereitet wurde.

7. Das Verhältnis der Hafenauffanganlagen-Richtlinie zum WHG

Im Folgenden ist schließlich noch kurz auf die grundsätzliche Vereinbarkeit der in nationales Recht umgesetzten Hafenauffanganlagen-Richtlinie zu den Anforderungen des WHG, welches für Einleitungen jeglicher Art von Abwasser eine Einleitungserlaubnis gem. §§ 7, 7a WHG vorsieht und diese anderenfalls nicht zulässt, einzugehen, um zu untersuchen, ob sich Widersprüche ergeben, die im Zusammenhang mit der Frage nach dem Schifffahrtsprivileg eine weitergehende Beurteilung erfordern.

a) Einleitungen von sog. Schwarzwasser und von dem mit diesem vermischten sog. Grauwasser

Zwischen dem WHG einerseits und den Vorgaben der Hafenauffanganlagen-Richtlinie andererseits ergibt sich nach der hier vertretenen Auslegung kein solcher Widerspruch wie zum Marpol-Übereinkommen. Den Vorgaben der Hafenauffanganlagen-Richtlinie unterliegen Schwarzwasser und das mit diesem vermischte Grauwasser, mithin sieht auch die Hafenauffanganlagen-Richtlinie dadurch gewissermaßen ein – wenn auch nur mittelbar bedingtes – Einleitungsverbot für dieses Abwasser vor, so dass ein Widerspruch durch unterschiedliche Zulässigkeit der Einleitungen häuslichen Abwassers in Form von Schwarzwasser und von mit diesem vermischten Grauwasser nicht besteht. Damit bleiben WHG und die in nationales Recht umgesetzte Hafenauffanganlagen-Richtlinie nach den obigen Ausführungen grundsätzlich nebeneinander anwendbar. Dies bedeutet,

432 Art. 3 Abs. 4 zu Marpol 73/78: Dieses Protokoll ist nicht so auszulegen, als hindere es die Vertragsparteien, in Übereinstimmung mit dem Völkerrecht einzeln oder gemeinsam strengere Maßnahmen zur Verhütung, Verringerung und, sofern möglich, Beseitigung der Verschmutzung zu ergreifen.

dass für das anfallende Abwasser zunächst eine Sammelpflicht besteht und dieses nur eingeleitet werden darf, sofern eine wasserrechtliche Erlaubnis diesbezüglich vorliegt. Anderenfalls ist von einer Entsorgungspflicht für dieses Abwasser in den einzelnen Häfen auszugehen, was wohl auch der Regelfall sein dürfte.

Die Hafenauffanganlagen-Richtlinie sieht eine Entsorgungspflicht nur für Schwarzwasser und für mit diesem vermischtes Grauwasser vor, das WHG fordert für die Einleitung dieses Abwassers eine Einleitungserlaubnis. Das bedeutet – wie bereits angesprochen –, dass die Hafenauffanganlagen-Richtlinie und auch das WHG grundsätzlich keinen Raum für die Annahme von Gewohnheitsrecht hinsichtlich der Einleitungen von häuslichem Abwasser in Form von Schwarzwasser und von mit diesem vermischten Grauwasser lassen.

b) Separate Einleitungen von Grauwasser im Bereich der deutschen Küstengewässer und der Häfen für seegehende Schiffe

Fraglich ist, ob das separate Einleiten von Grauwasser, also von fäkalienfreiem, gering verschmutztem Abwasser, wie es etwa beim Duschen, Baden oder Händewaschen anfällt, zulässig und damit nicht unbefugt i.S.d. § 324 Abs. 1 StGB ist und es demzufolge auch keiner Rechtfertigung dieser Einleitungen durch das sog. Schifffahrtsprivileg bedarf.

Die Hafenauffanganlagen-Richtlinie sowie die entsprechenden in nationales Recht umgesetzten Normen enthalten für das getrennte Einleiten von Grauwasser keine explizite Regelung, sofern dieses nicht mit Schwarzwasser vermischt ist. Dennoch ergibt sich aus der Auslegung der Hafenauffanganlagen-Richtlinie und den diese umsetzenden nationalen Regelungen die Zulässigkeit der Einleitungen separaten Grauwassers.[433]

Das WHG kennt eine solche Ausnahme hinsichtlich des separaten Grauwassers hingegen nicht. Auch diesbezüglich ist eine Einleitungserlaubnis gem. §§ 7, 7a WHG erforderlich, damit die Einleitungen nicht unbefugt erfolgen. Damit besteht ein Widerspruch zwischen beiden Regelungen.

Bei den die Hafenauffanganlagen-Richtlinie umsetzenden nationalen Vorschriften handelt es sich um Landesrecht, bei dem WHG hingegen um Bundesrecht, so dass man an einen Vorrang des WHG aufgrund des Vorrangs des Bundesrechts vor dem Landesrecht aus Art. 31 GG ausgehen könnte (lex superior derogat legi inferiori).

Es besteht bei den Rechtsakten der EG – und damit also auch bei der Hafenauffanganlagen-Richtlinie – aber grundsätzlich ein Anwendungsvorrang vor nationalem Recht. Das Gemeinschaftsrecht hat daher uneingeschränkten Vorrang vor

433 Vgl. G. V. 2. g).

entgegenstehendem nationalen Recht, so dass Vorschriften des Gemeinschaftsrechts denen des nationalen Rechts an sich vorgehen, sofern Vorschriften des nationalen Rechts ebenfalls auf den Sachverhalt anwendbar sind und sich nationales Recht und Gemeinschaftsrecht inhaltlich widersprechen.[434] Der EuGH begründet dies damit, dass durch den EG-Vertrag eine eigenständige Rechtsordnung geschaffen und damit die Souveränität der Mitgliedsstaaten durch Übertragung von Hoheitsrechten auf die Gemeinschaft beschränkt wurde. Ferner belegt der EuGH dies mit dem Grundsatz der Vertragstreue gem. Art. 10 EG, mit dem Umkehrschluss aus speziellen Vertragsermächtigungen zu einseitigen Maßnahmen sowie der unmittelbaren Geltung von Verordnungen in jedem Mitgliedstaat gem. Art. 249 Abs. 2 EG.[435] Die Pflichten der Mitgliedsstaaten stehen damit unter keinem Vorbehalt zugunsten der nationalen Rechtsordnungen.[436]

Der EuGH folgert aus dem Vorrang des Gemeinschaftsrechts, dass allein durch das Inkrafttreten von Vertragsbestimmungen und durch die unmittelbar geltenden Rechtsakte der Gemeinschaftsorgane diesen entgegenstehende nationale Bestimmungen ohne weiteres unanwendbar werden, ferner, dass ein wirksames Zustandekommen neuer staatlicher Gesetzgebungsakte insofern verhindert wird, als diese mit den Gemeinschaftsnormen unvereinbar sind.[437] Zudem ist jeder staatliche Richter verpflichtet, das Gemeinschaftsrecht uneingeschränkt anzuwenden und die Rechte, die es den Einzelnen verleiht, zu schützen, indem er jede möglicherweise entgegenstehende Bestimmung des nationalen Rechts, unabhängig davon, ob sie früher oder später als die Gemeinschaftsnorm ergangen ist, unangewendet lässt.[438]

Das BVerfG begründet diesen Vorrang nicht aus der Funktion der EG als Rechtsgemeinschaft, sondern in Anlehnung an die völkerrechtliche Vollzugstheorie aus den innerstaatlichen Zustimmungsgesetzen, die einen Rechtsanwendungsbefehl in Art. 23 Abs. 1 S. 2 GG enthalten.[439] Hinsichtlich einer Richtlinie gilt der grundsätzliche Anwendungsvorrang aber nicht uneingeschränkt, was durch die besondere rechtliche Struktur der Richtlinie – sie gilt nur unter engen Voraussetzungen unmittelbar im nationalen Recht, im Übrigen bedarf sie aber der Umsetzung in nationales Recht, um Verbindlichkeit zu erlangen – bedingt ist.[440] Richtlinienwidriges nationales Recht bleibt daher zunächst anwendbar, es sei

---

434 *Arndt,* S. 129; *Herdegen,* § 11 Rn. 1; *Jarass/Beljin,* NVwZ 2004, 1 (1).
435 EuGH Slg. 1964, 1251 (1269ff.).
436 *Herdegen,* § 11 Rn. 2.
437 EuGH Simmenthal II-Urteil, Slg. 1978, 629.
438 EuGH Simmenthal II-Urteil, Slg. 1978, 629, Rn. 17ff.
439 BVerfGE 73, 339 (374f.).
440 *Arndt*, S. 132.

denn, die Richtlinie gilt ausnahmsweise unmittelbar im innerstaatlichen Recht.[441] Bei der Umsetzung von EG-Richtlinien ist daher das Gebot der richtlinienkonformen Auslegung des nationalen Rechts zu beachten.[442] Ließe sich demnach eine mit den EG-Vorgaben zu vereinbarende Auslegung des WHG finden, müsste keinem von beiden Vorrang gegeben werden. Die EG-rechtskonforme Auslegung darf die durch die nationalen Auslegungsregeln gesetzten Grenzen aber nicht überschreiten,[443] was insbesondere bei einer Auslegung contra legem der Fall ist.[444] Wenn keine EG-rechtskonforme Auslegung möglich ist, gilt der Anwendungsvorrang auch hinsichtlich von Richtlinien.

Das WHG sieht eindeutig auch für das Einleiten von separatem Grauwasser eine Einleitungserlaubnis gem. §§ 7, 7a WHG vor und macht diesbezüglich keine Ausnahme. Eine richtlinienkonforme Auslegung des WHG dahingehend, dass die Einleitungen separaten Grauwassers keiner Einleitungserlaubnis gem. §§ 7, 7a WHG bedürfen, ist damit nur schwer möglich und bedeutete eine Auslegung der nationalen Vorschriften contra legem.

Mithin ist eine richtlinienkonforme Auslegung des WHG nicht möglich, so dass letztlich doch auf Rangverhältnis von europäischem Recht und nationalem Recht abzustellen ist. Damit ist aber hinsichtlich der separaten Einleitungen von Grauwasser aufgrund des Vorrangs der EG-Vorgaben von einer Zulässigkeit auszugehen. Diese internationalen Vorgaben der Hafenauffanganlagen-Richtlinie, die speziell auf die Schifffahrt u.a. im Küstenbereich zugeschnitten sind und bereits durch nationale Vorschriften umgesetzt wurden, gehen denen des WHG demzufolge vor, so dass für die Einleitungen separaten Grauwassers keine Einleitungserlaubnis erforderlich ist.

Für diese Auffassung spricht, dass die meisten Schiffe Schwarz- und Grauwasser ohnehin zusammen in Sammeltanks aufbewahren, so dass separates Einleiten von Grauwasser daher nicht die Regel ist.[445] Ein Alleingang der BRD, also das Erfordernis einer Einleitungserlaubnis nach WHG für das Einleiten separaten Grauwassers im Bereich der Küstengewässer und Häfen für seegehende Schiffe, ist daher auch angesichts der geringen Mengen an Grauwasser, die separat eingeleitet werden, nicht zwingend erforderlich und führte auch nicht zu einer großen Verbesserung der Qualität der Meeresgewässer, sondern verkomplizierte eher das Verfahren und würde die Schiffe bzw. deren Schiffsführer von einem Einlaufen in einen Hafen der BRD zurückschrecken lassen.

---

441 *Arndt*, S. 133; *Jarass,* NJW 1990, 2420 (2421).

442 *Herdegen,* § 9 Rn. 40; *Jarass/Beljin,* NVwZ 2004, 1 (2).

443 *Hecker,* § 10 Rn. 34f.; *Jarass/Beljin,* JZ 2003, 768 (775); *dies*., NVwZ 2004, 1 (2).

444 EuGH Rs. C-105/03, EuZW 2005, S. 433 (435) Rn. 47; *Jarass/Beljin,* JZ 2003, 768 (775); *Herdegen,* § 9 Rn. 40.

445 *Douvier*, S. 68.

Durch die Hafenauffanganlagen-Richtlinie soll ein einheitliches System der Abwasserbehandlung geschaffen werden, das Wettbewerbsverzerrungen nahezu ausschließt. Würde in den deutschen Hoheitsgewässern damit ein Einleitungsverbot für die Einleitungen des separaten Grauwassers bestehen, erwüchse für die BRD ein Wettbewerbsnachteil, der möglicherweise zu einer Umgehung der deutschen Küstengewässer und Häfen für seegehende Schiffe führen könnte. Der Anwendbarkeit des WHG, das eine Einleitungserlaubnis für das separat eingeleitete Grauwasser vorsieht, würde demzufolge das Ziel der Hafenauffanganlagen-Richtlinie, Wettbewerbsnachteile einzelner Länder zu verhindern, entgegenstehen, da die Anwendung des WHG zu Wettbewerbsnachteilen der BRD führen würde. Das Erfordernis einer Erlaubnis für das Einleiten von separatem Grauwasser im Bereich der nationalen Küstengewässer und Häfen für seegehende Schiffe ist demzufolge nicht überzeugend. Damit gehen die Hafenauffanganlagen-Richtlinie und mithin auch die diese in nationales Recht umsetzenden Vorschriften im Hinblick auf die Zulässigkeit der Einleitungen häuslichen Abwassers denen des WHG vor. Folglich sind die Einleitungen von separatem Grauwasser zulässig und sie erfolgen nicht unbefugt i.S.d. § 324 Abs. 1 StGB. Da die Zulässigkeit sich bereits durch bloße Auslegung von legislativem Recht ergibt, bedarf es einer Hinzuziehung von Gewohnheitsrecht in Form des Schifffahrtsprivilegs aber gerade nicht.

H. Zulässigkeit der Einleitungen von geklärtem bzw. behandeltem Abwasser nach Regel 11 der Anlage IV zu Marpol im Bereich der Küstengewässer und der Häfen für seegehende Schiffe

Ungeklärt ist jedoch noch, ob für das in den Abwasser-Behandlungs- und Abwasser-Aufbereitungsanlagen an Bord behandelte Schiffsabwasser, dessen Einleitung nach Anlage IV zu Marpol auch innerhalb der Zwölf-Seemeilen-Zone zulässig ist, dennoch das strengere WHG greift, das eine Einleitungserlaubnis gem. §§ 7, 7a WHG auch für dieses Abwasser fordert. Sollte die Einleitung des Abwassers, das aus den Abwasser-Behandlungs- bzw. Aufbereitungsanlagen stammt, auch ohne eine ausdrückliche Erlaubnis nach WHG bereits zulässig sein, bedürfte es hierfür auch keines gesonderten Rechtfertigungsgrundes mehr, da die Einleitungen nicht „unbefugt" i.S.d. § 324 Abs. 1 StGB StGB erfolgten. Fraglich ist daher, ob das Einleiten des behandelten bzw. aufbereiten Abwassers aus den Anlagen nach Marpol überhaupt noch den Straftatbestand des § 324 Abs. 1 StGB erfüllen kann und es somit einer Erstreckung des Gewohnheitsrechts auch auf diese Einleitung demzufolge nicht mehr bedarf.

I. Ansicht von *Hellwig/Pfaff*

Hellwig/Pfaff schließen aus dem Vorhandensein von Schiffskläranlagen darauf, dass das Erlaubnisverfahren nach WHG nicht geeignet sei, die Gewässerbeeinträchtigung hinreichend zu prüfen und negativen Beeinträchtigungen vorzubeugen.[446] Einleitungen von aufbereitetem bzw. behandeltem Schiffsabwasser im Küstenbereich seien erlaubt und bedürften keiner wasserhaushaltsrechtlichen Einleitungserlaubnis gem. §§ 7, 7a WHG. Das WHG sei zudem nicht auf die Besonderheiten der Schifffahrt ausgerichtet.[447] Für derartige Einleitungen sei eher das völkerrechtliche Regelwerk Marpol einschlägig.

Hellwig/Pfaff gehen davon aus, dass keine weitergehenden Regelungen erforderlich sind. Auch die parlamentarische Staatssekretärin des Bundesministeriums für Umwelt, Naturschutz und Reaktorsicherheit *Altmann* hat sich in dieser Richtung am 9.12.1999 in Bremen geäußert.[448] Ihr zufolge sollen für den Bereich der

---

446 *Hellwig/Pfaff*, ZfW 2005, S. 154 (159f.).

447 *Hellwig/Pfaff*, ZfW 2005, S. 154 (160).

448 Parlamentarische Staatssekretärin Altmann, Vortrag „Recht und rechtliche Entwicklung im Zusammenhang mit Schiffsabwasser" in Bremen anlässlich des GAUSS-Workshops „Aufbereitung von Schwarz- und Grauwasser in der Seeschifffahrt" in

deutschen Küstengewässer der Nord- und Ostsee allein die Bestimmungen des regionalen Helsinki-Übereinkommens von 1974 und die am 15.6.1991 in Kraft getretene nationale Verordnung über die Verhütung der Verschmutzung der Nordsee durch Schiffsabwasser maßgeblich sein.[449] Es reiche also aus, wenn die Schiffsabwasseranlagen den Anforderungen nach der Anlage IV des Marpol-Übereinkommens genügen.[450] So könne der Betreiber eines Schiffes davon ausgehen, dass er sich rechtmäßig verhalte, wenn er eine Abwasser-Aufbereitungsanlage gem. Marpol Anlage IV betreiben und das darin gereinigte Abwasser einleiten würde.[451]

Hellwig/Pfaff schlagen daher eine Änderung des § 7 WHG vor, um eine klare Rechtslage diesbezüglich zu erreichen. So soll ihnen zufolge § 7 WHG um folgenden Absatz ergänzt werden:

„(6) Für das Einleiten von Schiffsabwasser ist keine Erlaubnis im Sinne dieses Gesetzes erforderlich, sofern die Schiffe eine Abwasser-Behandlungsanlage nach Marpol Anlage IV Regel 8 betreiben, die von der zuständigen Verwaltung entsprechend der Regel 3 Abs. 1 lit. a) i der Anlage IV zu Marpol zugelassen ist."[452]

II. Auseinandersetzung mit der Ansicht von *Hellwig/Pfaff*

Fraglich ist daher, ob eine wasserrechtliche Erlaubnis dann entbehrlich ist, wenn die Schiffe das Abwasser erst nach einer Aufbereitung bzw. Behandlung durch die nach Marpol 73/78 zugelassenen Abwasser-Behandlungs- bzw. Abwasser-Aufbereitungsanlagen einleiten. Um jedoch konkretere Aussagen über das Konkurrenzverhältnis der Vorschriften des WHG zu denen des Marpol-Übereinkommens treffen zu können, wird zunächst untersucht, inwiefern sich die Anforderungen der Anlage IV des Marpol-Übereinkommens von den Zielen des WHG unterscheiden. In diesem Zusammenhang stellt sich allerdings die Frage, ob nicht

---

Bremen, am 9.12.1999: http://www.bmu.de/reden/archiv/parl_staatssekretaerin_gila_altmann/doc/1876.php (Stand: 30.1.2008).

449 Parlamentarische Staatssekretärin Altmann, Vortrag „Recht und rechtliche Entwicklung im Zusammenhang mit Schiffsabwasser" in Bremen anlässlich des GAUSS-Workshops „Aufbereitung von Schwarz- und Grauwasser in der Seeschifffahrt" in Bremen, am 9.12.1999:http://www.bmu.de/reden/archiv/parl_staatssekretaerin_gila_altmann/doc/1876.php (Stand: 30.1.2008).

450 *Hellwig/Pfaff*, ZfW 2005, 154 (164).

451 *Hellwig/Pfaff*, ZfW 2005, 154 (164).

452 *Hellwig/Pfaff*, ZfW 2005, 154 (165); die zitierten Regeln der Anlage IV beziehen sich noch nicht auf den aktuellen Stand der überarbeiteten Anlage IV zu Marpol, BGBl. 2004, II, S. 1673.

die nach dem Marpol-Übereinkommen zugelassenen Schiffsabwasseranlagen gegebenenfalls den Zielen des WHG entsprechen, so dass auf das aufwändige Erlaubnisverfahren nach Wasserhaushaltsrecht[453] tatsächlich verzichtet werden und in der jeweiligen verwaltungsrechtlichen Zulassung der Abwasser-Behandlungs- bzw. Abwasser-Aufbereitungsanlage schon eine Erlaubnis i.S.d. § 7 WHG gesehen werden kann.

1. Regelungen des Marpol-Übereinkommens

Voraussetzung für die Zulässigkeit der Einleitungen nach Anlage IV zu Marpol 73/78 ist einerseits gem. Regel 11 Abs. 1 Nr. 1, dass das jeweilige Schiff über ein von der Verwaltung zugelassenes System zur mechanischen Behandlung und Desinfektion von Abwasser, also über eine Abwasser-Behandlungsanlage, verfügt und in einer Entfernung von mindestens drei Seemeilen vom nächstgelegenen Land einleitet, sofern das Abwasser jeweils nicht auf einmal, sondern mit einer mäßigen Rate eingeleitet wird und das Schiff mit einer Geschwindigkeit von mindestens 4 Knoten fährt. Die Einleitungsrate muss hierbei jedoch von der Verwaltung zugelassen sein.

Das Schiff kann das Abwasser aber andererseits auch gem. Regel 11 Abs. 1 Nr. 2 in einer bordeigenen, von der Verwaltung zugelassenen Abwasser-Aufbereitungsanlage reinigen. Die Einleitung solchen Abwassers ist dann zulässig, wenn die Testergebnisse der Anlage in einem Internationalen Zeugnis über die Verhütung der Verschmutzung durch Abwasser auf dem Schiff vermerkt sind und das eingeleitete Wasser keine schwimmenden Festkörper enthält und auch keine Verfärbungen des Wassers hervorruft.

2. Wirkungsweise der Anlagen nach Marpol

a) Abwasser-Aufbereitungsanlagen i.S.d. Regel 11 Abs. 1 Nr. 2 i.V.m. Regel 9 Abs. 1 Nr. 1 der Anlage IV zu Marpol

Als Abwasser-Aufbereitungsanlagen i.S.d. Regel 11 Abs. 1 Nr. 2 i.V.m. Regel 9 Abs. 1 Nr. 1 der Anlage IV zu Marpol werden hauptsächlich biologisch arbeitende Abwasser-Aufbereitungsanlagen mit Belebtschlamm-Verfahren eingesetzt.[454] Die Aufbereitung wird aerob-biologisch durch eine Bakterienmasse erreicht, zu-

453 Vgl. E. I. 3.
454 *Douvier*, S. 67.

dem erfolgt eine Desinfektion durch Chlor.[455] So werden biologisch abbaubare Substanzen im Abwasser zu Kohlendioxid, Stickstoff wird abgebaut und die im Abwasser befindlichen Krankheitserreger können bis zu 98% reduziert werden. Die übliche Desinfektion durch Chlor ist aber nicht ganz unbedenklich, wenn man berücksichtigt, dass eine Fähre, die 1.500 Personen fassen kann, pro Jahr etwa zehn Tonnen Chlor und Chlorverbindungen in die Gewässer einleitet.[456] Die Anlagen töten zwar durch Einsatz von Chlor die in dem Abwasser vorhandenen Krankheitskeime und coliformen Bakterien ab, aber auch andere Organismen der Gewässer. Der Schaden, der durch den Chloreintrag der Abwasseranlagen entsteht, ist gerade für sensible Meeresgebiete daher häufig größer als der Nutzen dieser Anlagen für die Meeresumwelt.[457]

Die Effektivität der Anlagen ist auch dadurch eingeschränkt, dass die Schiffskläranlagen dem knapp vorhandenen Raum auf den Schiffen angepasst und daher nur sehr klein konstruiert werden. Darüber hinaus sind die Abwasserrohrsysteme auf Schiffen sehr kurz, das Abwasser befindet sich damit nur kurze Zeit dort, es kann kein wesentlicher Vorabbau der Schmutzsysteme stattfinden. Der Seegang verhindert zudem oftmals, dass noch genügend Belebtschlamm im Schiff zurückbleibt, der für den Abbauprozess zwingend erforderlich ist. Wird durch zu großen Seegang zu viel Belebtschlamm in das Gewässer eingeleitet, kann der Abbauprozess in der Schiffskläranlage sogar zum Erliegen kommen.[458] Der Seegang kann darüber hinaus die Hydraulik der Anlagen negativ beeinflussen.[459] Die Anlagen sind meist nicht auf die Besonderheiten eines Schiffes eingerichtet; Schiffsbewegung und Platzmangel an Bord, aber auch das in die Anlagen beim Einleitungsvorgang gelangende Meereswasser und die Bedienung der Anlagen durch wechselndes und eventuell nicht speziell geschultes Personal stehen der Effektivität der Anlagen an Bord entgegen.[460]

Auf der anderen Seite wurde jedoch bereits 1999 von der Technischen Universität Hamburg-Harburg ein neuartiges Anlagensystem zur Abwasseraufbereitung auf Schiffen entwickelt, das einen Bioreaktor und ein Membranverfahren, eine Ultrafiltration, einsetzt. Dieses soll den Besonderheiten an Bord eines Schif-

---

455 *Douvier*, S. 67.
456 *Douvier*, Marpol, S. 100.
457 *Douvier*, Marpol, S. 96.
458 *Douvier*, S. 68.
459 *Douvier*, Marpol, S. 100.
460 Parlamentarische Staatssekretärin Altmann, Vortrag „Recht und rechtliche Entwicklung im Zusammenhang mit Schiffsabwasser“ in Bremen anlässlich des GAUSS-Workshops „Aufbereitung von Schwarz- und Grauwasser in der Seeschifffahrt“ in Bremen, am 9.12.1999: http://www.bmu.de/reden/archiv/parl_staatssekretaerin_gila_altmann/doc/1876.php (Stand: 30.1.2008).

fes aber gerade Rechnung tragen können. Es ist imstande, erheblichen schiffsbedingten Schwankungen auch standzuhalten,[461] so dass an den grundsätzlichen Bedenken hinsichtlich der Effektivität der Anlagen durch das speziell entwickelte neue Aufbereitungssystem nicht mehr festgehalten werden kann.[462]

Für Abwasser aus Abwasser-Aufbereitungsanlagen i.S.d. Regel 11 Abs. 1 Nr. 2 i.V.m. Regel 9 Abs. 1 Nr. 1 der Anlage IV zu Marpol existieren zudem bereits von der IMO vorgegebene Grenzwerte für die im Schwarzwasser enthaltenen coliformen Bakterien. So hat das Maritime Environment Protection Committee (MEPC) der IMO in der Entschließung MEPC 2 (VI) Grenzwerte festgelegt bzw. empfohlen, die nicht überschritten werden dürfen.[463] Dadurch wird ein gewisser Standard der Abwasser-Aufbereitungsanlagen vorausgesetzt. Die i.S.d. Anlage IV zu Marpol von der Verwaltung zuzulassenden Abwasser-Aufbereitungsanlagen müssen diese Werte grundsätzlich erfüllen können. Auch § 4 AbwAG enthält für die Erlaubnis für das Einleiten von Abwasser bestimmte Vorgaben für Schadstoffkonzentrationen, die das Abwasser höchstens enthalten darf.

b) Abwasser-Behandlungsanlagen i.S.d. Regel 11 Abs. Nr. 1 i.V.m. Regel 9 Nr. 2 der Anlage IV zu Marpol

Als zweite Möglichkeit gibt es die sog. chemisch-physikalisch arbeitenden Anlagen, die das Abwasser lediglich mechanisch zerkleinern und anschließend desinfizieren, sog. Abwasser-Behandlungsanlagen i.S.d. Regel 11 Abs. 1 Nr. 1 i.V.m. Regel 9 Nr. 2 der Anlage IV zu Marpol. Die biologisch mit Belebtschlamm arbeitenden Abwasser-Aufbereitungsanlagen sind aber als umweltfreundlicher einzustufen als die das Abwasser lediglich zerkleinernden und desinfizierenden Abwasser-Behandlungsanlagen.[464] Durch die Menge der zugesetzten Desinfek-

---

461 Zur speziellen Arbeitsweise dieser Anlagen: Siehe zum sog. Membranverfahren der Abwasser-Aufbereitungsanlagen i.S.d. Anlage IV zu Marpol den Aufsatz des Arbeitsbereichs Apparatebau der Technischen Universität Hamburg-Harburg: http://www.tuhh.de/service/spektrum/april_99/sp499_12.html. (Stand: 30.1.2008).

462 Untersucht wird z. Zt. auch der Einsatz von sog. Trockentoiletten, die eine Speicherung des Schwarzwassers an Bord mit erheblich verringertem Volumen ermöglichen und so große Abwassertanks nicht mehr erforderlich machen, Schmidt, Yacht 2/2008, S. 92 (93).

463 Vgl. Umweltforschungsplan des Bundesministers für Umwelt, Naturschutz und Reaktorsicherheit, Forschungsbericht UBA FuE-Vorhaben: FKZ 102 04 416, Entwicklung eines Kriterienkatalogs für die Vergabe des Prädikats „Umwelt-freundliches Schiff", Bericht der Gauss-Gesellschaft in Kooperation mit der Hochschule Bremen, Fachbereich Nautik, Juli 1999, S. 17: www.umweltdaten.de/publikationen/fpdf-l/2494.pdf (Stand: 30.1.2008).

464 *Gowers*, S. 160.

tionsmittel soll die Verschmutzungsbelastung des Abwassers beim Einsatz von Abwasser-Behandlungsanlagen sogar noch ansteigen.[465] Die Einleiterate des aus dieser bloßen Behandlungsanlage stammenden Abwassers muss jedoch gem. Regel 11 Abs. 1 Nr. 1 der Anlage IV zu Marpol von der Verwaltung jeweils zugelassen sein.

3. Stellungnahme

Festzuhalten bleibt damit, dass die Übernahme der Marpol-Vorschriften hinsichtlich der Abwasseranlagen zu einer Vereinfachung des Verfahrens der Zulässigkeit der Abwassereinleitungen im Gegensatz zu dem aufwändigen Erlaubnisverfahren nach WHG führt. Jedoch bestehen auch Zweifel an dem Zustand und der Effizienz der Abwasseranlagen. Die generelle Zulassung der Abwasser-Aufbereitungsanlage i.S.d. Regel 11 Abs. 1 Nr. 2 der Anlage IV zu Marpol, die hinsichtlich der Schadstofffracht des Abwassers bestimmte Vorgaben erfüllen muss, kann aber als generelle Erlaubnis für die Einleitung des aufbereiteten Abwassers angesehen werden. Die jeweilige Einleiterate des aus einer Abwasser-Behandlungsanlage stammenden Abwassers muss ebenfalls von der Verwaltung zugelassen sein, demzufolge kann auch diese Zulassung als Erlaubnis der Einleitungen von behandeltem häuslichem Abwasser angesehen werden. Mithin ist für das behandelte bzw. aufbereitete Abwasser an sich keine zusätzliche Erlaubnis einer Wasserbehörde für jede Einleitung erforderlich. Die Vorgaben der Anlage IV hinsichtlich der Zulässigkeit der Einleitungen von Abwasser, das in einer bordeigenen Abwasser-Behandlungs- bzw. Abwasser-Aufbereitungsanlage behandelt bzw. gereinigt worden ist, gehen den Anforderungen des WHG vor. Für diese Sichtweise spricht auch, dass die Vorgaben der Anlage IV zu Marpol durch die NordseeAbwVO und die OstseeschutzÄndV in nationales Gesetz umgesetzt und darüber hinaus auch Bestandteil des für die Ostsee geltenden Helsinki-Übereinkommens, zu dessen Vertragspartnern auch die EG zählt, sind.

Angesichts dieser internationalen Vorgaben, an die die Bundesrepublik Deutschland als Vertragspartnerin des Marpol-Übereinkommens und auch des Helsinki-Übereinkommens gebunden ist und die sie durch die OstseeschutzÄndV und die NordseeschutzÄndVO bereits umgesetzt hat, ist die Einleitung dieses geklärten bzw. aufbereiteten Abwassers demzufolge zulässig. Eine Klarstellung

465 Parlamentarische Staatssekretärin Altmann, Vortrag „Recht und rechtliche Entwicklung im Zusammenhang mit Schiffsabwasser“ in Bremen anlässlich des GAUSS-Workshops „Aufbereitung von Schwarz- und Grauwasser in der Seeschifffahrt“ in Bremen, am 9.12.1999: http://www.bmu.de/reden/ar chiv/parl_staatssekretaerin_gila_altmann/doc/1876.php (Stand: 30.1.2008).

dessen im WHG, wie es *Hellwig/Pfaff* vorschlagen, wäre zwar wünschenswert, ist jedoch nicht zwingende Voraussetzung für die Zulässigkeit der Einleitungen. Damit besteht für die Einleitungen des in den bordeigenen Kläranlagen bzw. Abwasser-Behandlungsanlagen geklärten oder aufbereiteten Abwassers innerhalb der Zwölf-Seemeilen-Zone kein Erfordernis einer Einleitungserlaubnis gem. §§ 7, 7a WHG, sofern die Vorgaben der Anlage IV zu Marpol erfüllt sind. Die Einleitungen sind vielmehr zulässig und erfolgen damit nicht unbefugt i.S.d. § 324 Abs. 1 StGB. Es bedarf für diese Einleitungen daher auch keines Rechtfertigungsgrundes in Form des Schifffahrtsprivilegs.

I. Zwischenergebnis für den Bereich der Küstengewässer und der Häfen für seegehende Schiffe

Zusammenfassend lässt sich festhalten, dass die Vorgaben der Hafenauffanganlagen-Richtlinie im Hinblick auf die Entladungspflicht des häuslichen Schiffsabwassers für alle Schiffe unabhängig von ihrer Größe als strengeres regionales Recht i.S.d. Art. 3 des Marpol-Übereinkommens anzusehen sind. Die Regelungen der Hafenauffanganlagen-Richtlinie können demnach nicht durch eine Einleitung des häuslichen Schiffsabwassers außerhalb der Zwölf-Seemeilen-Zone umgangen werden. Die Hafenauffanganlagen-Richtlinie und die diese umsetzenden Landesnormen über Hafenauffanganlagen schreiben das Sammeln des Abwassers an Bord explizit vor. Es handelt sich also um geschriebenes Recht bzw. um Recht, das durch einen Rechtsetzungsakt der Legislative entstanden ist, so dass für den Bereich der Küstengewässer und Häfen kein Raum für die Annahme des Schifffahrtsprivilegs für Schwarzwasser und für mit diesem vermischtes Grauwasser bleibt, da dieses im klaren Widerspruch zum legislatorischen Recht stünde und ein Gewohnheitsrecht contra legem[466] bedeutete.

Für den Bereich der Küstengewässer und Häfen bedarf es hinsichtlich der Einleitung von Schwarzwasser und von mit diesem vermischten Grauwasser, das in einer nach Regel 9 Nr. 1 oder Nr. 2 der Anlage IV zu Marpol zugelassenen Anlage behandelt oder geklärt wurde, ebenfalls nicht der Rechtfertigung durch Gewohnheitsrecht in Form des Schifffahrtsprivilegs, da diese Einleitungen schon durch die Vorgaben der Anlage IV zu Marpol, die durch die NordseeAbwVO und die OstseeschutzÄndV in nationales Recht umgesetzt wurden, und die Vorgaben des für die Ostsee geltenden Helsinki-Übereinkommens, zu dessen Vertragspartnern auch die EG zählt, zulässig sind und den Vorgaben des WHG vorgehen. Die Einleitungen dieses Abwassers erfolgen damit nicht unbefugt i.S.d. § 324 Abs. 1 StGB, so dass es auch keiner zusätzlichen Rechtfertigung durch das Schifffahrtsprivileg bedarf.

Auch im Hinblick auf das Einleiten separaten Grauwassers kommt die Annahme des Schifffahrtsprivilegs aufgrund legislatorischer Regelungen nicht in Betracht. Die Zulässigkeit dieser Einleitungen ergibt sich aus der Auslegung der Hafenauffanganlagen-Richtlinie sowie der diese umsetzenden nationalen Vorschriften.

466 Vgl. D. III.

J. Einfluss regionaler Übereinkommen auf den Umgang mit häuslichem Schiffsabwasser im Bereich der Binnenwasserstraßen

Internationale Übereinkommen können der Annahme des Schifffahrtsprivilegs im Bereich der Binnenwasserstraßen ebenfalls entgegenstehen. Es werden daher beispielhaft die wichtigsten relevanten regionalen Übereinkommen und deren Auswirkungen auf Einleitungen häuslichen Abwassers in Gewässer aufgezeigt und auf die Vereinbarkeit mit dem Schifffahrtsprivileg hin untersucht.[467]

I. Einzelne Übereinkommen

1. Rhein

Zu nennen ist zunächst das Gesetz zum Übereinkommen vom 12.4.1999 zum Schutz des Rheins zwischen der Bundesrepublik Deutschland, der Französischen Republik, dem Großherzogtum Luxemburg, den Niederlanden und der Schweizerischen Eidgenossenschaft.[468] Das Rheinschutz-Übereinkommen intendiert u.a. die nachhaltige Entwicklung des Ökosystems Rhein, Art. 3 lit. 1. Die Mitgliedsstaaten sind gem. Art. 5 lit. 4 a) verpflichtet, die für ihr Hoheitsgebiet erforderlich erscheinenden autonomen Maßnahmen zu ergreifen und sicherzustellen, dass das Einleiten von Abwasser, das die Gewässerqualität beeinträchtigen kann, einer vorherigen Genehmigung bedarf. Sie können alternativ auch dafür sorgen, dass das Einleiten von Abwasser einer allgemein verbindlichen Regelung unterliegt, mit der Begrenzungen der Emissionen festgelegt werden. Die Einhaltung sowohl der Genehmigung als auch der alternativ möglichen allgemein verbindlichen Regelungen muss von den Staaten zudem überwacht werden. Mithin strebt die Internationale Kommission zum Schutz des Rheins Regelungen an, die dem WHG vergleichbar sind, und fordert damit das Vorhandensein einer Einleitungserlaubnis oder allgemein verbindlicher Regeln. Das Küchen- und Toilettenabwasser ist geeignet, die Gewässereigenschaften nachteilig zu verändern, und fällt damit auch unter das Übereinkommen zum Schutz des Rheins. Dieses Übereinkommen intendiert daher grundsätzlich eine Verhinderung der Einleitungen auch häuslichen Abwassers, sofern nicht eine Erlaubnis zum Einleiten diesbezüglich vor-

467 Zur Mannheimer Akte vgl. E. II. 3.

468 Vom 2.9.2001, BGBl. 2001, II, S. 849.

liegt, und ist daher mit der Annahme eines diese Einleitungen gestattenden Gewohnheitsrechts nicht direkt vereinbar. Eine Gestattung der Einleitungen häuslichen Abwassers, wie es das Schifffahrtsprivileg vorsieht, lässt sich daraus jedenfalls nicht ableiten.

2. Donau

Des Weiteren besteht das am 22.10.1998 in Kraft getretene Übereinkommen über die Zusammenarbeit zum Schutz und zur vertraglichen Nutzung der Donau vom 29.6.1994.[469] Zu den Vertragsstaaten gehören die Donaustaaten und die Europäische Gemeinschaft.[470] Das Übereinkommen dient der Festlegung von Rahmenbedingungen für die Zusammenarbeit zum Schutz der Gewässer, zur Vorbeugung und Kontrolle der Verschmutzung der Donau und zur Sicherstellung einer verträglichen Nutzung der Wasserressourcen der Anrainerstaaten. Die Internationale Kommission zum Schutz der Donau hat ein Aktionsprogramm zur Reduzierung von Nähr- und Schadstoffen in der Donau und deren Nebenflüssen erarbeitet.

Am 15.5.2007 wurde auf der 68. Tagung der Donaukommission die Empfehlung zur Organisation der Sammlung von Schiffsabfällen in der Donauschifffahrt angenommen.[471] Durch diesen Beschluss wird den Donaustaaten empfohlen, diese Empfehlungen ab dem 1.1.2008 in Kraft zu setzen. Eine unmittelbare Umsetzungsverpflichtung und damit verbundene Umsetzungsfrist ist nicht vorgesehen. Die Empfehlung gilt gem. Abschnitt I. Nr. 1.1.3 für alle Schiffe. Die Empfehlung bestimmt jedoch, dass für Seeschiffe die gesamte Empfehlung als erfüllt angesehen wird, wenn diese die relevanten Bestimmungen des Marpol-Übereinkommens erfüllen.

Gem. Abschnitt I. Nr. 1.1.4 sollen neu gebaute Schiffe, in Umrüstung oder Modernisierung begriffene Schiffe, deren Bau oder Reparatur nach Inkrafttreten dieser Empfehlungen beginnt, mit Behältern und Mitteln zur Aufbewahrung der Abfälle an Bord zwecks deren Sammlung und anschließender Abgabe an die Annahmestellen ausgerüstet sein. Für vorhandene Schiffe gilt dies erst ab 8 Jahren nach dem Inkrafttreten der Empfehlung. Zum Abfall i.S.d. Empfehlung zählt gem. Abschnitt I. Nr. 1.2 der Empfehlung Schiffsbetriebsabfall, aber auch Abfall bzw. Abwasser aus dem Ladungsbereich, wobei häusliches Abwasser als Schiffs-

---

469 Donauschutzübereinkommen, 12.10.1998, BGBl., II, S. 2934.

470 Vertragsparteien sind Bulgarien, Deutschland, Kroatien, Moldawien, Österreich, Rumänien, Serbien-Montenegro, Slowakische Republik, Slowenien, Tschechische Republik, Ukraine, Ungarn und die EU.

471 www.danubecom-intern.org/ADOBE%20ACROBAT/Sbor%20othodov%202007%20% 20DE-RU-FR.pdf (Stand: 30.1.2008).

betriebsabfall einzuordnen ist. Demzufolge sieht die Empfehlung der Donauschifffahrtskommission den Einbau von Sammeltanks und die spätere Entladung in dafür bestimmten Entladungsstellen vor. So ist der an Bord befindliche Abfall, zu dem auch das häusliche Abwasser zählt, gem. Abschnitt II. Nr. 2.1 an Bord zu sammeln und an die Annahmestellen der Häfen oder an andere für die Sammlung von Schiffsabfällen bestimmte Stellen abzugeben.

Der II. Abschnitt sieht jedoch gem. Nr. 2.7 eine weitere Differenzierung hinsichtlich der Sammeltank- und Entladungspflicht vor. So müssen Fahrgastschiffe, d.h. Tagesausflug- und Kabinenschiffe, die für die Beförderung von mehr als zwölf Fahrgästen gebaut oder eingerichtet sind, gem. Nr. 2.7.1 mit Bordkläranlagen oder Sammeltanks für häusliche Abwässer ausgerüstet sein. Nr. 2.7.2 sieht diesbezüglich jedoch auch eine Ausnahme vor, so müssen beim Inkrafttreten dieser Empfehlung in Betrieb befindliche Fahrgastschiffe und damit bereits vorhandene Schiffe, ausgenommen Kabinenschiffe mit mehr als 50 Schlafplätzen, nur dann mit Sammeltanks oder Bordkläranlagen ausgestattet sein, wenn die betroffenen Schiffsteile ersetzt oder umgebaut werden. Diese Umbaupflicht soll spätestens bei der ersten Erneuerung des Schiffsattestes nach dem 1.1.2045 eintreten. Bei Kabinenschiffen mit mehr als 50 Schlafplätzen ist anlässlich der nächsten Verlängerung der Gültigkeit des Schiffsattestes, spätestens jedoch bis zum 20.12.2018, festzustellen, ob die Bestimmungen nach Nr. 2.7.1 eingehalten werden.

Weiterhin sieht die Empfehlung in Abschnitt III. gem. Nr. 3.1 vor, dass die Donaustaaten einzeln oder gemeinsam Maßnahmen zur Einrichtung von Annahmestellen an der Donau und in den Häfen treffen sollen. Die Empfehlung listet auch Anforderungen auf, die die Annahmestellen jeweils erfüllen sollen. So muss gem. Nr. 3.2 ein Abfallsammelschiff, das Streckenabschnitte der Donau bedient und/oder eine stationäre – schwimmende oder am Ufer eingerichtete – Annahmestelle für die Annahme von Schiffsabfällen vorhanden sein. Abschnitt V. der Empfehlung bestimmt in Nr. 5.8, dass Personen, denen ein illegales Einleiten oder Einbringen vorgeworfen wird, gemäß den Rechtsvorschriften des Tatlandes zur Verantwortung gezogen werden sollen. Die einzelnen Staaten sollen gem. Abschnitt VI. Nr. 6.4 binnen fünf Jahren nach dem Inkrafttreten der Empfehlungen die Infrastruktur zur Sammlung und Annahme von Schiffsabfällen ausbauen und für organisatorische, finanzielle und sonstige Regelungen, die zur Umsetzung dieser Empfehlung erforderlich sind, treffen. Damit sollen für den Bereich der Donau künftig ähnliche Vorgaben gelten, wie sie auch das Abfallübereinkommen vorsieht.

Auch dieses Übereinkommen in Form einer Empfehlung ist darauf ausgerichtet, Nähr- und Schadstoffeinträge, wie sie im häuslichen Abwasser enthalten sind, zu verhindern bzw. zu reduzieren. Die Empfehlung sieht eine Sammlungs- und

Entladungspflicht allen häuslichen Abwassers vor, jedoch nur für Schiffe ab einer bestimmten Größe. Neue Schiffe sollen sofort von der Sammeltank- und Entladungspflicht erfasst sein, vorhandene Schiffe hingegen nur bei Reparatur oder Umbau der entsprechenden Schiffsteile bzw. spätestens ab 2045. Eine Gestattung der Einleitungen häuslichen Abwassers, wie es das Schifffahrtsprivileg vorsieht, steht der Empfehlung daher nur in Bezug auf größere Schiffe entgegen.

3. Elbe

Das Gesetz vom 8.10.1990 über die Internationale Kommission zum Schutz der Elbe[472] stimmt der Vereinbarung zwischen der Bundesrepublik Deutschland, der damaligen Tschechischen und Slowakischen Föderativen Republik und der Europäischen Wirtschaftsgemeinschaft über die Internationale Kommission zum Schutz der Elbe zu. Da die Europäische Gemeinschaft auch Vertragspartei ist, handelt es sich hierbei um ein sog. gemischtes Abkommen. Ziel der Vereinbarung ist gem. Art. 1 Abs. 2 u.a., die Belastung der Nordsee aus dem Elbegebiet nachhaltig zu verringern. Es handelt sich um einen rechtlich unverbindlichen Programmsatz.[473] Gem. Art. 1 Abs. 3 werden von der Kommission Arbeitsprogramme mit Zeitplänen für jeweils vorrangige Aufgaben beschlossen. Abs. 4 stellt heraus, dass von der Vereinbarung zwar Fragen der Fischereiwirtschaft und der Schifffahrt nicht umfasst sind, der Kommission aber die Behandlung von Fragen des Schutzes der Gewässer vor Verunreinigungen aus diesen Tätigkeiten zusteht. So sind davon unzweifelhaft stoffbezogene Umweltbelastungen umfasst, die eine negative Veränderung der chemischen Wasserbeschaffenheit hervorrufen,[474] wie dies bei häuslichem Abwasser der Fall ist. Dieses Übereinkommen intendiert nicht unmittelbar eine Verhinderung des Nähr- und Schadstoffeintrags durch die Schifffahrt, ist aber dennoch auf eine Verbesserung auch der chemischen Wasserbeschaffenheit ausgerichtet. Ein unmittelbarer Widerspruch ergibt sich hier mit dem Schifffahrtsprivileg nicht.

4. Oder

Das Gesetz zum Vertrag vom 11.4.1996 über die Internationale Kommission zum Schutz der Oder gegen Verunreinigung[475] setzt den Vertrag über die Oderschutz-

472 BGBl. 1992, II, S. 942.
473 *Rasched*, S. 178.
474 *Rasched*, S. 180.
475 Vom 12.9.1997, BGBl. 1997, II, S. 1707.

kommission zwischen der Bundesrepublik Deutschland, der Republik Polen, der Tschechischen Republik und der Europäischen Gemeinschaft um. Ziel ist es gem. Art. 1 u.a., der Belastung der Oder sowie der Ostsee mit Schadstoffen vorzubeugen und den Eintrag nachhaltig zu verringern. Auch hier erarbeitet die Kommission gem. Art. 1 Abs. 3 gemeinsame Aktionsprogramme mit Zeitplänen für deren Realisierung. Gem. Art. 2 Abs. 2 befasst sich die Kommission auch mit dem Schutz der Gewässer vor Verunreinigungen, soweit diese ihre Ursachen in der Fischereiwirtschaft, der Schifffahrt oder in anderen Nutzungen der Gewässer haben. Dieses Übereinkommen ist damit auf die Reduzierung der Verunreinigung des Gewässers auch durch die Schifffahrt ausgerichtet. Eine Zulässigkeit der Einleitungen häuslichen Abwassers i.S.d. Schifffahrtsprivilegs ist mit dem Oder-Übereinkommen mithin nicht unmittelbar vereinbar.

II. Bewertung und Zwischenergebnis

Allen diesen o.g. regionalen Übereinkommen ist gemein, dass sie insgesamt eine Verbesserung der Gewässerqualität anstreben, jedoch keine explizit verbindlichen Regelungen in Bezug auf das Einleiten von häuslichem Schiffsabwasser enthalten und somit dem Schifffahrtsprivileg nicht unmittelbar entgegenstehen. Diese regionalen Übereinkommen sehen wie einige andere auch ebenfalls einen Schutz der grenzüberschreitenden Gewässer vor, sie enthalten jedoch keine verbindlichen Vorgaben wie völkerrechtliche Verträge, sondern basieren auf nicht verbindlichen sog. Maßnahmenprogrammen oder Programmsätzen.[476] Die in diesen Übereinkommen vorgesehenen Gewässerschutzkommissionen, wie sie etwa für den Rhein und die Donau eingerichtet wurden, aber auch für die Nord- und Ostsee in Form der Ospar- und der Helsinki-Kommission bestehen, dienen der Kommunikation der jeweiligen Anrainerstaaten sowie der Lösung von Interessenkonflikten, daneben kommen ihnen noch Administrations-, Erkenntnis-, Lern-, Beratungs- und Koordinationsfunktionen zu. Sie stehen damit im Einklang mit den internationalen und den europäischen Vorgaben, auch wenn sie keine unmittelbar verbindlichen Regelungen enthalten, sondern eher dazu dienen, das Vertrauen der Staaten untereinander zu stärken.[477] Gewässerschutzkommissionen können darüber hinaus durch ihre Zusammenarbeit auch auf Rechtsentwicklungen entscheidenden Einfluss haben und diese vorantreiben.[478]

476 Für die Vereinbarung zur Internationalen Kommission zum Schutz der Elbe: *Rasched*, S. 178f.
477 *Reichert*, S. 206f.
478 *Ehlers*, Helsinki-Übereinkommen, S. 103 (121).

Gewässerschutzkommissionen haben zudem entscheidende Vorteile gegenüber völkerrechtlich verbindlichen Verträgen, die oftmals langwierige Verhandlungs- und Ratifikationsprozesse erfordern und kein hohes Maß an Flexibilität bieten, gerade wenn es um aktuelle Gewässerbelastungen und neu auftretende Probleme geht. Maßnahmenprogramme an sich haben keine völkerrechtliche Verbindlichkeit und basieren daher bei ihrer Umsetzung auf dem politischen Druck, den eine Gewässerschutzkommission ausüben kann. So können Maßnahmenprogramme flexibel und schnell ausgearbeitet und im Anschluss sogar in völkerrechtliche Verträge als konkret ausgearbeitete Regeln übernommen werden.[479]

Prinzipien dieses sog. soft law, so etwa abstrakte Maßstäbe oder Maßnahmenprogramme, können eine gute Ausgangsbasis für die Rechtsentwicklung bilden und diese sogar vorantreiben oder in eine bestimmte Richtung lenken. So lassen sich Staaten gerade im Bereich des Umweltschutzes nur sehr zurückhaltend auf verbindliche Normen ein und sind allgemeinen Prinzipien eher aufgeschlossen.[480]

Auch wenn diese Übereinkommen keine verbindlichen legislatorischen Regelungen darstellen und der Annahme des Schifffahrtsprivilegs nicht unmittelbar entgegenstehen können, so dokumentieren diese Übereinkommen jedoch deutlich Meinungen und auch Rechtsüberzeugungen der an den Übereinkommen beteiligten Nationen, die auch im Hinblick auf eine für Gewohnheitsrecht erforderliche Rechtsüberzeugung wichtige Indizien darstellen können. Die gemeinsamen Arbeiten im Hinblick auf einen besseren Schutz der Gewässer verdeutlichen, dass das Umweltbewusstsein auch im Hinblick auf die Gewässer stark angestiegen ist. Die Übereinkommen und die damit verbundenen Empfehlungen und Maßnahmenprogramme können insbesondere dann relevant werden, wenn das geschriebene Recht der Annahme von Gewohnheitsrecht im Bereich der Binnengewässer nicht entgegenstehen sollte und somit die Voraussetzungen des Gewohnheitsrechts wie die lang andauernde Übung und v.a. die Rechtsüberzeugung der beteiligten Verkehrskreise zu untersuchen sein sollten.

Die Gewässerschutzkommissionen konnten durch ihre Arbeit auch einige Erfolge i.S.e. Zustandekommens verbindlicher Regelungen im Bereich der Wasserqualität der Flüsse erzielen,[481] wozu auch das sog. künftig in Kraft tretende Abfallübereinkommen zählt. Dieses Übereinkommen befasst sich auch mit der Verschmutzung der Gewässer durch Einleitungen häuslichen Schiffsabwassers und enthält diesbezügliche verbindliche Regelungen, die dann wiederum bei der Fra-

479 *Reichert*, S. 209, 226.
480 *Reichert*, S. 226.
481 *Mechel/Reese*, ZUR 2003, 321 (324).

ge nach einer Annahme von Gewohnheitsrecht in Form des Schifffahrtsprivilegs unmittelbar relevant sind. Darauf wird im Folgenden einzugehen sein.

III. Das künftig in Kraft tretende Abfallübereinkommen

Das Gesetz zu dem Übereinkommen vom 9.9.1996 über die Sammlung, Abgabe und Annahme von Abfällen in der Rhein- und Binnenschifffahrt (sog. Abfallübereinkommen),[482] ins Leben gerufen von der ZKR mit dem dazugehörigen, bislang noch nicht in Kraft getretenen Ausführungsgesetz (Rhein/BinSchAbfÜbkAG),[483] beschäftigt sich ähnlich wie auch die Hafenauffanganlagen-Richtlinie mit der Errichtung von Annahmestellen und der Entsorgung von sog. Schiffsabfall. Es verbietet gem. Art. 3 Abs. 1, Schiffsabfälle und Teile der Ladung in die Binnenwasserstraßen einzuleiten; Absatz 3 verweist auf diesbezügliche Ausnahmen in der Anlage 2 des Übereinkommens.

Das Abfallübereinkommen tritt gem. Art. 18 am ersten Tag des zweiten Monats nach Hinterlegung der letzten Ratifikations-, Annahme- oder Genehmigungsurkunde der Unterzeichnerstaaten[484] in Kraft. Bisher fehlt jedoch noch die Ratifizierung des Vertragsstaates Belgien, hiermit ist aber in Kürze zu rechnen. In Deutschland ist das Abfallübereinkommen bereits durch das Gesetz zu dem Übereinkommen vom 9.9.1996[485] am 13.12.2003 ratifiziert. Es tritt gem. § 4 dann in Kraft, wenn das Abfallübereinkommen selbst in Kraft tritt. Es gilt in Deutschland gem. Anlage 1 des Abfallübereinkommens für alle dem allgemeinen Verkehr dienenden Binnenwasserstraßen, also alle Wasserstraßen bis zur Küstenlinie. Die Seewasserstraßen hingegen sind die Flächen zwischen der Küstenlinie und der seewärtigen Begrenzung des Küstenmeeres. Binnenwasserstraßen werden jedoch dann als Seeschifffahrtsstraßen bezeichnet, wenn sie überwiegend der Seeschifffahrt dienen, wie es bei den Unterläufen von Trave, Elbe, Weser oder Ems der Fall ist.[486]

---

482 BGBl. 2003, II S. 1799; mit dem dazugehörigen Ausführungsgesetz: BGBl. 2003, I, S. 2642.

483 BGBl. 2003, I, S. 2642.

484 Dazu gehören: die Bundesrepublik Deutschland, das Königreich Belgien, die Französische Republik, das Großherzogtum Luxemburg, das Königreich der Niederlande und die Schweizerische Eidgenossenschaft.

485 BGBl. 2003, II, S. 1799.

486 http://www.wsv.de/Wasserstraßen/Gliederung_Bundeswasserstraßen (Stand: 30.1.2008).

Zum Schiffsabfall zählen gem. Art. 1 lit. a) und e) des Übereinkommens bestimmte Stoffe oder Gegenstände, deren sich ihr Besitzer entledigt, entledigen will oder entledigen muss. Auch sonstiger Schiffsbetriebsabfall und damit häusliches Abwasser, d.h. Abwasser aus Küchen, Essräumen, Waschräumen und Waschküchen sowie Fäkalabwasser fallen gem. Art. 8.01 lit. a) der Anlage 2 des Abfallübereinkommens unter den Begriff des häuslichen Abwassers, so dass sowohl Grau- als auch Schwarzwasser umfasst sind. Die Bundesrepublik Deutschland ist durch Ratifizierung des Abfallübereinkommens gem. Art. 8.02 Abs. 3 der Anlage 2 des Übereinkommens dazu verpflichtet, Annahmestellen für häusliches Abwasser an bestimmten als Stamm- oder Übernachtungsliegeplätze dienenden Anlegestellen von Kabinenschiffen mit mehr als 50 Schlafplätzen bis zum 1.1.2005 und von Fahrgastschiffen, die zur Beförderung von mehr als 50 Fahrgästen zugelassen sind, bis zum 1.1.2010 einzurichten. Ein Einleitungsverbot für häusliches Abwasser und damit für das hier in Frage stehende Küchen- und Toilettenabwasser sollte laut Art. 9.01 Abs. 3 der Anlage 2 des künftig in Kraft tretenden Abfallübereinkommen nur für Kabinenschiffe mit mehr als 50 Schlafplätzen schon ab dem 1.1.2005 bestehen, für Fahrgastschiffe, die zur Beförderung von mehr als 50 Fahrgästen zugelassen sind, erst ab dem 1.1.2010.

Das Abfallübereinkommen verbietet in Art. 3 Abs. 1 die Einleitung von Schiffsabfällen aus Fahrzeugen, sieht jedoch gem. Art. 3 Abs. 3 auch Ausnahmen dieses Verbots vor. Als Fahrzeug i.S.d. Abfallübereinkommens gilt gem. Art. 1 lit. g) jedes Binnenschiff, Seeschiff oder schwimmende Gerät.

§ 3 Abs. 2 des Ausführungsgesetzes zu dem o.g. Übereinkommen (Rhein/BinSchAbfÜbkAG)[487] ahndet Verstöße als Ordnungswidrigkeiten. Das Abfallübereinkommen stellt in Art. 9.01 Abs. 3 S. 2 der Anlage 2 explizit heraus, dass das Einleiten von häuslichem Abwasser im Übrigen erlaubt ist. Das bedeutet, dass für Kabinenschiffe, die 50 und weniger Schlafplätze haben, und für Fahrgastschiffe, die zur Beförderung von 50 und weniger Fahrgästen zugelassen sind, die Einleitung des gesamten häuslichen Abwassers einschließlich des Fäkalabwassers zulässig sein soll. Für Fahrgastschiffe, die zur Beförderung von mehr als 50 Fahrgästen zugelassen sind, gilt das Einleitungsverbot erst ab 1.1.2010, so dass diese im Falle des Inkrafttretens des Abfallübereinkommens und des diesbezüglichen Ausführungsgesetzes bis zum Jahr 2010 ebenfalls häusliches Abwasser einleiten dürfen.

Das Abfallübereinkommen enthält damit einerseits ein Verbot der Einbringung oder Einleitung bestimmter Schiffsabfälle für die Binnenwasserstraßen der

487 BGBl. 2003, I, S. 2642. (Noch nicht in Kraft).

Bundesrepublik Deutschland und verpflichtet diese als Vertragsstaat andererseits zur Errichtung von Annahmestellen sowie zur Einführung eines einheitlichen Verfahrens zur Sammlung und zur Abgabe von Schiffsabfällen an den Annahmestellen (Art. 3, 4 des Übereinkommens).

Im Unterschied zur Hafenauffanganlagen-Richtlinie enthält das Übereinkommen damit keine explizite Pflicht zur Entladung allen Abwassers in die Auffanganlagen, sondern beinhaltet ein Einleitungsverbot, was die betreffenden Schiffe ab der jeweils vorgeschriebenen Größe jedoch wiederum zur Abgabe des Abwassers zwingt. Beiden ist gemein, dass die Vertrags- bzw. Mitgliedsstaaten zur Errichtung von Annahmestellen verpflichtet werden. Das Abfallübereinkommen fordert in Art. 16 – ähnlich wie die Hafenauffanganlagen-Richtlinie – die Verfolgung von Verstößen, mithin also eine Sanktionierung.

Demzufolge sehen das Abfallübereinkommen und das diesbezügliche nationale Ausführungsgesetz die Zulässigkeit der Einleitungen häuslichen Abwassers und damit den Inhalt des Schifffahrtsprivilegs für den Bereich der Binnenwasserstraßen sowohl für Grau- als auch für Schwarzwasser für Schiffe bis zu einer bestimmten Größe vor. Für größere Schiffe steht das explizite legislatorische Verbot des Einleitens des Abwassers der Annahme des Schifffahrtsprivilegs eindeutig entgegen. Mit Inkrafttreten des Abfallübereinkommens und des diesbezüglichen Ausführungsgesetzes, das eine explizite positivrechtliche Regelung hinsichtlich der Einleitungen häuslichen Abwassers enthält, bleibt für das Schifffahrtsprivileg auch auf den Binnenwasserstraßen somit kein Raum mehr.

2. Umsetzungsvorgaben

Das Abfallübereinkommen enthält neben unmittelbar umsetzbaren Einzelregelungen auch Rahmenvorschriften, die näherer innerstaatlicher Ausführungsbestimmungen bedürfen, so etwa für die Frage der Einrichtung eines ausreichenden Netzes von Annahmestellen für die unterschiedlichen Arten der Schiffsabfälle und der jeweiligen Zuständigkeiten hierfür, ferner auch für die Umsetzung der im Abfallübereinkommen geforderten Ge- und Verbote.[488] Die Begründung zum Ausführungsgesetz gibt zu bedenken, dass der Aufbau eines Netzes stationärer Annahmestellen für das häusliche Abwasser, worunter gem. Art. 8.01 der Anlage 2 des Übereinkommens auch das Küchen- und Fäkalabwasser fällt, einen größeren Aufwand erfordert. Die Länder können für die Annahmestellen ggf. eine diesbezügliche Bedarfsplanregelung aufstellen.[489]

---

488 Begründung des Ausführungsgesetzes, BTDrs. 15/1061, S. 8.
489 Begründung des Ausführungsgesetzes, BTDrs. 15/1061, S. 9.

Durch das Ausführungsgesetz wird der Bund für die weitergehende Umsetzung des Übereinkommens zum Erlass entsprechender Rechtsverordnungen ermächtigt, womit eine einheitliche Anwendung des Übereinkommens sichergestellt werden soll.[490] Ferner wird ein Ordnungswidrigkeitenkatalog umgesetzt.

Das Ausführungsgesetz zum Übereinkommen legt in Art. 1 Abs. 3 fest, dass die Betreiber bestimmter Anlegestellen in den im Abfallübereinkommen festgelegten Zeiträumen (bis 1.1.2005 bzw. 1.1.2010) Annahmestellen auch für häusliches Abwasser einrichten und betreiben oder hiermit geeignete Dritte beauftragen müssen. Es sieht in § 1 X zudem vor, dass sich die Entsorgung der in den Annahmestellen übergebenen Abfälle nach dem hierfür geltenden Abfallrecht des Bundes (KrW-/AbfG) und des jeweiligen Landes bestimmt.

Gem. § 3 Abs. 1 des Ausführungsgesetzes handelt ordnungswidrig, wer vorsätzlich oder fahrlässig eine Annahmemöglichkeit nicht bereitstellt, sowie gem. Absatz 2, wer Schiffsabfälle entgegen den Vorgaben des Abfallübereinkommens einbringt oder einleitet. Durch § 2 Abs. 1 des Ausführungsgesetzes wird das Bundesministerium für Verkehr, Bau und Stadtentwicklung zum Erlass von Rechtsverordnungen ermächtigt, um Einzelheiten der Umsetzung sowie die für das häusliche Abwasser geltenden Ausnahmen zu regeln.

Die Verpflichtung der Bundesrepublik Deutschland zur Umsetzung dieses Übereinkommens steht unmittelbar bevor. Sind die letzten Ratifikationsurkunden hinterlegt, tritt zwei Monate später das Abfallübereinkommen in Kraft und damit auch das Ausführungsgesetz, das das Bundesministerium für Verkehr, Bau und Stadtentwicklung zum Erlass von Rechtsverordnungen ermächtigt, die zur innerstaatlichen Umsetzung des Übereinkommens erforderlich sind.

3. Verhältnis zur Hafenauffanganlagen-Richtlinie

Das künftig in Kraft tretende Abfallübereinkommen bezieht sich auf Annahmestellen an Binnenwasserstraßen, die Hafenauffanganlagen-Richtlinie hingegen gem. Art. 2 lit. a) nur auf die Häfen für seegehende Fahrzeuge jeder Art. Die Hafenauffanganlagen-Richtlinie verpflichtet jeden Hafen i.S.d. Art. 2 lit. h), entsprechende Auffanganlagen zur Verfügung zu stellen, und orientiert sich damit mittelbar an einem generellen Einleitungsverbot auch für häusliches Abwasser für seegehende Fahrzeuge. Wird dennoch Abwasser eingeleitet, so erfolgt dies illegal. Im Bereich der Binnenwasserstraßen ist diese Pflicht nicht so konkretisiert, es soll lediglich ein ausreichendes Netz an Auffanganlagen durch das Abfallübereinkommen geschaffen werden. Das Abfallübereinkommen geht nur bei Schiffen

490 Begründung des Ausführungsgesetzes, BTDrs. 15/1061, S. 10.

ab einer bestimmten Größe[491] von einer Entsorgungspflicht des Abwassers aus und gestattet im Übrigen im Bereich der Binnenwasserstraßen die Einleitung häuslichen Abwassers ausdrücklich. Da sich das Abfallübereinkommen und die Hafenauffanganlagen-Richtlinie auf unterschiedliche Regelungsbereiche beziehen, besteht zunächst kein direkter Widerspruch zwischen beiden.

Die Hafenauffanganlagen-Richtlinie bezieht sich gem. Art. 2 lit. a) nur auf seegehende Fahrzeuge, während das Abfallübereinkommen gem. Art. 1 lit. g) für Binnenschiffe, schwimmende Geräte, aber auch für Seeschiffe gilt. Beide enthalten damit Vorgaben für Seeschiffe.

In dem Binnengewässer des Duisburger Hafens sind seegehende Schiffe beispielsweise nach dem die Hafenauffanganlagen-Richtlinie umsetzenden Landes-Hafen-Entsorgungsgesetz Nordrhein-Westfalen zur Entladung des Schwarzwassers und des mit diesem vermischten Grauwassers verpflichtet.[492] Sollte ein solches seegehendes Fahrzeug einmal nicht gleichzeitig auch den Anforderungen an die in dem Abfallübereinkommen aufgeführte Größe entsprechen, für die eine Entsorgungspflicht besteht,[493] kann sich ausnahmsweise ein Widerspruch ergeben. So kann ein Schiff nicht unter das Einleitungsverbot des Abfallübereinkommens bzw. des dieses umsetzenden nationalen Rechts fallen, aber als Seeschiff dennoch nach den Vorgaben der Hafenauffanganlagen-Richtlinie zur Entladung des Schwarzwassers und des mit diesem vermischten Grauwassers verpflichtet sein. Fraglich ist, wie dieser Widerspruch zu lösen ist. Er betrifft zum einen das Verhältnis von sog. sekundärem Europarecht (Richtlinie) zum Völkerrecht des Abfallübereinkommens, aber – durch Umsetzung des Abfallübereinkommens und der Hafenauffanganlagen-Richtlinie in nationales Recht – auch das Verhältnis zum nationalen Recht. Zu untersuchen ist daher, inwiefern eine Lösung dieses Widerspruchs zwischen Hafenauffanganlagen-Richtlinie und dem Abfallübereinkommen zu lösen ist. Für die Auflösung bzw. Beurteilung der Widersprüche zwischen den verschiedenen Stufen der internationalen, europäischen und nationalen Normen kommen unterschiedliche Ansatzpunkte in Betracht. So ist Art. 300 EGV heranzuziehen, sofern es um das Rangverhältnis bei sog. gemischten Übereinkommen geht. Dieser könnte bei der Frage nach dem Rangverhältnis der europäischen Hafenauffanganlagen-Richtlinie Aufschluss geben. Art. 25 GG kann zur Lösung von internationalen und nationalen Normen herangezogen werden, wenn es sich bei dem Abfallübereinkommen um eine sog. Regel des allgemeinen Völkerrechts handeln würde. Ein weiterer Ansatzpunkt ist das nationale Recht, das sowohl die europäische Hafenauffanganlagen-Richtlinie als auch das Abfallüber-

---

491 Vgl. J. III. 1.
492 Vgl. oben unter G. IV. 2. f).
493 Vgl. J. III. 1.

einkommen umgesetzt hat bzw. umsetzen wird. Diese unterschiedlichen Ansatzpunkte werden daher im Hinblick auf eine Lösung des Widerspruchs zwischen den Vorgaben des Abfallübereinkommens und der Hafenauffanganlagen-Richtlinie untersucht.

a) Verhältnis von Völkerrecht zum Recht der EG

Der Widerspruch zwischen der Hafenauffanganlagen-Richtlinie und den Bestimmungen des Abfallübereinkommens könnte auf der Grundlage des Art. 300 EGV zu lösen sein. Dann ginge es um das Verhältnis des Abfallübereinkommens als internationalem Übereinkommen auf der einen Seite zu der Hafenauffanganlagen-Richtlinie als Sekundärrecht der EG auf der anderen Seite. Das Abfallübereinkommen könnte dem sekundären Gemeinschaftsrecht der Hafenauffanganlagen-Richtlinie nur dann vorgehen und dieses verdrängen, wenn es sich um ein Übereinkommen i.S.d. Art. 300 EGV handelte, die Gemeinschaft also Vertragspartnerin des Abfallübereinkommens wäre. Dies kann der Fall sein, sofern es sich bei dem Abfallübereinkommen um ein gemischtes Abkommen handelt, also um ein Abkommen, bei dem nicht nur die Gemeinschaft selbst, sondern auch die einzelnen Mitgliedsstaaten Vertragsparteien sind. Gemischte Abkommen sind zulässig, sofern ihr Inhalt in eine parallele Kompetenz der Gemeinschaft und der Mitgliedsstaaten fällt.[494]

Betrachtet man daher zunächst allein das Verhältnis des internationalen Vertrags des Abfallübereinkommens zu dem Sekundär-EG-Recht der Hafenauffanganlagen-Richtlinie, so könnte man annehmen, dass das Abfallübereinkommen gegenüber der Richtlinie höherrangiges, weil international geltendes Recht wäre.[495] Die EG ist jedoch selbst nicht Vertragspartei des Abfallübereinkommens. Das Abfallübereinkommen stellt damit kein sog. gemischtes Übereinkommen dar, so dass aus Art. 300 EGV keine eindeutige Vorrangregel abgeleitet werden kann. Eine Lösung des Widerspruchs zwischen dem Abfallübereinkommen und der Hafenauffanganlagen-Richtlinie kann daher nicht über Art. 300 EGV gelöst werden.

b) Verhältnis von Völkerrecht zum nationalen Recht

Die Hafenauffanganlagen-Richtlinie wurde durch die nationalen Landesnormen umgesetzt, damit besteht ein Widerspruch auch zwischen nationalem Recht in Form der Landesnormen über die Auffangeinrichtungen auf der einen und dem

494 Callies/Ruffert-*Schmalenbach*, Art. 300 EGV Rn. 30.
495 *Gowers*, S. 35; *Erbguth*, DVBl. 2005, S. 333 (335).

Völkerrecht in Form des Abfallübereinkommens auf der anderen Seite. Es könnte auch eine Regelung dieses Widerspruchs über Art. 25 GG in Betracht kommen. Dann müsste es sich bei dem Abfallübereinkommen um eine allgemeine Regel des Völkerrechts i.S.d. Art. 25 GG handeln.

Zu untersuchen ist mithin, ob es sich bei den Bestimmungen des Abfallübereinkommens um sog. allgemeine Regelungen des Völkerrechts handelt, deren Widerspruch zum nationalen Recht in Form der in Landesrecht umgesetzten Hafenauffanganlagen-Richtlinie dann über den Status des Völkerrechts i.S.d. Art. 25 GG zu regeln wäre, mit der Folge, dass die Vorgaben der Hafenauffanganlagen-Richtlinie im nationalen Recht hinter denen des Abfallübereinkommens zurückträten.

Bei dem Verhältnis und der Umsetzung von Völkerrecht in nationales Recht ist genau zwischen den sog. allgemeinen Regeln des Völkerrechts i.S.d. Art. 25 GG und dem sog. Völkervertragsrecht zu differenzieren. Art. 25 GG definiert den Begriff der allgemeinen Regeln des Völkerrechts selbst nicht, man versteht darunter aber generell-abstrakte Rechtssätze des objektiven (Völker-)Rechts, der Begriff bezieht sich nur auf positiv geltendes Völkerrecht, nicht auf außerrechtliche Postulate der Völkermoral oder der Volkssitte.[496]

Zu den allgemeinen Regeln des Völkerrechts zählen das Völkergewohnheitsrecht mit den Struktur- und sonstigen Prinzipien des Völkerrechts und die allgemeinen Rechtsgrundsätze i.S.d. Art. 38 Abs. 1 lit. c) IGH-Statut.[497] Für die Anwendung des Art. 25 GG darf es sich nicht um eine Regelung mit generellem Inhalt handeln, ausschlaggebend ist die Geltung für die Völkerrechtssubjekte, die Allgemeinverbindlichkeit. Allgemeinverbindlichkeit hat eine Regel dann, wenn sie von der weitaus größeren Zahl der Staaten anerkannt wird. Beruht die Geltung der Regelung hingegen auf einer besonderen vertraglichen Grundlage, so fehlt es an der Allgemeinverbindlichkeit der jeweiligen Regel.[498] Die Regelungen und Inhalte völkerrechtlicher Verträge zählen mithin nicht zu diesen allgemeinen Regeln des Völkerrechts, sie werden durch Rechtsanwendungsbefehle nach Maßgabe des Art. 25 Abs. 2 S. 1, 2 GG in nationales Recht umgesetzt, Art. 59 Abs. 2 GG ist insoweit lex specialis ggü. Art. 25 GG.[499]

Das Abfallübereinkommen basiert als völkerrechtliches Übereinkommen aber auf einer vertraglichen Grundlage und entfaltet damit keine Allgemeinverbindlichkeit, so dass eine Lösung des Widerspruchs zwischen den Vorgaben des Abfallübereinkommens und der Hafenauffanganlagen-Richtlinie hinsichtlich des

496 Mangoldt/Klein/Starck-*Koenig*, Art. 25 GG Rn. 27.
497 Mangoldt/Klein/Strack-*Koenig*, Art. 25 GG Rn. 18.
498 Mangoldt/Klein/Starck-*Koenig*, Art. 25 GG Rn. 29.
499 Mangoldt/Klein/Starck-*Koenig*, Art. 25 GG Rn. 18.

Einleitens und der Behandlung von häuslichem Abfall über Art. 25 GG hier nicht möglich ist. Es muss daher auf Art. 59 Abs. 2 GG abgestellt werden, nach dem die völkerrechtlichen Verträge auf dem Gebiet der Bundesgesetzgebung den Status von Bundesrecht haben. Völkerrechtliche Vertragsgesetze, d.h. ratifizierte Verträge, haben daher grundsätzlich den gleichen Rang wie andere Gesetze auch. Eine dem EU-Recht vergleichbare Vorrangregelung[500] gibt es beim Völkerrecht nicht, soweit es sich nicht um die allgemeinen Regeln des Völkerrechts i.S.d. Art. 25 GG handelt. Damit steht das nationale Recht, das Vorgaben des Völkerrechts umsetzt, grundsätzlich gleichrangig neben anderem nationalen Recht. Das in nationales Recht umzusetzende Abfallübereinkommen stellt also keine sog. allgemeine Regel des Völkerrechts dar, ein Vorrang des Übereinkommens gem. Art. 25 GG und damit eine Lösung des zu behandelnden Widerspruchs kommt nicht in Betracht.

c) Umsetzung internationaler und europarechtlicher Vorgaben in nationales Recht

Das Abfallübereinkommen ist ab Inkrafttreten des Ausführungsgesetzes zum Abfallübereinkommen geltendes nationales Recht in Form des Ausführungsgesetzes. Die Hafenauffanganlagen-Richtlinie musste von der Bundesrepublik Deutschland als Mitglied der EG ebenfalls in nationales Recht umgesetzt werden. Der Widerspruch lässt sich daher mit Inkrafttreten des Abfallübereinkommens auch als Konflikt zwischen nationalem Recht in Form des Ausführungsgesetzes auf der einen Seite und umgesetztem EG-Recht in Form der jeweiligen die Hafenauffanganlagen-Richtlinie umsetzenden Landesverordnungen auf der anderen Seite verstehen. Es stellt sich das Problem, dass die Bundesrepublik Deutschland sowohl aus einem völkerrechtlichen Vertrag als auch aus EG-Sekundärrecht, hier einer Richtlinie, verpflichtet ist.

Bei der Umsetzung von EG-Richtlinien gilt aber immer das Gebot der richtlinienkonformen Auslegung des nationalen Rechts.[501] Ließe sich demnach eine mit den EG-Vorgaben zu vereinbarende Auslegung des durch völkervertragsrechtliche Vorgaben in deutsches Recht umgesetzten Abfallübereinkommens finden, müsste keinem von beiden Vorrang gegeben werden. Die EG-rechtskonforme Auslegung darf die durch die nationalen Auslegungsregeln gesetzten Grenzen

500 Vgl. G. V. 8. b).

501 *Herdegen*, § 9 Rn. 40; *Jarass/Beljin*, NVwZ 2004, 1 (2).

aber nicht überschreiten,[502] was insbesondere bei einer Auslegung contra legem der Fall ist.[503]

Das Abfallübereinkommen sieht eindeutig eine Zulässigkeit der Einleitungen von Schiffen bis zu einer bestimmten Größe vor, eine andere Auslegung – etwa des Verbots der Einleitungen für bestimmte kleinere Schiffe – stellt demzufolge eine Auslegung entgegen dem ausdrücklichen Wortlaut des Übereinkommens bzw. des Ausführungsgesetzes hierzu dar. Eine richtlinienkonforme Auslegung des Ausführungsgesetzes zum Abfallübereinkommen ist daher nicht möglich. Gleiches gilt für die eindeutigen Vorgaben der Hafenauffanganlagen-Richtlinie hinsichtlich der Entsorgungspflicht, eine andere Auslegung der Hafenauffanganlagen-Richtlinie ist nicht möglich. Mithin ist weder eine richtlinienkonforme Auslegung des Ausführungsgesetzes noch eine andere Auslegung der Hafenauffanganlagen-Richtlinie möglich, so dass letztlich doch auf das Rangverhältnis der in nationales Recht umgesetzten Vorgaben abzustellen ist.

Man könnte davon ausgehen, dass die umgesetzte Richtlinie in Form der einzelnen Landesverordnungen und -gesetze dem Ausführungsgesetz widerspricht und daher das höherrangige Recht das niedrigere bricht (lex superior derogat legi inferiori), in diesem Falle also das Ausführungsgesetz zum Abfallübereinkommen als Bundesgesetz die einzelnen Landesverordnungen über Hafenauffangeinrichtungen verdrängt. Das würde einen Vorrang des Abfallübereinkommens bedeuten.

Das nationale Recht, das Vorgaben des Völkerrechts umsetzt, steht grundsätzlich gleichrangig neben anderem nationalen Recht. Gleiches könnte man auch bei dem die Vorgaben der EG umsetzenden nationalen Recht annehmen. Damit bestünde bei nationalen Normen grundsätzlich kein Vorrangverhältnis, auch wenn diese in Umsetzung von EG-Vorgaben bzw. von Vorgaben des Völkerrechts erfolgt sind.

Es besteht jedoch bei den Rechtsakten der EG grundsätzlich ein Anwendungsvorrang vor nationalem Recht. Das Gemeinschaftsrecht hat daher uneingeschränkten Vorrang vor entgegenstehendem nationalen Recht, so dass Vorschriften des Gemeinschaftsrechts denen des nationalen Rechts an sich vorgehen, sofern Vorschriften des nationalen Rechts ebenfalls auf den Sachverhalt anwendbar sind und sich nationales Recht und Gemeinschaftsrecht inhaltlich widersprechen.[504] Damit entfalten das EG-Recht und auch das hier relevante EG-Sekundärrecht stärkere Wirkungen als das Völkerrecht, da umgesetztes Völker-

502 *Hecker*, § 10 Rn. 34f.; *Jarass/Beljin*, JZ 2003, 768 (775); *dies.*, NVwZ 2004, 1 (2).

503 EuGH Rs. C-105/03, EuZW 2005, S. 433 (435) Rn. 47; *Jarass/Beljin*, JZ 2003, 768 (775); *Herdegen*, § 9 Rn. 40.

504 Vgl. zum Vorrangsverhältnis und den diesbezüglichen Begründungen des EuGH und des BVerfG bereits unter G. V. 8. b).

recht den Status von Bundesrecht hat und es einen Anwendungsvorrang des Völkerrechts in diesem Sinne nicht gibt.[505]

Überzeugender erscheint es in diesem Falle daher, um nicht das vom Grundgesetz legitimierte Vorrangverhältnis von EG-Recht zu umgehen, die Richtlinie – auch wenn sie bereits umgesetzt ist – als höherrangiges Recht zu betrachten, so dass die umgesetzte Richtlinie in Form der einzelnen Landesverordnungen gegenüber dem Abfallübereinkommen in Form des nationalen Ausführungsgesetzes höherrangiges Recht ist. Im Falle der Kollision der beiden ist von einem Vorrang des EG-Sekundärrechts, also der Hafenauffanganlagen-Richtlinie, auszugehen.

Das bedeutet, dass Seeschiffe in den Häfen i.S.d. Art. 2 lit. h) der Hafenauffanganlagen-Richtlinie zur Entladung des Schwarzwassers und des mit diesem vermischten Grauwassers auch auf den Binnenwasserstraßen, die einen solchen entsprechenden Hafen aufweisen, verpflichtet sind, auch wenn die Vorgaben des Abfallübereinkommens in einzelnen Fällen ausdrücklich von der Zulässigkeit der Einleitungen dieses Abwassers ausgehen. Demzufolge ist die Einleitung des Schwarzwassers und des mit diesem vermischten Grauwassers ab Inkrafttreten des Abfallübereinkommens und des diesbezüglichen nationalen Ausführungsgesetzes für seegehende Schiffe in den Häfen auf den Binnenwasserstraßen nicht zulässig. Die eindeutige legislative Regelung diesbezüglich steht der Annahme des Schifffahrtprivilegs für diesen Bereich damit entgegen.

4. Verhältnis zum Einleiten von separatem Grauwasser

Die Einleitung von separatem Grauwasser ist im Bereich der Küstengewässer und der Häfen für seegehende Schiffe i.S.d. Art. 2 lit. h) der Hafenauffanganlagen-Richtlinie durch Auslegung der entsprechenden Regelungen der Hafenauffanganlagen-Richtlinie sowie der entsprechenden in nationales Recht umgesetzten Normen zulässig.[506] So sind beispielsweise in dem Binnengewässer des Duisburger Hafens seegehende Schiffe nach dem die Hafenauffanganlagen-Richtlinie umsetzenden Landes-Hafen-Entsorgungsgesetz Nordrhein-Westfalen zur Einleitung des separaten Grauwassers befugt.

Das Abfallübereinkommen und das nationale Ausführungsgesetz hierzu beziehen sich dagegen ausdrücklich auf alle Abwässer und nehmen separates Grauwasser von ihrem Anwendungsbereich nicht aus, so dass das Abfallübereinkommen und das nationale Ausführungsgesetz eine Entsorgungspflicht auch für

505 *Jarass*, NJW 1990, 2420 (2421).
506 Vgl. G. V. 2. g), 8. b).

separates Grauwasser für Schiffe ab der jeweils vorgeschriebenen Größe[507] vorsehen.

Das Abfallübereinkommen sieht eindeutig ein Verbot für Schiffe ab der jeweils vorgeschriebenen Größe hinsichtlich des Einleitens von separatem Grauwasser vor, eine andere Auslegung wie etwa die Zulässigkeit dieser Einleitungen stellte demzufolge eine Auslegung entgegen dem ausdrücklichen Wortlaut des Übereinkommens bzw. des diesbezüglichen nationalen Ausführungsgesetzes dar. Mithin ist diesbezüglich keine richtlinienkonforme Auslegung des Ausführungsgesetzes zum Abfallübereinkommen möglich. Eine andere Auslegung der Hafenauffanganlagen-Richtlinie ist angesichts der Gesamtregelung für den Bereich der Küstengewässer und der Häfen für seegehende Schiffe ebenfalls nicht möglich. Demzufolge ist weder eine richtlinienkonforme Auslegung des Ausführungsgesetzes noch eine andere Auslegung der Hafenauffanganlagen-Richtlinie möglich, so dass von einem Vorrang des EG-Sekundärrechts, also der Hafenauffanganlagen-Richtlinie, auszugehen ist.[508]

Ein Schiff kann daher nach dem Abfallübereinkommen bzw. dem dieses umsetzenden nationalen Recht aufgrund seiner Größe der Entladungspflicht auch für separates Grauwasser unterfallen, aber als Seeschiff dennoch nach den Vorgaben der Hafenauffanganlagen-Richtlinie zur Einleitung dieses Grauwassers befugt sein. Daher kann für Häfen, die zwar seegehende Schiffe aufnehmen können, aber auf den Binnenwasserstraßen liegen, wie es etwa beim Duisburger Hafen der Fall ist, eine Zulässigkeit des Einleitens von separatem Grauwasser auch für Schiffe ab einer bestimmten Größe ab Inkrafttreten des Abfallübereinkommens angenommen werden. Eines diese Einleitungen gestattenden Gewohnheitsrechts in Form des Schifffahrtsprivilegs bedarf es daher aufgrund der eindeutigen expliziten Regelung nicht.

5. Zwischenergebnis

Ein Einleitungsverbot für häusliches Abwasser gibt es im Bereich der Binnenwasserstraßen – angesichts eines fehlenden ausreichenden Netzes an Auffanganlagen – künftig ab Inkrafttreten des Abfallübereinkommens und des diesbezüglichen nationalen Ausführungsgesetzes nur für Schiffe ab der im Übereinkommen vorgegebenen Größe. Eine Strafbarkeit der Einleitungen gem. § 324 Abs. 1 StGB

507 Gem. Art. 9.01 Abs. 3 der Anlage 2 des Abfallübereinkommens besteht diese Verpflichtung für Kabinenschiffe mit mehr als 50 Schlafplätzen und Fahrgastschiffe, die zur Beförderung von mehr als 50 Fahrgästen zugelassen sind.

508 Vgl. zum Vorrang des EG-Sekundärrechts diesbezüglich J. III. 3. c) sowie auch schon allgemein zum Vorrang des EG-Rechts vor nationalem Recht G. V. 8. b).

kann daher ab Inkrafttreten des Abfallübereinkommens und des nationalen Ausführungsgesetzes zumindest bei Einleitungen des häuslichen Abwassers von Schiffen ab der im Übereinkommen vorgeschriebenen Größe in Betracht kommen. Für kleinere Schiffe scheidet eine Strafbarkeit nach § 324 Abs. 1 StGB ab Inkrafttreten des Abfallübereinkommens und des nationalen Ausführungsgesetzes aus, da es diesbezüglich eine gesetzliche Regelung gibt, die das Einleiten des Abwassers ausdrücklich gestattet.

Etwas anderes ist für Seeschiffe i.S.d. Art. 2 lit. a) der Hafenauffanganlagen-Richtlinie anzunehmen. Diese sind aufgrund des Vorrangs der Hafenauffanganlagen-Richtlinie in Häfen für seegehende Schiffe im Bereich der Binnenwasserstraßen auch dann zur Entladung des Schwarzwassers und des damit vermischten Grauwassers verpflichtet, wenn sie nicht die im Übereinkommen vorgeschriebene Größe aufweisen.

Die Zulässigkeit des separaten Einleitens von Grauwasser, die sich im Bereich der Küstengewässer und der Häfen für seegehende Schiffe aufgrund der Auslegung der Hafenauffanganlagen-Richtlinie ergibt, gilt auch aufgrund des Vorrangs der Hafenauffanganlagen-Richtlinie für das separate Einleiten von Grauwasser in Häfen für seegehende Schiffe, die auf Binnenwasserstraßen liegen, obwohl das Abfallübereinkommen für Schiffe ab einer bestimmten Größe ein Einleitungsverbot auch für separates Grauwasser vorsieht.

Im Bereich der Bundeswasserstraßen bleibt demzufolge mit Inkrafttreten des Abfallübereinkommens ebenfalls aufgrund einer expliziten Regelung kein Raum mehr für die Annahme des gewohnheitsrechtlichen Schifffahrtsprivilegs.

IV. Einleitungen häuslichen Schiffsabwassers bis zum Inkrafttreten des Abfallübereinkommens

Fraglich ist, ob für die Zeit bis zum Inkrafttreten des Abfallübereinkommens und der nationalen Umsetzung noch Raum für das gewohnheitsrechtliche Schifffahrtsprivileg im Bereich der Binnenwasserstraßen bleibt. Zunächst ist auf die größeren Schiffe abzustellen, für die ab dem Inkrafttreten des Übereinkommens ein eindeutiges Einleitungsverbot besteht.[509] Ausschlaggebend ist, dass es bislang noch keine explizite legislatorische Regelung des Schifffahrtsprivilegs gibt, einschlägig ist daher das WHG, so dass eigentlich eine Einleitungserlaubnis nach §§ 7, 7a WHG für das Einleiten des häuslichen Abwassers erforderlich wäre.

Für die Annahme des gewohnheitsrechtlichen Schifffahrtsprivilegs müsste die für Gewohnheitsrecht erforderliche Rechtsüberzeugung der Beteiligten sowie die

509 Vgl. J. III. 1.

lang andauernde Übung bestehen. Bei der Frage nach der Rechtsüberzeugung der Bevölkerung hinsichtlich des Schifffahrtsprivilegs spielt zunächst das Umweltbewusstsein in der Bevölkerung, das sich stark verändert hat, eine Rolle. Vieles hat zur Sensibilisierung der Bevölkerung gerade auch in Bezug auf die Umwelt und ihre Bedeutung für den Menschen beigetragen, so etwa auch die Aufnahme der Staatszielbestimmung des Art. 20a GG.[510] Zu nennen ist ferner die bereits bestehende ostentative Werbung der Reedereien, insbesondere der Betreiber von großen Restaurantschiffen, für die Umweltfreundlichkeit ihrer Schiffe durch an Bord befindliche Sammeltanks.[511] Die Schiffsbetreiber selbst zeigen damit, dass sie die Bedeutung der Sammeltanks und die Entsorgungsprobleme erkannt haben, also Umweltbewusstsein haben und für die Bedrohung der Gewässer durch die Einleitungen auch von Küchen- und Toilettenabwasser sensibilisiert sind. Viele Auffassungen in der Literatur sprechen sich zudem generell gegen das Fortbestehen des gewohnheitsrechtlichen Schifffahrtsprivilegs aus.[512]

Zu berücksichtigen ist ferner der Wille des Gesetzgebers, da das im deutschen Recht bereits durch das Ausführungsgesetz[513] umgesetzte, aber noch nicht in Kraft getretene Übereinkommen ein explizites Einleitungsverbot enthält und damit künftig diese Regelung durch die Legislative dem Fortbestehen des Schifffahrtsprivilegs im Bereich der Binnenwasserstraßen für Schiffe ab einer bestimmten Größe[514] eindeutig entgegenstehen wird. Zudem streben die regionalen Übereinkommen zum Schutz der Binnengewässer, die als Indiz für die Rechtsüberzeugung anzusehen sind, ebenfalls ein höheres Schutzniveau an, sie intendieren eine Verringerung der Gewässerverschmutzung auch durch das Einleiten von Schiffsabwasser.[515] Des Weiteren sieht auch die Empfehlung von der Donauschutzkommission zur Organisierung von Schiffsabfällen in der Donauschifffahrt ähnlich wie auch das Abfallübereinkommen bereits ab dem 1.1.2008 eine Entladungspflicht für häusliches Abwasser für Schiffe ab einer bestimmten Größe vor, die gegen eine Rechtsüberzeugung im Hinblick auf das Schifffahrtsprivileg spricht.

Des Weiteren sieht die Bayerische SchO für die kleineren Gewässer in Bayern, für alle oberirdischen Gewässer mit Ausnahme des Bodensees und der Bun-

510 LG Hamburg, NuR 2003, 776 (776).

511 Vgl.: www.hansa-online.de/artikel.asp?ArtikelID=560 (Stand: 30.1.2008); http://www.vikingline.de/allgemeine_info/environment.asp (Stand: 30.1.2008).

512 *Braun*, S. 64; S/S-*Cramer/Heine*, § 324 Rn. 12; *Ensenbach*, S. 204f.; *Kuhlen*, StV 1986, 544 (545); *Möhrenschlager*, JR 1987, 299 (300); *Sack*, JR 1983, 123 (123f.); LK-*Steindorf*, § 324 Rn. 97; ähnl. MK-*Alt*, § 324 Rn. 73.

513 BGBl. 2003, II, S. 1799.

514 Vgl. J. III. 1.

515 Vgl. J. I.

deswasserstraßen ein an die Formulierung des § 324 Abs. 1 StGB angelehntes Einleitungsverbot auch für häusliches Abwasser vor.[516] Dies macht deutlich, dass selbst für kleinere Gewässer als die Bundeswasserstraßen bereits gegenwärtig ein solches Einleitungsverbot besteht, das gegen die Annahme einer die Einleitungen als zulässig ansehenden Rechtsüberzeugung spricht.

In Bezug auf die durch das Abfallübereinkommen von der Entsorgungspflicht erfassten größeren Schiffe ist eine entsprechende Rechtsüberzeugung damit nicht mehr anzunehmen, selbst wenn noch eine Übung dahingehend bestehen sollte, das Abwasser ungeklärt in die Binnenwasserstraßen einzuleiten. Damit ist die Annahme eines Gewohnheitsrechts für größere Schiffe bis zum Inkrafttreten des Abfallübereinkommens mangels dahingehender Rechtsüberzeugung obsolet.

Es könnte aber möglicherweise bis zum Inkrafttreten des Abfallübereinkommens und des dieses umsetzenden nationalen Rechts von einer Annahme des Schifffahrtsprivilegs auf den Binnenwasserstraßen im Hinblick auf kleinere Schiffe, für die demnächst eine ausdrückliche Zulässigkeit der Einleitung häuslichen Abwassers vorgesehen ist, ausgegangen werden. Bei dieser Frage ist auch auf die Begründungen des Abfallübereinkommens abzustellen, die auf die finanziellen Schwierigkeiten der Errichtung von Annahmestellen für die Sammeltanks hinweisen. Es wird dort herausgestellt, dass ein ausreichendes Netz an Entsorgungsmöglichkeiten für kleinere Schiffe noch nicht gewährleistet ist.[517] Das Übereinkommen zeigt insgesamt, dass hinsichtlich der Einleitungen häuslichen Abwassers zwar von einer gewissen Umweltschädlichkeit ausgegangen wird, es jedoch nur eine ungenügende Anzahl von bereits vorhandenen Auffanganlagen gibt, die eine Verpflichtung zur Entladung des häuslichen Abwassers auch für kleinere Schiffe faktisch noch nicht durchsetzbar macht. Die Einleitungen von kleineren Schiffen aus werden daher auch von der Legislative noch eine Zeit lang hingenommen und damit respektiert.

Zu berücksichtigen ist ferner, dass das WHG nicht speziell auf die Schifffahrt zugeschnitten ist und nach dem Willen des Gesetzgebers keine abschließende Regelung darstellt, sondern vielmehr ergänzungsbedürftig ist. Der Gesetzgeber hat bereits alle Voraussetzungen für die Umsetzung der Vorgaben des Abfallübereinkommens erfüllt. Die Regelungen des WHG stehen daher mangels expliziten, abschließenden Regelungscharakters der Annahme eines Gewohnheitsrechts nicht entgegen.

Die Empfehlung zur Organisierung der Sammlung von Schiffsabfällen in der Donauschifffahrt sieht eine Sammlung und Entladung des häuslichen Schiffsabwassers ähnlich wie auch das Abfallübereinkommen nur für Schiffe ab einer be-

516 Vgl. E. II. 2. d).
517 Begründung zum Ausführungsgesetz, BTDrs. 15/1061, S. 9.

stimmten Größe vor, was als Indiz für eine Rechtsüberzeugung im Hinblick auf die Zulässigkeit dieser Einleitungen schließen lässt. Da es aber gerade an einem ausreichenden Netz an Auffanganlagen fehlt, kann auch davon ausgegangen werden, dass eine Entsorgungsmöglichkeit der Einleitungen faktisch kaum besteht, so dass das häusliche Abwasser wohl überwiegend nach wie vor einfach eingeleitet wird. Damit besteht aber eine entsprechende durch die faktischen Möglichkeiten bedingte Übung im Hinblick auf die Einleitungen des häuslichen Abwassers von kleineren Schiffen aus.

Der Zulässigkeit der Einleitungen von häuslichem Abwasser aus kleineren Schiffen, die nicht von dem künftigen Einleitungsverbot des Abfallübereinkommens umfasst sind, steht mithin nichts im Wege. Bis zum Inkrafttreten des Abfallübereinkommens und des nationalen Ausführungsgesetzes hierzu kann demzufolge das gewohnheitsrechtliche Schifffahrtsprivileg angenommen werden. Damit wird der Inhalt des Schifffahrtsprivilegs für kleinere Schiffe auf den Binnenwasserstraßen ab dem Inkrafttreten des Abfallübereinkommens und der nationalen Umsetzung geltendes Recht.

Etwas anderes gilt jedoch für Seeschiffe, die in den Häfen i.S.d. Art. 2 lit. h) der Hafenauffanganlagen-Richtlinie zur Entladung des Schwarzwassers und des mit diesem vermischten Grauwassers auch auf den Binnenwasserstraßen, die einen solchen Hafen für seegehende Schiffe aufweisen, verpflichtet sind. Die Hafenauffanganlagen-Richtlinie bzw. die diese umsetzenden nationalen Regelungen sehen hier bereits jetzt eine entsprechende Entsorgungspflicht vor, so dass diesbezüglich aufgrund der eindeutigen gesetzlichen Regelung auch bis zum Inkrafttreten des Abfallübereinkommens nicht von einem diese Einleitungen gestattenden Gewohnheitsrecht auszugehen ist. Kleinere Schiffe, die nicht unter die künftige Entladungspflicht allen Abwassers des künftigen Abfallübereinkommens fallen, aber dennoch Seeschiffe i.S.d. Hafenauffanganlagen-Richtlinie sind, sind in Häfen für seegehende Schiffe auch zur Entsorgung des Schwarzwassers und des damit vermischten Grauwassers verpflichtet. Separates Grauwasser ist hingegen nicht von der Entsorgungspflicht nach der Hafenauffanganlagen-Richtlinie und den diese umsetzenden nationalen Vorschriften erfasst, dessen Einleitung bleibt somit für kleinere Schiffe, bei denen es sich gleichzeitig um Seeschiffe i.S.d. der Hafenauffanganlagen-Richtlinie handelt, zulässig.

K. Zwischenergebnis

I. Küstengewässer und Häfen für seegehende Schiffe

Für die Einleitungen des häuslichen Abwassers aus Schiffen im Bereich der Nord- und Ostsee bleibt aufgrund expliziter gesetzlicher Regelungen nach der hier vertretenen Auffassung kein Raum mehr für die Annahme des gewohnheitsrechtlichen Schifffahrtsprivilegs im Hinblick auf die Einleitungen des Schwarzwassers und des mit diesem vermischten Grauwassers. Die Einleitungen dieses Abwassers sind vielmehr generell verboten, es besteht zudem eine Entsorgungspflicht in den Häfen. Der Inhalt des Schifffahrtsprivilegs steht im eindeutigen Widerspruch zum legislatorischen Recht und ist daher unzulässig.

Der Beschluss des LG Hamburg[518] hinsichtlich der Seewasserstraße Elbe und des Hamburger Hafens trifft daher im Ergebnis seit der Umsetzung der Hafenauffanganlagen-Richtlinie in nationales Recht zu, es kann dort nicht mehr von der Annahme des Schifffahrtsprivilegs hinsichtlich des Einleitens von Schwarzwasser und von mit diesem vermischten Grauwasser ausgegangen werden. Eine Zulässigkeit der Einleitung kann sich nur für Abwasser ergeben, das zuvor in einer Abwasser-Behandlungs- bzw. Aufbereitungsanlage behandelt bzw. aufbereitet wurde, auch wenn eine Verbesserung dieser Anlagen dringend geboten erscheint. Damit erfolgt die Einleitung des ungereinigten Schwarzwassers und des mit diesem vermischten Grauwassers im Bereich der deutschen Hoheitsgewässer der Nord- und Ostsee unbefugt i.S.d. § 324 Abs. 1 StGB.

Anders ist das Einleiten von separatem Grauwasser im Bereich der Küstengewässer und der Häfen für seegehende Schiffe zu beurteilen. Die Zulässigkeit dieser Einleitungen ergibt sich aus der Auslegung der Hafenauffanganlagen-Richtlinie sowie der diese umsetzenden nationalen Vorschriften. Die Einleitungen separaten Grauwassers erfolgen damit nicht unbefugt i.S.d. § 324 Abs. 1 StGB. Angesichts der sich bereits aus der Auslegung geschriebenen Rechts ergebenden Zulässigkeit der Einleitungen bedarf es keiner Hinzuziehung von Gewohnheitsrecht in Form des Schifffahrtsprivilegs.

518 LG Hamburg, NuR 2003, 776.

II. Binnenwasserstraßen

Im Bereich der Binnenwasserstraßen besteht ab dem Inkrafttreten des Abfallübereinkommens und der Umsetzung in nationales Recht in Kürze ebenfalls eine explizite Regelung für die Einleitungen häuslichen Abwassers. Das Abfallübereinkommen sieht eine Entsorgungspflicht für Schiffe ab einer bestimmten Größe[519] hinsichtlich allen häuslichen Schiffsabwassers vor, sowohl in Form von Schwarzwasser und von mit diesem vermischten Grauwasser, aber auch in Form von separatem Grauwasser. Das Übereinkommen und die diese umsetzende nationale Vorschrift verbieten mithin das Einleiten erst für größere Schiffe mit ähnlichen Regelungen, wie es in der Hafenauffanganlagen-Richtlinie auch für die Häfen vorgesehen ist, und lassen grundsätzlich alle anderen Einleitungen explizit zu. Für größere Schiffe, die gleichzeitig Seeschiffe i.S.d. Hafenauffanganlagen-Richtlinie sind, besteht aber aufgrund des Vorrangs der Hafenauffanganlagen-Richtlinie und der diese umsetzenden nationalen Vorschriften keine Entladungspflicht und damit kein Einleitungsverbot für separates Grauwasser.

Für Schiffe bis zu einer bestimmten Größe wird der Inhalt des Schifffahrtsprivilegs – die Zulässigkeit der Einleitungen des Schiffsabwassers – damit sogar ab Inkrafttreten des Abfallübereinkommens und der Umsetzung in nationales Recht geltendes Recht. Aufgrund einer legislatorischen Regelung des Inhalts des Schifffahrtsprivilegs ist daher die Annahme eines ungeschriebenen Rechtssatzes ab dem Inkrafttreten des Übereinkommens obsolet.

Für kleinere Schiffe, die gleichzeitig Seeschiffe i.S.d. Art. 2 lit. a) der Hafenauffanganlagen-Richtlinie sind, gilt die Zulässigkeit der Einleitungen häuslichen Abwassers jedoch in den Häfen für seegehende Schiffe auf den Binnenwasserstraßen nicht. Diese sind aufgrund des Vorrangs der Hafenauffanganlagen-Richtlinie und der diese in nationales Recht umsetzenden Normen zur Entladung des Schwarzwassers und des mit diesem vermischten Grauwassers auch auf den Binnenwasserstraßen im Bereich der Häfen für seegehende Schiffe verpflichtet. Eine Entladungspflicht für separates Grauwasser besteht jedoch weder nach dem Abfallübereinkommen noch nach der Hafenauffanganlagen-Richtlinie. Diesbezüglich stehen daher die eindeutige gesetzliche Regelung im Hinblick auf das Schwarzwasser und das mit diesem vermischte Grauwasser bzw. die Auslegung im Hinblick auf das Einleiten separaten Grauwassers der Annahme des gewohnheitsrechtlichen Schifffahrtsprivilegs entgegen.

Da es bis zum Inkrafttreten des Abfallübereinkommens an einer eindeutigen über das WHG hinausgehenden Regelung bezüglich des Schifffahrtsprivilegs fehlt und die Voraussetzungen für die Annahme eines Gewohnheitsrechts im Üb-

519 Vgl. J. III. 1.

rigen erfüllt sind, ist im Hinblick auf kleinere Schiffe nach wie vor von dem Fortbestehen des gewohnheitsrechtlichen Schifffahrtsprivilegs auszugehen. Dies gilt jedoch nur dann, wenn es sich nicht um Seeschiffe i.S.d. Art. 2 lit a) der Hafenauffanganlagen-Richtlinie handelt, diese sind in Häfen für seegehende Schiffe auf den Binnenwasserstraßen aufgrund der Regelungen der Hafenauffanganlagen-Richtlinie bzw. der diese umsetzenden nationalen Vorschriften zur Entladung des Schwarzwassers und des mit diesem vermischten Grauwassers verpflichtet, für separates Grauwasser besteht hingegen keine Entladungspflicht.

Für größere Schiffe, für die das Abfallübereinkommen die Einleitungen demnächst verbietet, kommt ein Gewohnheitsrecht jedoch mangels erforderlicher Rechtsüberzeugung nicht in Betracht. Die Einleitungen größerer Schiffe erfolgen unbefugt i.S.d. § 324 Abs. 1 StGB. Für größere Schiffe, die gleichzeitig Seeschiffe i.S.d. Hafenauffanganlagen-Richtlinie sind, gilt das Einleitungsverbot jedoch nicht für separates Grauwasser aufgrund der bereits geltenden Hafenauffanganlagen-Richtlinie und der diese umsetzenden nationalen Vorschriften.

L. Mögliche Rechtfertigungsgründe bei der Einleitung häuslichen Schiffsabwassers

Angesichts des bisherigen Ergebnisses der Untersuchung könnten die an sich verbotenen Einleitungen von Schwarzwasser und von mit diesem vermischten Grauwasser im Bereich der Küstengewässer und der Häfen sowie die Einleitungen von Schwarz- und Grauwasser von Schiffen ab einer bestimmten Größe auf den Binnenwasserstraßen nur noch durch allgemeine Rechtfertigungsgründe gedeckt sein, da der bislang erörterte spezielle Rechtfertigungsgrund des sog. Schifffahrtsprivilegs in Form von Gewohnheitsrecht nicht eingreift.

I. Einwilligung

Eine Einwilligung etwa des Gewässerberechtigten oder -eigentümers diesbezüglich kommt nicht in Betracht, da § 324 Abs. 1 StGB nicht den Eigentumsschutz bezweckt, sondern die Umweltstraftatbestände der §§ 324 ff. je nach Auffassung entweder die einzelnen Umweltmedien Wasser, Boden, Luft sowie die Tier- und Pflanzenwelt als natürliche Lebensgrundlage für den Menschen,[520] bzw. die Umweltmedien an sich[521] oder aber auch die Menschen selbst[522] schützen und damit Rechtsgüter betroffen sind, über die der Einzelne nicht verfügen kann.[523]

II. Rechtfertigender Notstand

Zu denken ist ferner an das Vorliegen eines rechtfertigenden Notstands gem. § 34 StGB. So etwa wenn die Reederei oder der Schiffsbetreiber die Kosten für die ordnungsgemäße Entsorgung an Land nicht tragen kann, ohne Verluste zu machen, und damit Angestellte entlassen werden müssten. Weiter ist an großen

---

520 Ökologisch-anthropozentrische Rechtsgutsbestimmung, MK-*Schmitz,* Vor §§ 324ff. Rn. 11 m.w.N.

521 *Hermann,* ZStW 91 (1979), 281 (296); *Rudolphi,* NStZ 1984, 193 (193f.); *Schünemann,* in: Triffterer-FS 1996, 437 (452f.).

522 *Hohmann,* GA 1992, 76 (84ff.).

523 MK-*Alt,* § 324 Rn. 78; *Czychowsky,* (7. Aufl.), § 324 StGB Rn. 45; SK-*Horn,* § 324 Rn. 9, § 326 Rn. 24; *Sack,* Umweltschutz-Strafrecht, § 326 Rn. 284; LK-*Steindorf,* § 324 Rn. 93; § 326 Rn. 135.

Zeitdruck eines Passagier- oder Transportschiffs zu denken, der dazu führt, dass die Schiffsbetreiber sich gegen eine zeitaufwändige Entsorgung des Abwassers in den Häfen entscheiden und das Abwasser einfach in ein Gewässer einleiten, um so Zeit zu sparen. Diese Gründe vermögen die Annahme eines rechtfertigenden Notstands allerdings nicht zu tragen.

Die Gewässerverunreinigung und damit die Notstandshandlung müsste im Rahmen des § 34 StGB das relativ mildeste Mittel sein, um eine gegenwärtige Gefahr für ein höherwertiges anderes notstandsfähiges Rechtsgut zu bewahren. Das vom Täter geschützte Interesse muss das beeinträchtigte, also hier das Gewässer, wesentlich überwiegen. Die Gewässerverschmutzung müsste zudem gem. § 34 S. 2 StGB ein angemessenes Mittel zur Gefahrenabwehr sein und der Handelnde müsste den erforderlichen Rettungswillen gehabt haben.

Gegen die grundsätzliche Anwendbarkeit des § 34 StGB bei der Sicherung von Arbeitsplätzen, Kosten- und Zeitersparnis spricht, dass der Gesetzgeber durch das Umweltverwaltungsrecht bereits selbst eine Abwägung zwischen den Belangen der Umwelt und anderen Interessen getroffen hat. Die allgemeinen Rechtfertigungsgründe kommen daher nur in seltenen Fällen zur Anwendung, da neben der Abwägung durch den Gesetzgeber kaum Raum bleibt für eine Abwägung widerstreitender Interessen nach persönlichem und eigenem Ermessen für den Einzelfall.[524] § 34 StGB ist demzufolge nicht anzunehmen, wenn der Einleitende eine behördliche Erlaubnis hätte erlangen können, die Anrufung der zuständigen Wasserbehörde mithin unterblieben ist.[525] Bei Versagung der Erlaubnis durch die Behörde findet § 34 StGB keine Anwendung, da anderenfalls die gesetzlich legitimierte Entscheidung der Behörde durch § 34 StGB unterlaufen würde.[526]

Ähnlich wird eine Verneinung der Rechtfertigung gem. § 34 StGB über die Angemessenheitsklausel des § 34 S. 2 StGB abgelehnt.[527] Die Angemessenheitsklausel i.S.d. § 34 S. 2 StGB besagt, dass eine zur Wahrung überwiegender Interessen erforderliche Rechtsgutsverletzung nur dann gerechtfertigt ist, wenn sie mit den grundlegenden Wertungen der Gesamtrechtsordnung übereinstimmt. Eine Rechtfertigung durch Notstand kommt dann nicht in Betracht, wenn die Rechtsordnung bereits andere grundsätzliche Regelungsinstitute enthält, die die

---

524 NK-*Ransiek*, § 324 Rn 49; LK-*Steindorf*, § 324 Rn. 100.

525 *Alleweldt*, NuR 1992, 313 (319); S/S-*Cramer/Heine*, § 324 Rn. 13; *Lackner/Kühl*, § 324 Rn. 14; *Möhrenschlager*, NuR 1983, 219 (215); *Möhrenschlager*, in: Meinberg/Möhrenschlager/Link, S. 33 (44f.).

526 *Lackner/Kühl*, § 324 Rn. 14; *Möhrenschlager*, NStZ 1982, 165 (166); *Rudolphi*, ZfW 1982, 197 (201f.); LK-*Steindorf*, § 324 Rn. 100.

527 *Schall*, Relevanz der Arbeitsplätze, S. 1 (7f.).

Auflösung der in Betracht kommenden Konfliktlage intendieren.[528] Da die verwaltungsakzessorische Struktur des § 324 StGB die mögliche Interessenkollision bereits durch eine bindende Entscheidung des Verwaltungsrechts löst, kann die Verletzung von Umweltgütern nicht mit dem Argument der Erhaltung von Arbeitsplätzen gerechtfertigt werden.[529]

Eine andere Auffassung hält bereits die Erhaltung von Arbeitsplätzen als Motiv für eine Rechtfertigung grundsätzlich für ausgeschlossen.[530]

Zu bedenken ist diesbezüglich auch, dass § 34 StGB historisch auf Not-, Ausnahme- und Katastrophensituationen zugeschnitten ist, eine Anwendung kommt daher nicht in Betracht, wenn es Auswege – faktische oder rechtliche – aus der jeweiligen Situation gibt.[531] Es muss daher eine dem § 34 StGB angemessene Situation – wie etwa eine gemeine Gefahr, also ein Not- oder Katastrophenfall – vorliegen, um eine Umgehung der Strafbarkeit bei sonst unbefugten Gewässerverunreinigungen zu verhindern, die lediglich auf technische oder organisatorische Schwierigkeiten zurückzuführen sind.[532] Besteht aber keine unvorhergesehene Gefahrensituation, ist dem Einleitenden vorzuwerfen, dass er das vorher mögliche Einholen einer Genehmigung versäumt hat.[533] § 34 StGB kommt daher wohl nur im Rahmen nicht vorhersehbarer Stör- und Katastrophenfälle in Betracht.[534]

Eine Rechtfertigung gem. § 34 StGB kommt nur in Situationen, in denen ein Schiff in eine unvorhersehbare Notsituation gerät, etwa ein Schiffsbrand entsteht oder das Schiff sogar zu sinken droht, und das in den Abwassertanks befindliche Abwasser in das jeweilige Gewässer eingeleitet wird bzw. eingeleitet werden muss, um etwa unnötigen Ballast von Bord zu bekommen, in Betracht.

Anders verhält es sich jedoch bei der Einleitung des Schiffsabwassers während des normalen Schiffsbetriebs. Solche Einleitungen sind aufgrund des ständigen und kontinuierlichen Anfalls immer vorhersehbar, allein mögliche technische Probleme im Hinblick auch etwa auf Sammeltanks o.ä. an Bord eines Schiffes können die Annahme des § 34 StGB nicht stützen.

---

528 *Schall*, Relevanz der Arbeitsplätze, S. 1 (7f.).

529 *Schall*, Relevanz der Arbeitsplätze, S. 1 (12f.).

530 BGH NStZ 1997, 189 (190) zu § 326 StGB; StA beim LG Mannheim, NJW 1976, 585 (586); *Busch/Iburg*, S. 181; S/S-*Lenckner/Heine*, § 326 Rn. 16; LK-*Steindorf*, § 324 Rn. 100; *Tröndle/Fischer*, § 324 Rn. 7a.

531 *Möhrenschlager*, NStZ 1982, 165 (165f.).

532 *Möhrenschlager*, NStZ 1982, 165 (166); *ders.*, NuR 1983, 219 (215); *Niering*, S. 69f; *Rengier*, BT II § 48, Rn. 10; *Rudolphi*, ZfW 1982, 197 (209f.).

533 S/S-*Cramer/Heine*, § 324 Rn. 13; *Möhrenschlager*, in: Meinberg/Möhrenschlager/Link, S. 33 (44f.); *Rengier*, ZStW 101 (1989), 874 (883); *Rudolphi*, ZfW 1982, 197 (209f.); LK-*Steindorf*, § 324 Rn. 100.

534 *Lackner/Kühl*, § 324 Rn. 14; S/S-*Lenckner/Heine*, § 326 Rn. 16.

Die Möglichkeit einer Rechtfertigung der Einleitungen häuslichen Abwassers gem. § 34 StGB ist damit nur in eng begrenzten Not- und Katastrophenfällen anzunehmen, nicht aber bei Einleitungen im Rahmen des normalen Schiffsbetriebs.

M. Mögliche Schuldausschließungsgründe bei der Einleitung häuslichen Schiffsabwassers

Zu untersuchen bleibt noch, ob nicht ein Schuldausschließungsgrund hinsichtlich der Einleitungen des häuslichen Schiffsabwassers sowohl im Hinblick auf das heute für den Bereich der Küstengewässer und für Schiffe ab einer bestimmten Größe[535] im Bereich der Binnenwasserstraßen obsolet gewordene Schifffahrtsprivileg als auch bezüglich möglicher Duldungen der Einleitungen durch die Wasserbehörden eingreift.

Zu denken ist in diesem Zusammenhang an die Vorstellung des Täters, sein Verhalten erfolge nicht unbefugt und bedürfe überhaupt keiner Erlaubnis, das Einleiten des Abwassers sei nach wie vor vom Schifffahrtsprivileg umfasst oder die Duldung bzw. die Untätigkeit der Behörden[536] stehe einer Erlaubnis gleich und das Einleiten sei damit zulässig. Wenn der Einleitende irrtümlicherweise davon ausgeht, dass das Einleiten des Schiffsabwassers keiner Genehmigungspflicht unterliege und ohne weiteres zulässig sei, so kommt ein Verbotsirrtum gem. § 17 S. 1 StGB in Betracht.[537] Zu untersuchen ist daher, ob die Voraussetzungen des § 17 StGB tatsächlich erfüllt sein können.

I. Der Verbotsirrtum i.S.d. § 17 S. 1 StGB

Ein Verbotsirrtum i.S.d. § 17 StGB ist dann gegeben, wenn beim Täter die Vorstellung fehlt, Unrecht zu tun. Das Unrechtsbewusstsein umfasst die Vorstellung des Täters, seine Handlung verstoße gegen irgendwelche Bestimmungen, stehe also im Widerspruch zur Rechtsordnung.[538] Macht sich der Täter überhaupt keine Gedanken über die Rechtmäßigkeit seines Verhaltens oder geht er von der Rechtmäßigkeit aus, so kann dem Täter die Vorstellung fehlen, Unrecht zu tun.[539] Geht der Täter fälschlicherweise davon aus, dass die Tat erlaubt sei, sei es, weil

535 Vgl. J. III. 1.

536 Vgl. E. I. 5. a).

537 MK-*Alt,* § 324 Rn. 81; S/S-*Cramer/Heine,* § 324 Rn. 14; *Czychowski,* (7. Aufl.), § 324 StGB Rn. 50; *Franzheim/Pfohl,* Rn. 122; *Krey,* AT I, Rn. 679; *Michalke,* Rn. 113; *Sack,* Umweltschutz-Strafrecht, § 324 Rn. 170; LK-*Steindorf,* § 324 Rn. 113.

538 S/S-*Cramer/Sternberg-Lieben,* § 17 Rn. 4.

539 *LK-Schroeder,* § 17 Rn. 17; LK-*Vogel,* (12. Aufl.), § 17 Rn. 12.

er die Verbotsnorm nicht kennt, sie für ungültig hält oder sie in der Weise falsch auslegt, dass er sein in Wirklichkeit verbotenes Verhalten für rechtlich zulässig hält, befindet er sich im Verbotsirrtum. Der unvermeidbare Verbotsirrtum stellt einen Schuldausschließungsgrund dar. Ist der Irrtum hingegen vermeidbar gewesen, kommt nur eine fakultative Strafmilderung in Betracht, § 17 S. 2 StGB. Ein Verbotsirrtum berührt den Tatvorsatz nicht.

Ein solcher Irrtum des Täters kann sich auch auf öffentlich-rechtliche Genehmigungserfordernisse wie beim Merkmal „unbefugt" in § 324 StGB beziehen, es handelt sich hierbei um einen Irrtum über das Bestehen des Erfordernisses oder der Erlaubnis. Die ältere Rechtsprechung sah hierin generell einen Verbotsirrtum.[540] Es wird aber auch nach der Zweckrichtung der Genehmigungspflicht differenziert.[541] So soll ein Tatbestandsirrtum vorliegen, wenn ein präventives Verbot mit Erlaubnisvorbehalt Gegenstand des Irrtums über Bestand und Umfang des Genehmigungserfordernisses ist. Handelt es sich dagegen um ein repressives Verbot mit Befreiungsvorbehalt, soll ein Verbotsirrtum vorliegen, da sich der Irrtum auf die Existenz und rechtliche Reichweite eines Rechtfertigungsgrundes bezieht. Bei der wasserrechtlichen Gewässerbenutzung in Form des Einleitens von Abwasser liegt ein solches repressives Verbot mit Befreiungsvorbehalt vor,[542] folglich stünde nach beiden Ansichten der grundsätzlichen Annahme vom Vorliegen eines Verbotsirrtums i.S.d. § 17 S.1 StGB zunächst nichts entgegen. Nach allgemeiner Auffassung liegt somit beim Irrtum über das Merkmal „unbefugt" ein Verbotsirrtum vor.[543]

Derjenige, der aus seinem Schiff häusliches Abwasser unbefugt einleitet, kann irrtümlich davon ausgehen, sein Verhalten sei erlaubt und damit nicht strafbar gem. § 324 Abs. 1 StGB, sei es, weil er davon ausgeht, dass das Schifffahrtsprivileg für den Bereich der Küstengewässer und der Häfen für seegehende Schiffe sowie im Bereich der Binnenwasserstraßen für Schiffe ab einer bestimmten Größe nach wie vor bestehe oder aber, dass das Nichthandeln der Behörden diesbezüglich einer wasserrechtlichen Erlaubnis gleich komme und somit die Einleitung

---

540 OLG Celle, NJW 1987, 1563 (1563).

541 BGH, NStZ-RR 2003, 55 (56), NStZ 1993, 594 (595); BayObLG, wistra 1992, 273 (273); OLG Celle, NJW 2004, 3790 (3791); S/S-*Cramer/Sternberg-Lieben*, § 17 Rn. 12a; KK/OWiG-*Rengier*, § 11 Rn. 43; *Tröndle/Fischer*, § 16 Rn. 16; § 17 Rn. 11a.

542 Vgl. E. I. 3.

543 MK-*Alt*, § 324 Rn. 81; S/S-*Cramer/Heine*, § 324 Rn. 14; *Czychowski*, (7. Aufl.) § 324 StGB Rn. 50; *Franzheim/Pfohl*, Rn. 122; *Krey*, AT I, Rn. 679; *Michalke*, Rn. 113; *Sack*, Umweltschutz-Strafrecht, § 324 Rn. 170; LK-*Steindorf*, § 324 Rn. 113.

zulässig sei. In diesem Falle wäre demnach ein Verbotsirrtum i.S.d. § 17 S. 1 StGB anzunehmen.

II. Vermeidbarkeit eines Verbotsirrtums i.S.d. § 17 S.1 StGB

Nähme man hier das Vorliegen eines Verbotsirrtums an, so stellt sich weiter die Frage nach dessen Vermeidbarkeit. Vermeidbarkeit liegt vor, wenn der Täter die gehörige Anspannung seines Gewissens unterlassen und dadurch versäumt hat, das Unrechtmäßige seines Handelns zu erkennen. Unvermeidbarkeit und damit Straflosigkeit sind jedoch nur dann gegeben, wenn der Täter selbst durch Einsatz aller seiner geistigen Erkenntniskräfte und durch Beseitigung aller auftretenden Zweifel durch Nachdenken und Einholung von Rat bei einer sachkundigen und vertrauenswürdigen Stelle oder Person seinen Irrtum nicht verhindern konnte.[544] Der Täter muss bei seiner Urteilsbildung auch alle intellektuellen Erkenntnismittel einsetzen und sein Verhalten entgegen der eigenen Überzeugung nach den Wertvorstellungen seiner Umwelt richten.[545] Bleiben Zweifel, so trifft den Täter eine Erkundigungspflicht.[546]

Für die Vermeidbarkeit ist zunächst ausschlaggebend, dass der Täter einen Anlass gehabt hat, über eine mögliche Rechtswidrigkeit seines Verhaltens zu reflektieren oder sich danach zu erkundigen.[547] Fraglich ist, wie dieser Anlass ausgestaltet sein muss.

Einer Ansicht zufolge muss für einen solchen Anlass bereits ein unspezifischer Zweifel darüber bestehen, ob das Verhalten rechtswidrig sein könnte.[548] Nur dann könne von einer verschuldeten Einsichtsverfehlung und damit von einem Anlass zur Überprüfung der Rechtslage gesprochen werden.[549] Dagegen spricht jedoch, dass bei den geforderten Unrechtszweifeln bereits ein bedingtes Unrechtsbewusstsein gegeben ist. Aber nicht nur derjenige besitzt die Fähigkeit, die Rechtslage zu überprüfen, der an der Rechtmäßigkeit seines Handelns zweifelt. Auch derjenige, der weiß, dass er einem anderen einen Schaden zufügt, oder derjenige, der sich darüber bewusst ist, dass er in einem Bereich handelt, der durch spezielle Normen geregelt ist, hat Anlass zur Überprüfung der Rechtslage,[550] so dass von einem Anlass zur Überprüfung der Rechtslage nicht erst aus-

544 BGHSt 2, 194 (201); BGHSt 4, 236 (243).
545 BGHSt 2, 194 (201); BGHSt 4, 236 (243); BGH, wistra 1984, 178 (178).
546 *Tröndle/Fischer*, § 17 Rn. 9.
547 *Roxin*, AT I, § 21 Rn. 52.
548 *Zaczyk*, JuS 1990, 889 (893).
549 *Zaczyk*, JuS 1990, 889 (893).
550 *Roxin*, AT I, § 21 Rn. 54.

gegangen werden kann, wenn beim Handelnden spezifische Unrechtszweifel vorliegen.

Dem BGH zufolge muss prinzipiell jede Handlung auf ihre Rechtmäßigkeit hin der Überprüfung unterzogen werden,[551] so dass an sich immer ein Anlass zur Überprüfung der Rechtslage bestünde. Es ist jedoch unrealistisch zu fordern, dass man sich vor jedem Schritt grundsätzlich Gedanken über die mögliche Rechtswidrigkeit seines Verhaltens macht. Zudem führt dieser Ansatz zu dem Ausgangspunkt, dass „in einer freiheitlichen Rechtsordnung jedes beliebige Verhalten möglicherweise verboten sein könnte".[552]

Der Täter muss daher zumindest einen konkreten Anlass gehabt haben, sich über die Rechtmäßigkeit seines Verhaltens Gedanken zu machen. Es ist daher wenigstens ein Für-Möglich-Halten der Rechtswidrigkeit des Verhaltens erforderlich.[553]

Roxin zufolge gibt es in drei Fallgruppen einen Anlass zur Überprüfung der Rechtslage. So wenn der Täter selbst Zweifel hat – sei es spontan selbst, durch eigenes Nachdenken oder durch Hinweise Dritter. Anlass zur Überprüfung gibt es seiner Ansicht nach aber auch, wenn der Täter weiß, dass er sich in einem Lebensbereich bewegt, der im Einzelnen rechtlicher Sonderregelung unterworfen ist, oder wenn er weiß, dass er durch sein Verhalten Schaden zufügt.[554]

Zu untersuchen ist noch, welche konkreten Anforderungen an die Vermeidbarkeit des Irrtums und damit an das Ausmaß der Vergewisserungsbemühungen zu stellen sind. Es gibt zwei Arten, wie der Täter seiner Pflicht nachkommen und seine Zweifel beseitigen kann, nämlich durch eigenes Nachdenken, also die Gewissensanspannung, sowie durch eine Erkundigung nach der Rechtslage.[555] Hätte der Täter sich durch eigene Leistung vergewissern können, dass seine Zweifel berechtigt waren, so war sein Irrtum vermeidbar.[556] Hat der Täter trotz Anlasses keinerlei Vergewisserungsbemühungen unternommen oder waren diese Bemühungen so unzureichend, dass ein Verantwortungsausschluss aus präventiven Gründen unvertretbar wäre, so liegt Vermeidbarkeit des Irrtums dann vor, wenn der Täter trotz gegebenen Anlasses sich in zu geringem Maße um die Erkenntnis des Rechts bemüht hat und ausreichende Bemühungen ihn zur Erkenntnis des Unrechts gebracht hätten.[557]

---

551 BGHSt 2, 194 (201).
552 OLG Oldenburg, NJW 1992, 2438 (2438); *Roxin,* AT I, § 21 Rn. 53.
553 OLG Oldenburg, NJW 1992, 2438 (2438); S/S- *Cramer/Sternberg-Lieben,* § 17 Rn. 16; SK-*Rudolphi*, § 17 Rn. 30.
554 *Roxin,* AT I, § 21 Rn. 55.
555 BGHSt 2, 194 (201); *Zaczyk,* JuS 1990, 889 (893).
556 BGHSt 2, 194 (201); 21, 18 (20f).
557 *Tröndle/Fischer*, § 17 Rn. 9a.

Insgesamt werden überwiegend strenge Maßstäbe an ausreichende Vergewisserungsbemühungen im Rahmen eines unvermeidbaren Verbotsirrtums gestellt.[558] Erforderlich ist, dass der Täter sein Gewissen anspannt und unter Berücksichtigung seiner Fähigkeiten und Kenntnisse über die Rechtswidrigkeit seines Verhaltens nachdenkt, da ihm eine Erkundigungspflicht obliegt.[559] Gerade im Bereich des Gewässerschutzes müssen strengere Anforderungen an diese Kriterien wie „Gewissensanspannung" oder „Einsatz aller Erkenntniskräfte und sittliche Wertvorstellungen" gestellt werden.[560] Als Adressaten der Erkundigungspflicht kommen Fachverbände, Wasserbehörden und unabhängige Rechtsanwälte in Betracht.[561] So fordert etwa das OLG Braunschweig,[562] ähnlich auch die StA Frankfurt,[563] dass sich Verantwortliche in Unternehmen über die einschlägigen Vorschriften informieren und notfalls auch die zuständige Behörde kontaktieren sollen, um die erforderlichen Auskünfte zu erhalten.[564] Ausreichend ist es aber auch, sich auf die Auskunft eines Rechtsanwalts oder der Rechtsabteilung zu verlassen, sofern dieser bzw. diese sachkundig und unvoreingenommen ist und mit der Auskunft keinerlei Eigeninteressen verfolgt.[565]

Einigen Ansichten zufolge sollen allerdings im Nebenstrafrecht geringere Maßstäbe an die Vermeidbarkeit eines Verbotsirrtums zu stellen sein.[566] Der Täter habe im Nebenstrafrecht nur dann einen Anlass zur Überprüfung der Rechtslage, wenn dieser im Hinblick auf seine individuelle Lebens- oder Berufserfahrung wisse, dass er sich in einem rechtlich durchnormierten Bereich bewege oder sein Verhalten Einzelnen oder der Allgemeinheit Schaden zufüge.[567] Damit besteht bei Verbotsirrtümern im Rahmen nicht beruflicher Tätigkeit, die sich auf das Nebenstrafrecht beziehen, kaum Anlass, eine Unvermeidbarkeit auszuschließen. Die hier relevante Gewässerverunreinigung gem. § 324 Abs. 1 StGB stellt aber kein solches Nebenstrafrecht dar, so dass aus diesem Grunde nicht von einer Unvermeidbarkeit ausgegangen werden kann.

---

558 OLG Braunschweig, ZfW 1991, 52 (62); *Braun*, S. 76f.; *Ensenbach*, S. 206, 211; LK-*Steindorf*, § 324 Rn. 114; *Sack*, Umweltschutz-Strafrecht, § 324 Rn. 171.

559 MK-*Alt*, § 324 Rn. 81; *Sack*, Umweltschutz-Strafrecht, § 326 Rn. 307.

560 *Schall*, NStZ 1992, 265 (265).

561 *Michalke*, Rn. 111.

562 OLG Braunschweig, ZfW 1991, 52 (61f.).

563 Einstellungsverfügung der StA beim LG Frankfurt a.M., NuR 1982, 114 (117).

564 *Franzheim/Pfohl*, Rn. 122.

565 BGHSt 40, 257 (264); OLG Braunschweig, StV 1998, 492 (492); *Krey*, AT I, Rn. 694.

566 OLG Oldenburg, NStZ-RR 1999, 122; S/S-*Cramer/Sternberg-Lieben*, § 17 Rn. 16.

567 OLG Oldenburg, NStZ-RR 1999, 122 (122); S/S-*Cramer/Sternberg-Lieben*, § 17 Rn. 16.

1. Unvermeidbarer Verbotsirrtum hinsichtlich der Annahme, die Einleitungen des Schwarzwassers und des mit diesem vermischten Grauwassers seien zulässig

Es besteht zum einen die Möglichkeit, dass bei den das häusliche Schiffsabwasser einleitenden Personen ein Irrtum darüber vorliegt, dass das Schifffahrtsprivileg nach wie vor bestehe und die Zulässigkeit der Einleitungen häuslichen Schiffsabwassers im Bereich der Küstengewässer und der Häfen sowie auf den Binnenwasserstraßen für größere Schiffe bewirke. Fraglich ist zunächst, ob hier ein Anlass zur Überprüfung der Rechtslage besteht.

Dadurch, dass es in den Häfen für seegehende Schiffe und an den Binnenwasserstraßen bereits Auffanganlagen für die Entsorgung häuslichen Abwassers gibt, besteht bei den Einleitungen des Abwassers immer auch ein konkreter Anlass zur Überprüfung der Rechtslage, ob also das Einleiten zulässig ist oder eine Entsorgungspflicht besteht. Für einen Anlass zur Überprüfung der Rechtslage spricht zudem die Pflicht aller Seeschiffe zur Entleerung des Schwarzwassers und des mit diesem vermischten Grauwassers in die Hafenauffanganlagen im Bereich der Nord- und Ostsee, gerade auch in Anbetracht der von jedem Kapitän größerer Schiffe zu führenden Abfalltagebücher.[568] Auch die die Hafenauffanganlagen-Richtlinie umsetzenden nationalen Landesvorschriften sehen eine eindeutige Entsorgungspflicht vor. Diejenigen, die das hier in Frage stehende Küchen- und Toilettenabwasser einleiten und damit auch in größerem Umfang am Beruf der Schifffahrt beteiligt sind, haben gerade auch im Hinblick auf die Sammeltankpflichten in den Häfen und das gestiegene Umweltbewusstsein mithin einen Anlass zur Überprüfung der Rechtslage. Sie sind sich darüber hinaus grundsätzlich bewusst, dass sie durch die Einleitungen die Umwelt belasten und ihr damit Schaden zufügen. Demzufolge besteht bei den unbefugten Einleitungen des häuslichen Abwassers ein konkreter Anlass zur Überprüfung der Rechtslage. Hier drängt sich die Unzulässigkeit der Einleitungen geradezu auf. Zweifel am Bestehen eines Anlasses zur Überprüfung der Rechtslage gibt es damit nicht.

Ähnlich sind die Umstände im Bereich der Binnenwasserstraßen zu beurteilen, bei denen für größere Schiffe eine Zulässigkeit der Einleitungen bis zum Inkrafttreten des Abfallübereinkommens ebenfalls abzulehnen ist. Hier ist angesichts der sich demnächst ändernden Rechtslage keine Unvermeidbarkeit anzunehmen, da die Vermutung der Schiffsbetreiber nahe liegt, dass eine Unbefugtheit der Einleitungen auch schon vor Inkrafttreten des Abfallübereinkommens aufgrund der bisherigen Regelungen des WHG gegeben und die Einleitung nicht zulässig ist. Gerade weil im Bereich der nationalen Küstengewässer und der nati-

568 Vgl. G. V. 1.

onalen Häfen i.S.d. Art. 2 lit. h) der Hafenauffanganlagen-Richtlinie durch die Entladungspflicht des Abwassers bereits schärfere Bestimmungen gelten, besteht daher ein Anlass zur genaueren Überprüfung der Rechtslage. Zudem trägt das gestiegene Umweltbewusstsein in der Bevölkerung zu einer Sensibilisierung der am Schifffahrtsleben beteiligten Personen bei, so dass diese wissen, dass sie durch die Einleitungen die Umwelt belasten. Damit haben die häusliches Abwasser einleitenden Personen von Schiffen ab einer bestimmten Größe auch auf den Binnengewässern genügenden Anlass zur Überprüfung der aktuellen Rechtslage.

Die das Abwasser einleitenden Personen haben die Möglichkeit, sich bei Fachverbänden, Wasserbehörden oder aber auch unabhängigen Rechtsanwälten zu erkundigen. Sie können damit einen Irrtum hinsichtlich der Zulässigkeit der Einleitungen grundsätzlich vermeiden durch Einholung von Auskunft oder Auseinandersetzung mit den einschlägigen Vorschriften. Bei einer solchen pflichtgemäßen Erkundigung kann davon ausgegangen werden, dass diese zu einer richtigen Auskunft und damit zu einem anderen Ergebnis geführt hätte, so dass hier nicht von einer Unvermeidbarkeit dieses Irrtums ausgegangen werden kann. Ein diesbezüglicher Irrtum stellt mithin keinen Schuldausschließungsgrund i.S.d. § 17 S. 1 StGB dar.[569]

Bei der Frage nach der Vermeidbarkeit hinsichtlich eines derartigen Irrtums wurde so auch bereits in den 1980er Jahren, aber auch noch Anfang der 1990er nur für „eine gewisse Übergangszeit“ bei den für die Einleitung verantwortlichen Personen im Einzelfall noch eine Unvermeidbarkeit des Verbotsirrtums angenommen.[570] Diese Übergangszeit ist jedoch zwanzig Jahre später wohl nicht mehr anzunehmen.

2. Unvermeidbarer Verbotsirrtum hinsichtlich der Annahme, die Duldung der Behörden stünde einer Erlaubnis gleich

Zu untersuchen ist des Weiteren noch, welche konkreten Anforderungen an die Vermeidbarkeit des Irrtums bei der Ansicht, eine Duldung der Behörden stehe einer Erlaubnis gleich, gestellt werden müssen. Diesbezüglich wird die Frage nach der Annahme eines unvermeidbaren Verbotsirrtums nicht ganz einheitlich beantwortet.

Relativ geringe Anforderungen an die Annahme eines unvermeidbaren Verbotsirrtums stellt die StA beim LG Mannheim. In dem ihr vorliegenden Fall bestand zwischen Behörde und Einleitendem bereits Kontakt über bestimmte Ein-

569 So auch das LG Hamburg, NuR 2003, 776 (776).
570 *Braun*, S. 64; *Sack*, JR 1983, 123 (124).

leitungen und die Behörde gab zunächst keine Auflagen für die Einleitungen, obwohl sie von der Unzulässigkeit Kenntnis hatte.[571] Der StA Mannheim zufolge fehlte dem Einleitenden die Unrechtseinsicht, weil der Einleitende davon ausgegangen ist, dass die zurzeit eingeleitete und die in seinem Antrag vorgeschlagene und bisher nicht beanstandete Abwasserbelastung so lange von den zuständigen und zur Entscheidung berufenen Behörden akzeptiert werde, als über die Sache nicht entschieden sei.[572] Dies sei auch dann anzunehmen, wenn der Einleitende weiß, dass er das verschmutzte Abwasser nicht in das Gewässer einleiten darf und eigentlich dadurch Anlass zur Überprüfung der Rechtslage hat. Der Einleitende konnte sich den Ausführungen der StA Mannheim zufolge in seiner Auffassung durch das Verhalten der Behörden bestärkt sehen, die trotz Kenntnis weder auf der Einstellung des Betriebs noch auf der Unterlassung der Einleitungen bestanden haben.

Diesen Irrtum habe der zuständige Ingenieur trotz aller Gewissensanspannung und Einsatzes seiner Erkenntniskräfte und sittlichen Wertvorstellungen nicht vermeiden können.[573] Weitere Voraussetzungen stellte die StA Mannheim nicht, so auch kein Hinterfragen der Zulässigkeit der Einleitungen durch den Einleitenden bei der Behörde oder das Einholen einer Rechtsauskunft. Damit stellt die StA Mannheim keine besonderen Anforderungen an die Unvermeidbarkeit des Verbotsirrtums im Zusammenhang mit einer passiven Duldung der Behörden, wenn ein Kontakt zwischen Behörde und Einleitendem über die Einleitungen besteht und die Behörde nicht gegen die Umweltbeeinträchtigung einschreitet.

Ähnlicher Auffassung ist auch das AG Lübeck,[574] das jedoch etwas höhere Anforderungen an die Unvermeidbarkeit eines Verbotsirrtums im Rahmen der Duldung stellt. Der Angeklagte ging von der Befugtheit der Einleitung seines häuslichen (fäkalen) Abwassers aus, da die zuständige Behörde ihm lediglich jährlich eine Abwasserabgabe aufgab. In dem Abgabenbescheid fehlte aber jeglicher Hinweis auf die fehlende Genehmigung oder die Strafbarkeit der ungenehmigten Einleitung. Das AG Lübeck nahm hier an, dass der Angeklagte in keiner Weise dazu veranlasst gewesen sei, über sein Verhalten nachzudenken, für ihn habe gar keine Zweifelslage bestanden. Das AG Lübeck ging daher von der Unvermeidbarkeit des Verbotsirrtums aus, da ein widersprüchliches Verhalten der Behörde vorlag, das den Angeklagten dazu verleitete, von einem befugten Einleiten auszugehen, so dass der Einleitende damit auch keinerlei Anlass zur Überprüfung der Rechtslage hatte.

571 Zu § 38 WHG a.F.
572 StA beim LG Mannheim, NJW 1976, 585 (586).
573 StA beim LG Mannheim, NJW 1976, 585 (586).
574 AG Lübeck, StV 1989, 348 (349).

Eine bloß längere Duldung der Behörden kann auch anderer Ansicht zufolge ebenfalls an sich noch keine Unvermeidbarkeit des Irrtums aufgrund mangelnden Anlasses zur Überprüfung der Rechtslage begründen, da davon ausgegangen werden kann, dass die Verwaltungsbehörden nicht immer schnellst möglich ihre Aufgaben wahrzunehmen pflegen.[575] Liegt hingegen ein zögerliches oder gar widersprüchliches Verhalten der zuständigen Behörde vor, so kann ausnahmsweise Unvermeidbarkeit angenommen werden.[576] Ein bloßes Hinnehmen oder Untätigbleiben der Behörde in Kenntnis des Verhaltens genügt für die Annahme eines unvermeidbaren Verbotsirrtums nicht.[577]

Allen Fällen ist gemein, dass zwischen Behörde und Einleitendem Kontakt hinsichtlich der jeweiligen Einleitungen besteht und die Behörde von sich aus keine Auflagen erteilt hat bzw. nicht auf die Unzulässigkeit der Einleitungen hingewiesen hat. Es lag damit ein zögerliches bzw. widersprüchliches Verhalten der Behörde gegenüber den das Abwasser einleitenden Personen vor. Ein schlichtes Nichthandeln der Behörde trotz Kenntnis der Unzulässigkeit bei widersprüchlichem oder zögerlichem Verhalten ist damit nach diesen Auffassungen ein ausreichendes Indiz, eine Unvermeidbarkeit des Verbotsirrtums aufgrund mangelnden Anlasses zur Überprüfung der Rechtslage anzunehmen, sofern ein Kontakt zwischen Behörde und der das Abwasser einleitenden Person bestand.

Das bedeutet, dass im Rahmen eines Verbotsirrtums hinsichtlich der Zulässigkeit der Einleitungen häuslichen Schiffsabwassers aufgrund einer Untätigkeit der Behörden hohe Anforderungen an die Unvermeidbarkeit zu stellen sind und nicht schon allein aufgrund einer Untätigkeit der Behörden von einer Unvermeidbarkeit des Irrtums mangels genügenden Anlasses zur Überprüfung der Rechtslage ausgegangen werden kann, sofern kein Kontakt zwischen Behörde und der das Abwasser einleitenden Person besteht. Besteht hingegen ein solcher Kontakt, so kann von einem unvermeidbaren Verbotsirrtum ausgegangen werden, sofern ein zögerliches oder widersprüchliches Verhalten der Behörde vorliegt.

Bei den Einleitungen des Schwarzwassers und des mit diesem vermischten Grauwassers besteht typischerweise kein solcher Kontakt zwischen Behörde und Einleitendem, wohl aber eine Kenntnis der Behörde über die jeweiligen Einleitungen. Eine den oben genannten Konstellationen vergleichbare Situation bestünde damit bei den Einleitungen des Abwassers nur dann, wenn die das häusliche Schiffsabwasser einleitenden Personen davon ausgingen, dass die Behörden tatsächlich Kenntnis von den Einleitungen haben und darüber hinaus sich die Be-

575 *Sack*, Umweltschutz-Strafrecht, § 324 Rn. 171; LK-*Steindorf*, § 324 Rn. 115.
576 *Sack*, Umweltschutz-Strafrecht, § 324 Rn. 171; LK-*Steindorf*, § 324 Rn. 115.
577 LK-*Vogel*, (12. Aufl.), § 17 Rn. 72.

hörden während des Kontakts mit den das Abwasser einleitenden Personen in gewisser Weise zögerlich oder widersprüchlich verhalten.

Hat die Behörde aber lediglich Kenntnis von den Einleitungen des Abwassers und gibt sie über ihre bloße Untätigkeit hinaus dem Einleitenden keinen Anlass – etwa aus einem zwischen ihr und dem Einleitenden bestehenden Kontakts heraus – von der Befugtheit der Einleitung auszugehen, so kann nicht von einer Unvermeidbarkeit des Irrtums ausgegangen werden. Vielmehr trifft die am Schiffsleben beteiligten Personen auch bei Untätigkeit der Behörden zunächst eine Erkundigungspflicht hinsichtlich der Zulässigkeit ihres Verhaltens. Es kann davon ausgegangen werden, dass eine Erkundigung des Betroffenen bei der entsprechenden Behörde über die Zulässigkeit der Einleitungen zur Klarstellung der Rechtslage führt. Eine Erkundigung hätte damit eine Vermeidbarkeit des Irrtums über die Zulässigkeit der Einleitungen zur Folge. Bei einer Erkundigung besteht damit zudem ein Zusammenhang zur Unrechtseinsicht. Damit kann nicht von der Unvermeidbarkeit eines eventuell bestehenden Irrtums hinsichtlich der einer Erlaubnis möglicherweise gleichstehenden Duldung der Behörde ausgegangen werden, ein Schuldausschluss kommt damit nicht in Betracht. Eine andere Beurteilung kann im Einzelfall nur dann erfolgen, wenn die Behörde sich tatsächlich widersprüchlich gegenüber der einleitenden Person verhält. Hiervon ist im Regelfall jedoch nicht auszugehen.

Demzufolge ist im Rahmen des Irrtums hinsichtlich einer möglichen Duldung der Behörden von einem vermeidbaren Irrtum auszugehen, der allenfalls bei gegebenem Anlass auf Strafzumessungsebene Berücksichtigung finden kann. Ein widersprüchliches Verhalten der zuständigen Wasserbehörde, das möglicherweise doch zu der Annahme der Unvermeidbarkeit führen könnte, wird in den meisten Fällen wohl nicht gegeben sein.

III. Zwischenergebnis

Mithin kann im Hinblick auf einen Irrtum hinsichtlich des Fortbestehens des Schifffahrtsprivilegs im Bereich der Häfen für seegehende Schiffe und der Küstengewässer sowie im Bereich der Binnenwasserstraßen für größere Schiffe nicht von einem unvermeidbaren Verbotsirrtum i.S.d. § 17 S. 1 StGB ausgegangen werden.

N. Ergebnis der Untersuchung

Das Bestehen des gewohnheitsrechtlich entstandenen Schifffahrtsprivilegs, das eine Zulässigkeit der Einleitungen häuslichen Schiffsabwassers gerade auch im Rahmen des Umweltstraftatbestandes des § 324 Abs. 1 StGB bewirken soll, wurde von der Rechtsprechung bis Anfang der 1990er Jahre anerkannt, was sogar höchstrichterlich durch den Beschluss des BGH bestätigt wurde. In der Literatur wurden aber bereits Zweifel am Fortbestehen des Schifffahrtsprivilegs laut. Weiter bestand und besteht lediglich Einigkeit darüber, dass die Einleitungen von Schiffsabwasser, die nicht während der Fahrt erfolgen, sondern von stationären Restaurantschiffen aus eingeleitet werden, in jedem Falle nicht von einem möglichen Gewohnheitsrecht gedeckt sein können. Bei der Frage nach einer möglichen Rechtfertigung durch das gewohnheitsrechtliche Schifffahrtsprivileg war zunächst festzustellen, ob tatsächlich Gewohnheitsrecht vorliegen kann oder ob der Inhalt des möglichen Gewohnheitsrechtssatzes nicht bereits bestehendem Recht entgegensteht, so dass für die Annahme von Gewohnheitsrecht kein Raum mehr bleibt. Ebenfalls war zu untersuchen, ob der Inhalt des Schifffahrtsprivilegs nicht bereits durch einen Rechtssetzungsakt entstandenes, geschriebenes Recht ist und somit von Gewohnheitsrecht gar nicht mehr gesprochen werden kann.

Die vorliegende Untersuchung hat deutlich gemacht, dass bei der Frage nach einer möglichen Rechtfertigung der Gewässerverunreinigung durch das Schifffahrtsprivileg nicht nur das WHG zu beachten ist, sondern in den Bereich des Gewässerschutzes ein Geflecht aus internationalem und europäischem Recht sowie nationalem Bundes- und Landesrecht hineinspielt. Dieses Regelwerk ist zudem durch seine Dynamik, Weiterentwicklung, durch verbindliche und unverbindliche Instrumente geprägt und kontinuierlich auf ein stetig anwachsendes Niveau der Gewässergüte ausgerichtet. Bei der Untersuchung der Frage einer möglichen Rechtfertigung der Gewässerverunreinigung durch das Schifffahrtsprivileg hat sich daher gezeigt, dass die bisherigen Lösungswege hinsichtlich ihrer Begründung zu kurz greifen, da nicht nur die für Gewohnheitsrecht erforderliche Übung der beteiligten Kreise und eine dahingehende Rechtsüberzeugung ausschlaggebend sind, sondern zunächst eine Überprüfung der aktuellen Rechtslage erforderlich ist.

Auf nationaler Ebene ist für die Einleitungen des häuslichen Schiffsabwassers zunächst das Wasserhaushaltsrecht einschlägig. Das WHG fordert für die Einleitungen von häuslichem Abwasser grundsätzlich eine Einleitungserlaubnis gem.

§§ 7, 7a WHG, die genaue Angaben über Art und Maß der jeweiligen Einleitung enthalten muss. Ausnahmen von dieser Erlaubnispflicht, die im WHG geregelt sind, kommen bei den Einleitungen des Abwassers ebenfalls nicht in Betracht. Ferner können weder die einer Erlaubnis möglicherweise gleichstehende Duldung der zuständigen Behörden noch die bloße Genehmigungsfähigkeit der Einleitungen die Zulässigkeit begründen.

Die Vorschriften des Schifffahrtsrechts enthalten für die Binnenwasserstraßen und die nationalen Küstengewässer keine expliziten Regelungen hinsichtlich des Einleitens von häuslichem Abwasser, die als leges speciales gegenüber dem WHG eingreifen könnten. Eine Zulässigkeit der Einleitungen kann sich zudem nicht aus der Auslegung von § 5 BWaStrG i.V.m. der Mannheimer Akte ergeben. Voraussetzung für eine Anwendbarkeit des § 5 BWaStrG i.V.m. der Mannheimer Akte ist, dass das Einleiten des häuslichen Abwassers einen mit dem Betrieb der Schiffe nicht zu lösenden Umstand darstellt. Es hat sich herausgestellt, dass die Beschaffenheit der Schiffe heute problemlos den Einbau eines bordeigenen Sammeltanks für anfallendes Abwasser zulässt und die Einleitungen aufgrund der Möglichkeit der Sammlung des Abwassers in bordeigenen Tanks nicht zwangsläufig mit dem Betrieb der Schiffe zusammenhängen. Ferner besteht aufgrund neuerer, internationaler Übereinkommen, europäischer Richtlinien und nationaler Gesetze, die spezifisch wasserwirtschaftlich ausgerichtet sind, kein Bedürfnis, auf eine bloße Auslegung wasserverkehrsrechtlicher Vorschriften unter Hinzuziehung eines nicht mehr auf den technischen Fortschritt zugeschnittenen fast 150jährigen Übereinkommens zurückzugreifen. § 5 BWaStrG i.V.m. der Mannheimer Akte findet daher keine Anwendung.

Neben dem WHG sind auch die Vorschriften der Hafenauffanganlagen-Richtlinie und des internationalen Marpol-Übereinkommens in der Form der in nationales Recht umgesetzten Normen für den Bereich der Küstengewässer und der Häfen für seegehende Schiffe einschlägig. Im Bereich der Binnenwasserstraßen wird zukünftig das in Kraft tretende und in nationales Recht umgesetzte Abfallübereinkommen anwendbar sein.

Während die Entsorgungspflicht im Bereich der Küstengewässer und der Häfen nach Anlage IV von Marpol jedoch keine Anwendung findet auf Sportboote und kleinere Schiffe und Einleitungen des Abwassers unter bestimmten Voraussetzungen auch zugelassen sind, bezieht sich die Hafenauffanganlagen-Richtlinie dem Wortlaut zufolge auf Schiffe jeglicher Größe und enthält eine generelle Entladungspflicht für Schwarzwasser und für mit diesem vermischtes Grauwasser. Die in der Hafenauffanganlagen-Richtlinie vorgesehene generelle Entsorgungspflicht für das Schwarzwasser und das mit diesem vermischte Grauwasser auch für kleinere Schiffe ist aber als i.S.v. Art. 3 Abs. 4 Marpol-Übereinkommen zulässiges strengeres regionales Recht anzusehen, mit der Konsequenz, dass alle

Schiffe Schwarz- und das mit diesem vermischte Grauwasser in entsprechenden Auffanganlagen entsorgen müssen. Insofern ist die Hafenauffanganlagen-Richtlinie mit dem Marpol-Übereinkommen vereinbar. Dies wurde auch so durch entsprechende Landesverordnungen in nationales Recht umgesetzt.

Nach den obigen Ausführungen besteht schließlich im Bereich der Küstengewässer und der Häfen i.S.d. Art. 2 lit. h) der Hafenauffanganlagen-Richtlinie aufgrund der expliziten, dem Schifffahrtsprivileg widersprechenden Regelung in der Hafenauffanganlagen-Richtlinie bzw. der in das jeweilige Landesrecht umgesetzten Normen kein Raum mehr für die Annahme des Schifffahrtsprivilegs für das Einleiten von Schwarzwasser und das mit diesem vermischte Grauwasser. Dies gilt auch für kleinere Schiffe und Schiffe mit einer nur geringen Besatzung. Die Einleitung dieses Schiffsabwassers ist damit nicht zulässig und erfolgt unbefugt i.S.d. § 324 Abs. 1 StGB. Diesbezüglich ist eine Rechtfertigung der Gewässerverunreinigung durch das Schifffahrtsprivileg ausgeschlossen. Ein Irrtum der das Abwasser einleitenden Personen über die Zulässigkeit der Einleitungen in die Häfen für seegehende Schiffe i.S.d. Art. 2 lit. h) der Hafenauffanganlagen-Richtlinie und in die Küstengewässer der Nord- und Ostsee stellt einen Verbotsirrtum i.S.d. § 17 StGB dar, der jedoch regelmäßig vermeidbar ist und somit keinen Schuldausschließungsgrund begründet.

Aus der Auslegung der internationalen und europarechtlichen Vorgaben sowie der diese umsetzenden nationalen Vorschriften ergibt sich eine Zulässigkeit der separaten Einleitung von Grauwasser im Bereich der Küstengewässer und der Häfen für seegehende Schiffe i.S.d. Art. 2 lit. h) der Hafenauffanganlagen-Richtlinie. Die Einleitung des separaten Grauwassers ist durch Auslegung bestehender legislatorischer Regelungen zulässig und damit nicht unbefugt i.S.d. § 324 Abs. 1 StGB. Es bedarf ebenfalls keines Rückgriffs auf ein diese Einleitungen zulassendes Gewohnheitsrecht.

Für den Bereich der Binnenwasserstraßen gibt es bislang keine eindeutigen Vorgaben neben denen des WHG hinsichtlich des Einleitens von häuslichem Schiffsabwasser. Das künftig in Kraft tretende Abfallübereinkommen und das dieses umsetzende nationale Ausführungsgesetz sehen eine Sammeltank- und Entsorgungspflicht für häusliches Abwasser erst für Schiffe ab einer bestimmten Größe und Besatzungsanzahl vor und gestatten die Einleitungen im Übrigen ausdrücklich. Für kleinere Schiffe scheidet eine Strafbarkeit nach § 324 Abs. 1 StGB ab Inkrafttreten des Abfallübereinkommens und des diesbezüglichen nationalen Ausführungsgesetzes aus, da es eine gesetzliche Regelung gibt, die das Einleiten des Abwassers ausdrücklich gestattet. Etwas anderes ist für Seeschiffe i.S.d. Art. 2 lit. a) der Hafenauffanganlagen-Richtlinie anzunehmen. Diese sind aufgrund des Vorrangs der Hafenauffanganlagen-Richtlinie im Bereich der Binnenwasserstraßen auch dann zur Entladung des Schwarzwassers und des damit vermischten Grauwassers verpflichtet, wenn sie nicht die im Übereinkommen vorgeschriebene Größe aufweisen.

Ab dem Inkrafttreten dieses Übereinkommens bleibt damit aufgrund einer expliziten legislatorischen Regelung auf den Binnenwasserstraßen kein Raum mehr für die Annahme des ungeschriebenen Rechtfertigungsgrundes des Schifffahrtsprivilegs.

Für die Übergangszeit bis zum Inkrafttreten bleibt nur noch Raum für die Annahme des Schifffahrtsprivilegs für Kabinenschiffe mit 50 Schlafplätzen oder weniger und Fahrgastschiffe, die zur Beförderung von 50 Fahrgästen oder weniger zugelassen sind, sofern es sich nicht um seegehende Schiffe i.S.d. Hafenauffanganlagen-Richtlinie handelt. Der Inhalt des Gewohnheitsrechts wird für diese Schiffe mit Inkrafttreten des Abfallübereinkommens und des dieses umsetzenden nationalen Rechts zu legislatorischem Recht. Für größere Schiffe kann das Schifffahrtsprivileg dagegen auch für die Übergangszeit bis zum Inkrafttreten des Übereinkommens mangels diesbezüglicher Rechtsüberzeugung nicht mehr angenommen werden.

Von dem Schuldausschließungsgrund des unvermeidbaren Verbotsirrtums i.S.d. § 17 S. 1 StGB kann regelmäßig nicht ausgegangen werden. Ein möglicher Irrtum hinsichtlich einer sog. Duldung der Behörden stellt ebenfalls keinen unvermeidbaren Verbotsirrtum i.S.d. § 17 S. 1 StGB dar.

Die o.g. Ergebnisse lassen sich an folgenden Tabellen verdeutlichen:

I. Einleitungen im Bereich der nationalen Küstengewässer und der Häfen für seegehende Schiffe

	Schwarzwasser und mit diesem vermischtes Grauwasser	*Separates Grauwasser*	*Geklärtes bzw. behandeltes Abwasser nach Regel 11 der Anlage IV zu Marpol*
Differenzierungen nach Größe der Schiffe	*Nein*	*Nein*	*Nein*
<u>Zulässigkeit</u> und damit befugtes Handeln i.S.d. § 324 Abs. 1 StGB	*Nein* Entladungspflicht in den Auffanganlagen: Hafenauffanganlagen-Richtlinie und die diese umsetzenden nationalen Vorschriften, anderen-	*Ja* Zulässigkeit der Einleitung aufgrund Gesetzesauslegung der Hafenauffanganlagen-Richtlinie und der diese umsetzenden nationalen Vor-	*Ja* Zulässigkeit der Einleitung gem. Anlage IV zu Marpol und der diese umsetzenden Osteeschutz-ÄndV und der Nordsee-AbwVO, diese gehen dem WHG als

	falls Einleitungserlaubnis gem. §§ 7, 7a WHG erforderlich.	schriften, diese gehen dem WHG aufgrund des Vorrangs des EG-Rechts vor.	leges speciales vor.
Annahme des Schifffahrtsprivilegs	*Nein* aufgrund entgegenstehender gesetzlicher Regelung	*Nein* Auslegung steht entgegen	*Nein* bereits gesetzlich geregelt
Unvermeidbarer Verbotsirrtum i.S.d. § 17 S.1 StGB	*Nein*		

II. Einleitungen auf Binnenwasserstraßen bis zum Inkrafttreten des Abfallübereinkommens und dessen nationaler Umsetzung

	Schwarzwasser und mit diesem vermischtes Grauwasser	*Separates Grauwasser*
Größere Schiffe[578] *Zulässigkeit*	*Nein* §§ 7, 7a WHG	*Nein* §§ 7, 7a WHG
Größere Schiffe, die gleichzeitig Seeschiffe i.S.d. Hafenauffanganlagen-Richtlinie sind Zulässigkeit	*Nein* Entsorgungspflicht aufgrund der Hafenauffanganlagen-Richtlinie und der diese umsetzenden nationalen Vorschriften	*Ja* Keine Entsorgungspflicht aufgrund der Hafenauffanganlagen-Richtlinie und der diese umsetzenden nationalen Vorschriften
Kleinere Schiffe[579] *Zulässigkeit*	*Ja* Schifffahrtsprivileg	*Ja* Schifffahrtsprivileg
Kleinere Schiffe, die gleichzeitig Seeschiffe i.S.d. Hafenauffang-Anlagen-Richtlinie sind Zulässigkeit	*Nein* Entsorgungspflicht aufgrund der Hafenauffanganlagen-Richtlinie und der diese umsetzenden nationalen Vorschriften	*Ja* Keine Entsorgungspflicht aufgrund der Hafenauffanganlagen-Richtlinie und der diese umsetzenden nationalen Vorschriften

578 Kabinenschiffe mit mehr als 50 Schlafplätzen und Fahrgastschiffe, die zur Beförderung von mehr als 50 Fahrgästen zugelassen sind.

579 Kabinenschiffe mit 50 oder weniger Schlafplätzen und Fahrgastschiffe, die zur Beförderung von 50 oder weniger Fahrgästen zugelassen sind.

III. Einleitungen in die Binnenwasserstraßen ab Inkrafttreten des Abfallübereinkommens und dessen nationaler Umsetzung

	Schwarzwasser und mit diesem vermischtes Grauwasser	*Separates Grauwasser*
Größere Schiffe[580] *Zulässigkeit*	*Nein* Rhein/BinSchAbfÜbkAG und dessen weitere nationale Umsetzung: Für Fahrgastschiffe, die zur Beförderung von mehr als 50 Personen zugelassen sind, soll das Einleitungsverbot dem Abfallübereinkommen zufolge erst ab dem 1.1.2010 gelten.	*Nein* Rhein/BinSchAbfÜbkAG und dessen weitere nationale Umsetzung: Für Fahrgastschiffe, die zur Beförderung von mehr als 50 Personen zugelassen sind, soll das Einleitungsverbot dem Abfallübereinkommen zufolge erst ab dem 1.1.2010 gelten.
Größere Schiffe, die gleichzeitig Seeschiffe i.S.d. Hafenauffanganlagen-Richtlinie sind *Zulässigkeit*	*Nein* Rhein/BinSchAbfÜbkAG und dessen weitere nationale Umsetzung	*Ja* Vorrang der Hafenauffanganlagen-Richtlinie und der diese umsetzenden nationalen Vorschriften
Kleinere Schiffe[581] *Zulässigkeit*	*Ja* Rhein/BinSchAbfÜbkAG und dessen weitere nationale Umsetzung	*Ja* Rhein/BinSchAbfÜbkAG und dessen weitere nationale Umsetzung
Kleinere Schiffe, die gleichzeitig Seeschiffe i.S.d. Hafenauffanganlagen-Richtlinie sind *Zulässigkeit*	*Nein* Entladungspflicht aufgrund des Vorrangs der Hafenauffanganlagen-Richtlinie und der diese umsetzenden nationalen Vorschriften	*Ja* Keine Entladungspflicht weder nach Abfallübereinkommen noch nach der Hafenauffanganlagen-Richtlinie und der diese umsetzenden nationalen Vorschriften

580 Kabinenschiffe mit mehr als 50 Schlafplätzen und Fahrgastschiffe, die zur Beförderung von mehr als 50 Fahrgästen zugelassen sind.

581 Kabinenschiffe mit 50 oder weniger Schlafplätzen und Fahrgastschiffe, die zur Beförderung von 50 oder weniger Fahrgästen zugelassen sind.

O. Bewertung

I. Beurteilung der Regelungen im Bereich der Küstengewässer und der Häfen für seegehende Schiffe hinsichtlich des Einleitens von häuslichem Abwasser

Die Zulässigkeit des Einleitens häuslichen Abwassers im Bereich der Küstengewässer und der Häfen für seegehende Schiffe richtet sich im Wesentlichen nach den Vorgaben der Hafenauffanganlagen-Richtlinie und der diese umsetzenden nationalen Vorschriften, die eine Entsorgung des in den an Bord eingebauten Sammeltanks befindlichen Schwarz- und mit diesem vermischten Grauwassers für alle Schiffe vorsieht. Weiterhin sind Einleitungen von behandeltem bzw. aufbereitetem Abwasser gem. der Regel 11 der Anlage IV zu Marpol ebenfalls zulässig. Auch das separate Einleiten von Grauwasser ist aufgrund der Auslegung der Hafenauffanganlagen-Richtlinie und der diese umsetzenden nationalen Vorschriften zulässig. Damit ist zunächst ein umfassendes System geschaffen worden, dass den Umgang mit häuslichem Abwasser regelt und der Annahme des Schifffahrtsprivilegs entgegensteht.

1. Effizienz der geltenden Regelungen zum Umgang mit häuslichem Schiffsabwasser im Hinblick auf die allgemeinen Probleme bei der Verfolgung von Umweltdelikten

Diese speziell auf die Bedürfnisse der Schifffahrt abgestimmten Vorgaben der Hafenauffanganlagen-Richtlinie sind auch vor dem Hintergrund der mit der Gewässerverunreinigung häufig verbundenen Beweisprobleme und der nur geringen Kontrolle durch die Strafverfolgungsbehörden begrüßenswert. So wird häufig die mangelnde Effizienz des Umweltstrafrechts aufgrund gravierender Vollzugsdefizite angeprangert.[582] Im gesamten Bereich der Umweltkriminalität wird insgesamt von einem großen Dunkelfeld ausgegangen.[583] Die Zahlen der registrierten Umweltkriminalität sind von einem kontinuierlichen Rückgang gekennzeich-

582 *Kaiser*, Wirkungen und Erfolgsbedingungen, S. 183 (184f.); *Kaiser*, Kriminologie, § 75 Rn. 4; *Schall*, NJW 1990, 1263 (1265).

583 *Schwind*, Kriminologie, § 22 Rn. 31.

net.[584] Dieser Rückgang wird häufig auf ein verändertes Kontrollverhalten der Strafverfolgungsbehörden zurückgeführt. So werden die Umweltdelikte kaum angezeigt, da sie zumeist keine direkten Opfer haben, die an einer Strafverfolgung interessiert sind. Vielmehr ist die Polizei mangels Strafanzeigen meist nur auf die eigenen Kontrollmaßnahmen angewiesen.[585] Es ist auch von einer geringeren Anzeigebereitschaft der Bevölkerung in Form von informellen Hinweisen auszugehen, die u.a. darauf zurückzuführen ist, dass den Umweltbelangen gegenüber Problemen der Arbeitslosigkeit oder des wirtschaftlichen Abschwungs in Politik und Presse ein geringerer Stellenwert zugemessen wird.[586] Hinzu kommt noch, dass die Empörung der Bevölkerung über den Umweltverstoß relativ schnell abnimmt.[587] Die Anzeigebereitschaft der Umweltbehörden hinsichtlich aller Umwelttatbestände ist ebenfalls generell gering.[588] Ein weiteres Manko ist, dass die Verwaltungsbehörden, die als Überwachungs- und Kontrollorgan Kenntnis auch von strafbaren Handlungen haben, häufig keine Anzeige bei der zuständigen Staatsanwaltschaft erstatten, da sie auf die Kooperation mit den Unternehmen, die die Umwelt beeinträchtigen, angewiesen sind.[589]

Die Aufklärung der Sachverhalte von Gewässerverunreinigungen durch polizeiliche Ermittlungen ist zwingend auf die Zusammenarbeit mit den Wasserbehörden angewiesen. Darüber hinaus bereitet die Ermittlung auch deshalb Schwierigkeiten, weil ein erhebliches Fachwissen erforderlich ist.[590] Zudem mangelt es in einigen Bundesländern an einer entsprechenden Ausbildung und Ausstattung der Polizei, um Umweltstraftaten als solche zu erkennen und entsprechend gegen sie vorzugehen.[591] Während es z.B. in Hamburg und Berlin besondere Dienststellen zur polizeilichen Bearbeitung von Umweltverstößen gibt, mangelt es anderenorts oft an Organisationsstruktur, Zuständigkeiten und technischer Ausrüstung.[592] Tendenzen, die eine gesteigerte Aktivität der Strafverfolgungsbehörden im Hinblick auf die Verfolgung von Umweltdelikten deutlich machen, sind jedoch kaum zu verzeichnen.[593]

Eine Überprüfung der Sammeltankpflicht in den jeweiligen Häfen und auch die Kontrolle der Abwasser-Behandlungs- und Abwasser-Aufbereitungsanlagen

---

584 Vgl. Zusammenstellung der PKS von 1981 bis 2004 bei *Schall*, in: Schwind-FS, S. 395 (398).

585 *Kaiser*, Kriminologie, § 76 Rn. 8; *Schall*, in: Schwind-FS, S. 395 (402).

586 *Schall*, in: Schwind-FS, S. 395 (404f.).

587 *Salzwedel*, ZfW 1980, 205, 211 (211).

588 *Meinberg*, NJW 1990, 1273 (1274).

589 *Hildenstab*, S. 5; *Knaut*, S. 122; *Schwinge*, S. 5.

590 LK-*Steindorf*, § 324 Rn. 130.

591 *Hildenstab*, S. 5.

592 *Eisenberg*, § 27, Rn. 13.

593 *Schall*, in: Schwind-FS, S. 395 (403).

stellt sich häufig einfacher dar als der Nachweis einer konkreten Gewässerverunreinigung in den schwer zu überwachenden Küstengewässern, zumal auch bei größeren Schiffen eine Überprüfung anhand der mitzuführenden Abfalltagebücher eine einfachere Handhabung gewährleisten kann. Läuft ein Schiff einen Hafen an, kann nachvollzogen werden, in welchem Hafen es zuletzt der Entsorgungspflicht nachgekommen ist und ob die Rückverfolgung lückenlos ist. Damit kann den Beweisproblemen i.R.d. hier relevanten § 324 Abs. 1 StGB wirksam präventiv entgegengewirkt werden.

Da jedes Schiff in einem Hafen der Entsorgungspflicht unterliegt und die Erfüllung dieser Pflicht aufgrund der mittlerweile gut funktionierenden Entladungsstellen zudem keinen enormen Zeit- und Kostenaufwand erfordert, spricht demzufolge vieles für eine größere Wahrscheinlichkeit der ordnungsgemäßen Entsorgung als für die illegale Einleitung. Diese Handhabung bietet neben der besseren Überprüfungsmöglichkeit eine gute Lösung im Interesse des Umweltschutzes.

2. *Wirtschaftspolitische Einschätzung*

Positiv hervorzuheben ist, dass die Hafenauffanganlagen-Richtlinie in allen europäischen Häfen i.S.d. Art. 2 lit. h) der Hafenauffanganlagen-Richtlinie eine Entsorgungspflicht vorsieht und somit in jedem Hafen entsprechende Gebühren anfallen. Wettbewerbsnachteile einzelner Häfen sind damit zunächst ausgeschlossen.[594] Das in Art. 8 Abs. 2 vorgesehene Kostendeckungssystem, das einen Beitrag von jedem Schiff, das einen Hafen der Gemeinschaft anläuft, unabhängig davon vorsieht, ob die Hafenauffanganlagen genutzt werden, schafft darüber hinaus Anreize zur tatsächlichen Entladung der angefallenen Abfälle und des Abwassers. Die in allen europäischen Häfen einheitliche Handhabung verhindert darüber hinaus signifikante Unterschiede in den Häfen, die zu Konkurrenzproblemen führen. Anzunehmen ist so nicht, dass ein Schiff einen Hafen der Europäischen Gemeinschaft nur deshalb meiden wird, um sich die in den Häfen anfallenden Gebühren zu sparen, da eine Umgehung der Häfen zugleich den Zugang zu dem Binnenmarkt der EG abschnitte.[595] In Europa ist die Belastung von Nord- und Ostsee durch Schiffsmüll seit Inkrafttreten der Richtlinie zudem rückläufig.[596]

---

594 *Gowers*, S. 108.
595 *Proelß*, S. 413.
596 Bundesregierung auf eine Große Anfrage für die Perspektiven des Kreuzfahrttourismus, BTDrs. 15/5948 v. 11.08.2005, S. 19.

Bei der Beurteilung sollten die mit der Hafenauffanganlagen-Richtlinie verbundenen möglichen Nachteile sowohl für die Häfen als auch für die Reedereien nicht außer Acht gelassen werden. Die durch die Umsetzung der Richtlinie entstehenden Kosten für den Umweltschutz können den Schiffsbetrieb beeinträchtigen, da die Ausrüstung der Schiffe mit den vorgeschriebenen Sammeltanks und die Entsorgungskosten in den Häfen einen finanziellen Aufwand bedeuten, der den kaufmännischen Interessen der Schiffsbetreiber entgegensteht. Andererseits wird jedoch auch die Qualität der europäischen Gewässer verbessert. Des Weiteren enthält Art. 8 Abs. 3 der Hafenauffanganlagen-Richtlinie die Maßgabe, die Gebühren fair, transparent und nicht diskriminierend festzulegen.

Insgesamt bieten die Regelungen der Hafenauffanganlagen-Richtlinie und der Anlage IV zu Marpol als umweltpolitisches Instrument damit eine Chance zur Verbesserung der Meeresumwelt bei gleichzeitiger Geringhaltung der Kosten und Minimierung möglicher Wettbewerbsverzerrungen. Bereits vor über 10 Jahren machte *Kunig* auf mögliche Gefahren – insbesondere die Ineffizienz – eines deutschen Alleingangs für den Bereich der Entsorgungspflichten von Schiffsabfällen aufmerksam. Auch die Bundesregierung wies jüngst auf die mit nationalen Alleingängen verbundenen Wettbewerbsnachteile hin.[597] Jeder Selbstentsorger könne bei einer rein nationalen Regelung vor der Einfahrt in deutsche Gewässer dafür sorgen, dass er sich seiner Abfälle vorher – wie auch immer – entledigt, um dem Einfluss des deutschen Rechts zu entgehen.[598]

Positiv hervorzuheben ist schließlich, dass die Hafenauffanganlagen-Richtlinie, die als regional strengeres Recht den Vorgaben der Anlage IV zu Marpol vorgeht, für neue wie für alte Schiffe unabhängig von ihrer Größe gleichermaßen gilt.

Der Weg der Hafenauffanganlagen-Richtlinie i.V.m. der Anlage IV zu Marpol ist auch angesichts des weiter steigenden Volumens des Kreuzfahrttourismus begrüßenswert. Deutschland ist der weltweit drittgrößte Markt für Hochseekreuzfahrten und der größte für Flusskreuzfahrten. Der gesamte Kreuzfahrttourismus ist ein wichtiger Bestandteil der deutschen Tourismuswirtschaft mit hohen Wachstumsraten.[599] Der Markt für Hochseereisen ist hinsichtlich der Gästezahlen von 1996 bis 2003 um 111,1% bei einer Umsatzsteigerung von 115,9%, der Markt für Flusskreuzfahrten sogar um 168% gewachsen.[600] Im Jahr 2004

597 Bundesregierung auf eine Große Anfrage für die Perspektiven des Kreuzfahrttourismus, BTDrs. 15/5948 v. 11.8.2005, S. 14f.

598 *Kunig*, Schutz der Meere, S. 259 (271).

599 Bundesregierung auf eine Große Anfrage für die Perspektiven des Kreuzfahrttourismus, BTDrs. 15/5948 v. 11.8.2005, S. 1f.

600 Bundesregierung auf eine Große Anfrage für die Perspektiven des Kreuzfahrttourismus, BTDrs. 15/5948 v. 11.8.2005, S. 2f.

stieg der Umsatz der deutschen Anbieter im Bereich der Hochseekreuzfahrt um 18% auf 841 Mio. Euro, im Bereich der Flusskreuzfahrten um 13,3 % auf 356 Mio. Euro.[601] Das Gästeaufkommen auf dem deutschen Seereisemarkt hat sich von 1995 bis 2004 auf 583 000 Passagiere fast verdreifacht, im Bereich der Flusskreuzfahrten ist die Zahl der Gäste von 1996 bis 2004 auf 306 500 angestiegen.[602]

Zudem stellt der Transportweg Wasser einen kontinuierlich wachsenden Wirtschaftszweig dar, der hinsichtlich der Abgasemissionen weniger umweltbelastend ist als der Verkehr über Land.[603] Es sollte daher darauf geachtet werden, den Transport auf dem Wasserweg so umweltschonend wie möglich zu gestalten, ohne dass dies zu Wettbewerbsverzerrungen oder zur kontinuierlich absteigenden Bedeutung der Wasserverkehrswege führt. Diesem Ziel werden die Vorgaben der Hafenauffanganlagen-Richtlinie gerecht.

Wünschenswert wäre im Hinblick auf die Regelungen der Hafenauffanganlagen-Richtlinie noch eine genauere Festlegung von Sanktionen gegenüber den Häfen, um so die ordnungsgemäße Entladung der Schiffsabfälle und des Schiffsabwassers noch besser gewährleisten zu können.

Welche Auswirkungen die Hafenauffanganlagen-Richtlinie langfristig haben wird, ist noch nicht abzusehen. Die zunächst höheren Kosten können sich durchaus negativ, aber auch positiv auf den Schiffsverkehr auswirken. So besteht zum einen die Möglichkeit, dass die Kosten die Schiffsbetreiber und Reedereien abschrecken und sich die Investitionen in den Schiffsverkehr reduzieren. Andererseits können durch die Hafenauffanganlagen-Richtlinie die Gewässerqualitäten und die Zustände in den Häfen deutlich verbessert werden, was wiederum zu Innovationsanreizen führen kann. Zu denken ist ferner an eine Vorbildfunktion der europäischen Häfen für andere Häfen, wodurch Nachahmungseffekte auf internationaler Ebene erzielt werden könnten. Sinnvoll wäre es jedoch, den Einsatz von sowohl im Marpol-Übereinkommen vorgesehenen chemisch-physikalisch arbeitenden Abwasser-Behandlungsanlagen zugunsten von umweltfreundlicheren biologisch arbeitenden Abwasser-Aufbereitungsanlagen zu reduzieren.

---

601 Bundesregierung auf eine Große Anfrage für die Perspektiven des Kreuzfahrttourismus, BTDrs. 15/5948 v. 11.8.2005, S. 3.

602 Bundesregierung auf eine Große Anfrage für die Perspektiven des Kreuzfahrttourismus, BTDrs. 15/5948 v. 11.8.2005, S. 8.

603 Schmidt, Yacht 2/2008, S. 92.

II. Beurteilung der Regelungen im Bereich der Binnenwasserstraßen

Für die Küstengewässer und die Häfen i.S.d. Art. 2 lit. h) der Hafenauffanganlagen-Richtlinie gibt es ein umfassendes Einleitungsverbot hinsichtlich des Schwarzwassers und des mit diesem vermischten Grauwassers für alle Schiffe, während auf den wesentlich kleineren Binnenwasserstraßen, die eine Verschmutzung nicht so leicht kompensieren können, die Einleitung häuslichen Abwassers von kleineren Schiffen durch das künftig in Kraft tretende Abfallübereinkommen und das diesbezügliche nationale Ausführungsgesetz zulässig ist. Nur für Schiffe ab einer bestimmten im Abfallübereinkommen vorgesehenen Größe ist ein Einleitungsverbot und damit auch eine Entladungspflicht vorgesehen.

Dies verwundert, zumal viele der Binnenwasserstraßen direkt in die Nord- oder Ostsee münden. Die Einleitungen sind auf dem Meer verboten, auf den Binnenwasserstraßen, die eine noch geringere Abbaukapazität haben, aber letztlich alle ins Meer führen, ist dies hingegen nach dem Abfallübereinkommen künftig erlaubt. Das Abfallübereinkommen wird damit ab seinem Inkrafttreten in gewisser Hinsicht die Wirksamkeit der Hafenauffanganlagen-Richtlinie untergraben, da das im Bereich der Küstengewässer und der Häfen für seegehende Schiffe dem Einleitungsverbot unterliegende Abwasser nun über die Flüsse ins Meer gelangen kann. Dieser Widerspruch zwischen geltendem nationalen Recht und den EG-Vorgaben in Form der Hafenauffanganlagen-Richtlinie und der diese umsetzenden nationalen Vorschriften auf der einen Seite und dem Abfallübereinkommen als völkerrechtlichem Vertrag auf der anderen Seite sollte angesichts der wechselseitigen Abhängigkeit von Meeresumwelt- und Gewässerschutz[604] aufgelöst werden. Bedenkt man, dass die EG im Meer sämtliche Einleitungen verbieten will und die Meeresumwelt vor jeglichen Einleitungen unabhängig von der Größe der Schiffe schützen möchte, so erscheint eine Angleichung des Abfallübereinkommens in Zukunft ab dessen Inkrafttreten aufgrund des Vorrangs der europarechtlichen Regelungen[605] angebracht. Hervorzuheben ist aber, dass eine Angleichung der Vorgaben des Abfallübereinkommens an die Hafenauffanganlagen-Richtlinie zu diesem Zeitpunkt angesichts der Begründungen des Abfallübereinkommens wirtschaftlich betrachtet so schnell nicht möglich ist,[606] da für den Bereich der Binnenwasserstraßen noch kein ausreichendes Netz an Auffanganlagen besteht. Ein Vorrang des EG-Rechts vor dem Abfallübereinkommen ist hier daher faktisch noch nicht durchführbar. Eine gewisse Übergangszeit für den Ausbau eines ausreichenden Netzes an Auffanganlagen und Ausrüstung aller

---

604 *Breuer*, Schutz der Meere, S. 205 (209).
605 Vgl. J. III. 3. c).
606 Begründung des Ausführungsgesetzes, BTDrs. 15/1061, S. 9.

Schiffe mit Sammeltanks wird man daher wohl zugestehen müssen. Die Übergangszeit sollte allerdings nur so lange gewährt werden, wie es technisch und logistisch notwendig ist, um die erforderliche Aufrüstung durchzuführen. Dies erfordert zwar einen gewissen finanziellen Aufwand, andererseits wird aber hierdurch die Qualität der Binnengewässer und damit auch mittelbar der Küstengewässer verbessert. Es wäre wünschenswert, wenn die EG auch für den Bereich der grenzüberschreitenden Binnenwasserstraßen eine der Hafenauffanganlagen-Richtlinie vergleichbare Regelung träfe, so dass ein umfassender Gewässerschutz ohne Wettbewerbsnachteile sichergestellt wäre. Es sollte daher darauf hingearbeitet werden, möglichst schnell im Bereich der Binnenwasserstraßen ein geeignetes Auffanganlagensystem auch für kleinere Schiffe aufzubauen.

Peter Lang · Internationaler Verlag der Wissenschaften

Imen Gallala

Mariner Umweltschutz im Mittelmeer nach Völkerrecht und tunesischem Recht

Frankfurt am Main, Berlin, Bern, Bruxelles, New York, Oxford, Wien, 2008.
335 S., 1 Tab.
Europäische Hochschulschriften: Reihe 2, Rechtswissenschaft. Bd. 4761
ISBN 978-3-631-57850-6 · br. € 56.50*

Dieses Buch befasst sich mit dem Schutz vor Verschmutzung der Meeresumwelt im Mittelmeer. Nach einer Darstellung der universellen völkerrechtlichen Regelungen wird auf die Entwicklung des Regionalen Meeresprogramms der UNEP für das Mittelmeer, den *Mediterranean Action Plan*, eingegangen. Die anschließende Untersuchung setzt sich mit der Umsetzung völkerrechtlicher Regelungen zum Schutz des Mittelmeeres durch einen Anrainerstaat, Tunesien, auseinander. Im Schlussteil werden die anwendbaren nationalen und völkerrechtlichen Normen zum Umweltschutz des Mittelmeeres kritisch zusammengefasst. Dabei werden auch Vorschläge für einen effizienten Schutz des Mittelmeeres formuliert.

Aus dem Inhalt: Meeresumweltschutz · Mittelmeer · Das UN-Seerechtsübereinkommen · UNEP-Regional Seas Programm · Rio-Erklärung · Verschmutzung durch Schiffe, durch Einbringen, durch grenzüberschreitende Verbringung gefährlicher Abfälle · Mittelmeerschutz vor landseitiger Verschmutzung · Tunesien · Tunesisches Umweltrecht · Meerseitige Verschmutzung

Frankfurt am Main · Berlin · Bern · Bruxelles · New York · Oxford · Wien
Auslieferung: Verlag Peter Lang AG
Moosstr. 1, CH-2542 Pieterlen
Telefax 0041 (0) 32 / 376 17 27

Kolibri 360 GmbH
Ferdinand-Jühlke-Straße 7
99095 Erfurt, Deutschland
produktsicherheit@kolibri360.de